AF608403

«En *Génesis*, perseguí un
romántico sueño y encontré,
y compartí, un mundo intacto
que con demasiada frecuencia
queda más allá de nuestra vista
y fuera de nuestro alcance.»

Sebastião Salgado

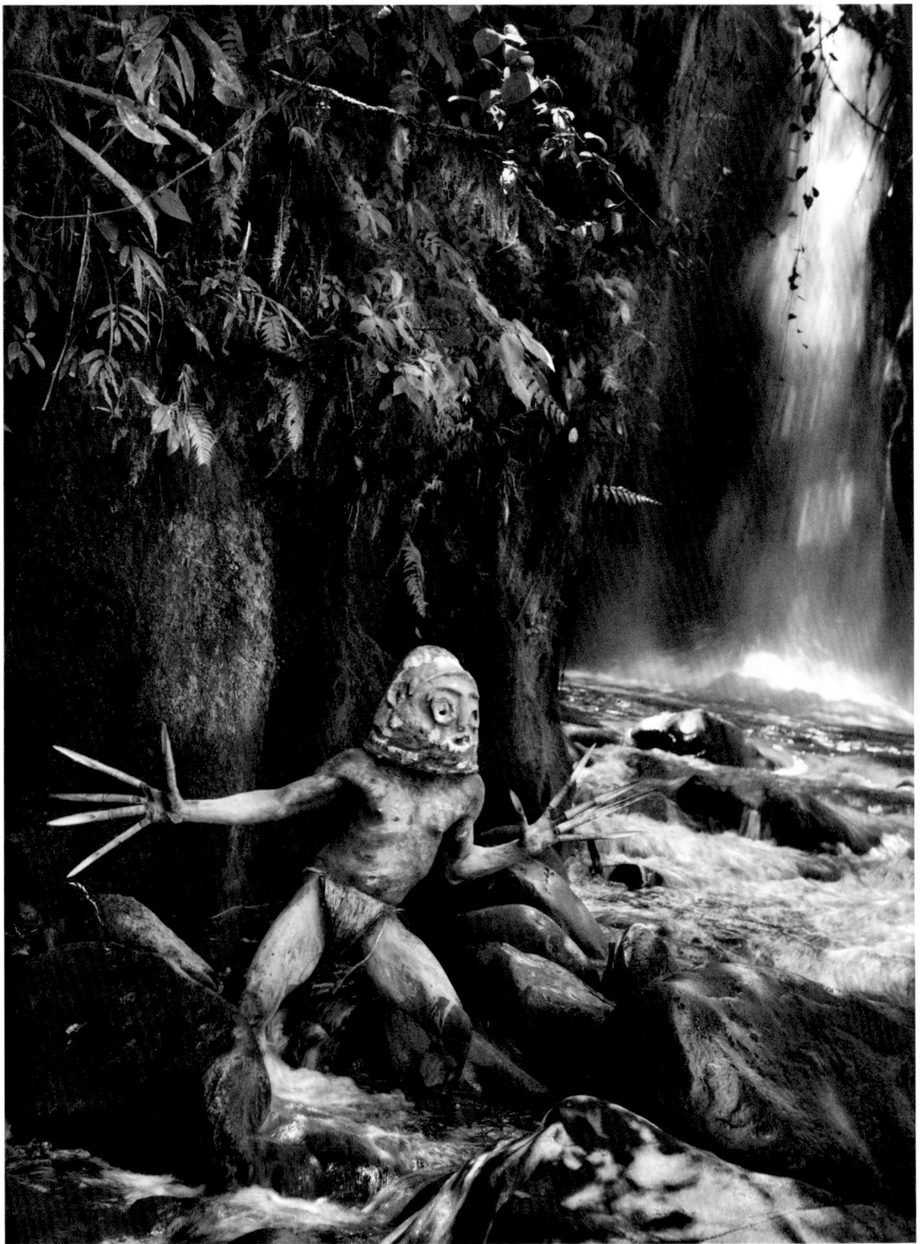

SEBASTIÃO SALGADO

GÉNESIS

Edición, concepción y diseño
LÉLIA WANICK SALGADO

TASCHEN

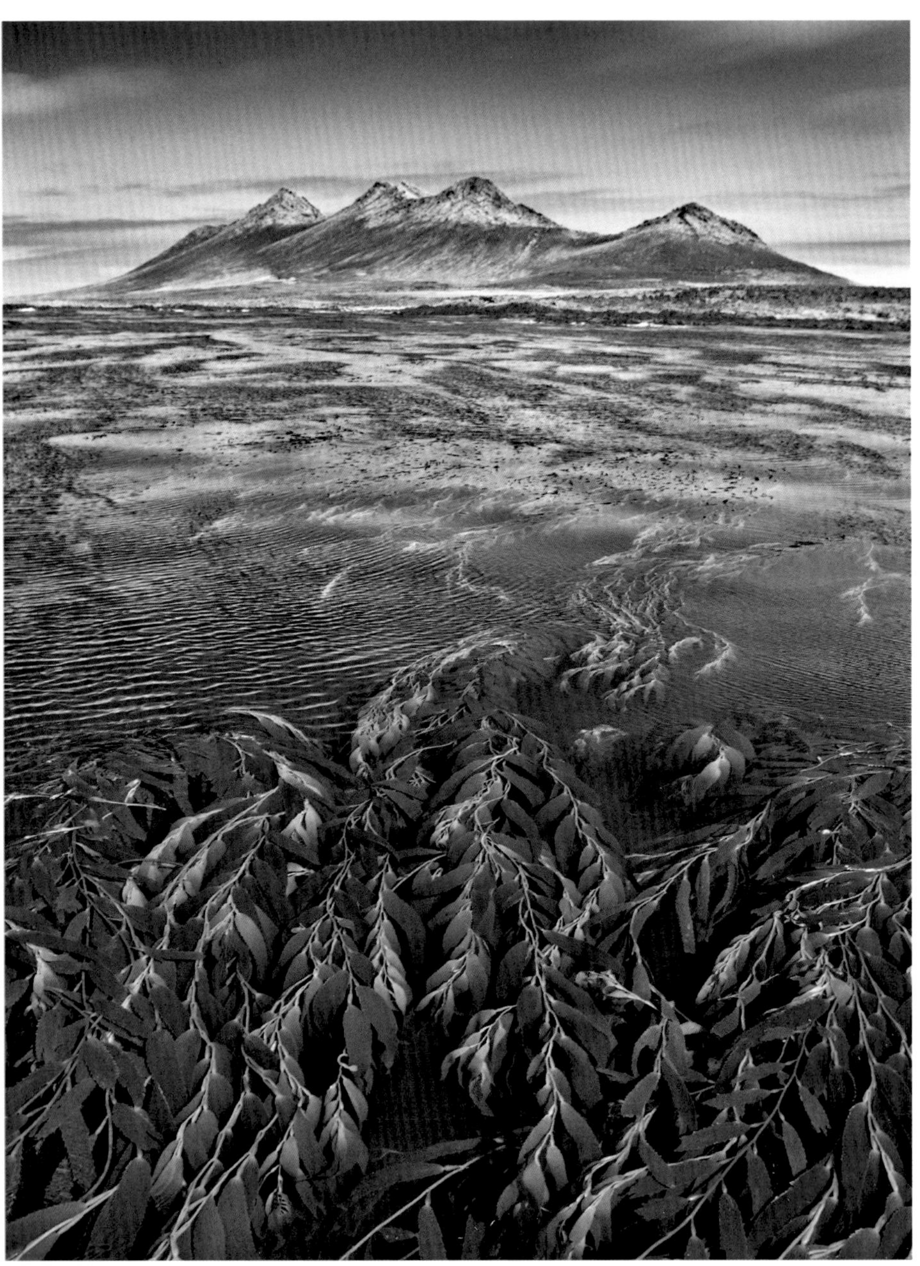

PREFACIO

Al final de la década de 1990, terminé una larga serie de reportajes sobre el movimiento sin precedentes de las personas por todo el planeta. Implicaba documentar la descomunal emigración de los campesinos desde las zonas rurales hasta las ciudades en varios continentes. Me llevó a seguir a refugiados desposeídos que huían tanto de conflictos bélicos como de desastres naturales y acompañé a jóvenes dispuestos a arriesgarlo todo con la esperanza de encontrar una vida mejor en algún país lejano. Presencié mucho sufrimiento y una gran valentía, pero sobre todo una violencia y una brutalidad como nunca antes hubiera imaginado. Para cuando terminó el proyecto, había perdido toda fe en el futuro de la humanidad.

Sin embargo, esos mismos años trajeron una feliz coincidencia. Mi padre nos pidió a mi mujer, Lélia Deluiz Wanick, y a mí que nos quedáramos con una finca en el Vale do Rio Doce, en el Estado de Minas Gerais de Brasil, que en su día había sido el rancho ganadero de nuestra familia. Yo había crecido allí junto con mis siete hermanas, rodeado de vegetación tropical llena de aves y animales salvajes, de ríos rebosantes de peces y de onduladas colinas, lo que nos permitía imaginar el mundo de más allá. Sin embargo, este paraíso desapareció. Hacia mediados de la década de 1990, como sucedió con muchas fincas de la región, la deforestación y la erosión habían agotado la tierra. Fue entonces cuando Lélia, mi compañera en todas las aventuras de mi vida, tuvo la audaz idea de recrear un bosque con las mismas especies autóctonas que en su día prosperaron allí. Esperábamos nada menos que el renacimiento del pequeño ecosistema que había conocido de niño. Plantamos más de trescientas especies diferentes de árboles y, como los plantones fueron dándole verdor a la tierra, contemplamos asombrados el regreso de las aves, las mariposas, los escarabajos y las flores tropicales. Con la reforestación, las lluvias torrenciales de la temporada eran absorbidas por la tierra y, con el tiempo, permitieron que los ríos y arroyos fluyeran todo el año. Además, para nuestro deleite, reaparecieron los peces e incluso los caimanes.

Maravillados por la capacidad de la naturaleza para restablecerse, creció nuestra preocupación por el planeta en toda su extensión. Comprendimos lo absurda que era la idea de que la naturaleza y la humanidad puedan separarse de alguna manera. También reconocimos que la ruptura de nuestros vínculos con la naturaleza supone una seria amenaza para la humanidad. Con la veloz urbanización de los últimos cien años, hemos perdido el contacto con lo indómito, la fauna y la flora que representan la esencia misma de la vida en la Tierra. Quizá sepamos cómo someter a la naturaleza, pero olvidamos con facilidad que dependemos de ella para nuestra supervivencia misma.

Estas reflexiones se convirtieron en la simiente de un nuevo proyecto fotográfico a largo plazo enfocado en la naturaleza. Al principio, lo concebimos como una protesta contra la forma en que estamos abusando de nuestro planeta. Proyectamos mostrar cómo la contaminación del aire, el agua y la tierra se ha convertido en el precio del desarrollo; cómo el recalentamiento global está provocando el cambio climático con unas alarmantes consecuencias; y cómo la agricultura industrial, la ganadería y la tala a gran escala estaban diezmando los bosques pluviales.

Sin embargo, cambiamos de parecer después de ver cómo volvía la vida a lo que un día había sido la finca familiar, ahora transformada en parque nacional. Con la esperanza reavivada por el espectáculo de cientos de miles de nuevos árboles y la exuberante vida que hacían renacer, nos decantamos por explorar la belleza de nuestro planeta. Así, durante los siguientes ocho años, hice 32 viajes a lejanos rincones del globo, a menudo acompañado por Lélia, a veces por nuestro hijo Juliano, y la mayor parte del tiempo en compañía de mi inestimable colega, Jacques Barthélemy. Nuestra misión era tratar de localizar los paisajes terrestres y marinos, los animales y las antiguas comunidades que han escapado del largo, y a menudo destructivo, brazo del hombre moderno.

Llamamos *Génesis* a nuestro proyecto porque imaginamos atrasar el reloj hasta las erupciones volcánicas y los seísmos que dieron forma a la Tierra; hasta el aire, el agua y el fuego que dieron origen a la vida; hasta las más antiguas especies animales que todavía se resisten a la domesticación; hasta las tribus aisladas cuyo estilo de vida apenas ha cambiado; y hasta las formas primigenias de organización humana existentes. Quería estudiar cómo la humanidad y la naturaleza han coexistido durante mucho tiempo en lo que hoy en día llamamos «equilibrio ecológico».

Esta obra es la documentación de mi viaje, una oda visual a la majestuosidad y fragilidad de la Tierra. Aunque es también una advertencia, eso espero, de todo lo que corremos el riesgo de perder.

Mi enfoque no fue el de un periodista, un científico o un antropólogo. En *Génesis*, perseguí un romántico sueño y encontré, y compartí, un mundo intacto que con demasiada frecuencia queda más allá de nuestra vista y fuera de nuestro alcance. Mi propósito no fue el de ir allí donde el ser humano nunca antes hubiese puesto el pie, aunque la naturaleza indómita suele encontrarse en lugares bastante inaccesibles. Solo quería mostrar la naturaleza en todo su esplendor dondequiera que la encontrase. Y la hallé en espacios ilimitados de inmensa biodiversidad que, por increíble que parezca, cubren casi la mitad de la superficie de la Tierra: en gigantescos desiertos casi intactos; en las tierras heladas de la Antártida y del norte del planeta; en inmensas extensiones de bosques tropicales y templados, así como en cordilleras de gran esplendor. Descubrir este mundo virgen de gran belleza ha sido la experiencia más gratificante de mi vida.

Mis proyectos anteriores, *Trabajadores*, *Éxodos* y muchos otros, fueron periplos a través de las tribulaciones de la humanidad. Este, sin embargo, fue mi homenaje al esplendor de la naturaleza. Al viajar a pie, en embarcaciones, avionetas o globos, mientras fotografiaba volcanes, icebergs, desiertos o junglas, contemplé un mundo que no ha cambiado en milenios. Además, con los animales en su hábitat natural, desde pingüinos, leones marinos y ballenas del Antártico y el Atlántico Sur hasta leones, ñus y elefantes de África, sentí que era un privilegio contemplar los ciclos de la vida en continua repetición.

Mi búsqueda de comunidades antiguas resultó más complicada. Todavía hay tribus con las no se ha «contactado» en las selvas del Amazonas y Nueva Guinea, pero entre los pueblos aislados que visité, solo los indios zo'és en el Amazonas y los stone korowai en Papúa Occidental han tenido escaso contacto con el mundo exterior. Sin embargo, otros mantienen fuertes identidades, conservando las milenarias formas de sus casas de madera, lenguas, ritos religiosos, métodos de caza y dietas alimenticias. Aunque ya no viven totalmente aislados. Las visitas de misioneros e incluso de grupos de ecoturistas les acercan cada vez más a la frontera de nuestra sociedad de consumo.

Mi objetivo era retratar en la medida de lo posible a estas gentes tan apegadas a su ancestral estilo de vida. Quizá algunas lleven ropa de segunda mano distribuida por los grupos evangélicos, pero yo quería mostrar los atuendos ceremoniales y las tradiciones tribales de los que están más orgullosos y que en pocas décadas puede que solo sobrevivan en las fotografías. Tarde o temprano, el mundo moderno las tocará o ellas irán a buscarlo. Quería captar un mundo evanescente, una parte de la humanidad que está a punto de desaparecer, pero que en muchos aspectos sigue viviendo en armonía con la naturaleza.

Los temas de nuestra investigación (paisajes, animales y gentes) a menudo se solapaban. Al diseñar este libro, hemos optado, por lo tanto, por estructurarlo en cinco amplios capítulos, donde cada uno representa una extensa región que también puede comprender varios grandes ecosistemas. El resultado es un mosaico, presentado por la propia naturaleza. Esto es lo que celebra *Génesis*.

Sebastião Salgado

Página 2: Los figurantes que interpretan a los hombres de barro forman parte de las expresiones más impresionantes de la cultura imaginativa de las tierras altas. Paya, provincia de Tierras Altas Occidentales. Papúa Nueva Guinea. Julio y agosto de 2008.

Página 4: Estas algas marinas, conocidas como sargazos gigantes o cochayuyos (*Macrocystis pyrifera*), proliferan como las malas hierbas de los jardines en estas gélidas aguas del Atlántico Sur. Las montañas de la isla Steeple Jason pueden apreciarse al fondo. Islas Malvinas. Noviembre y diciembre de 2009.

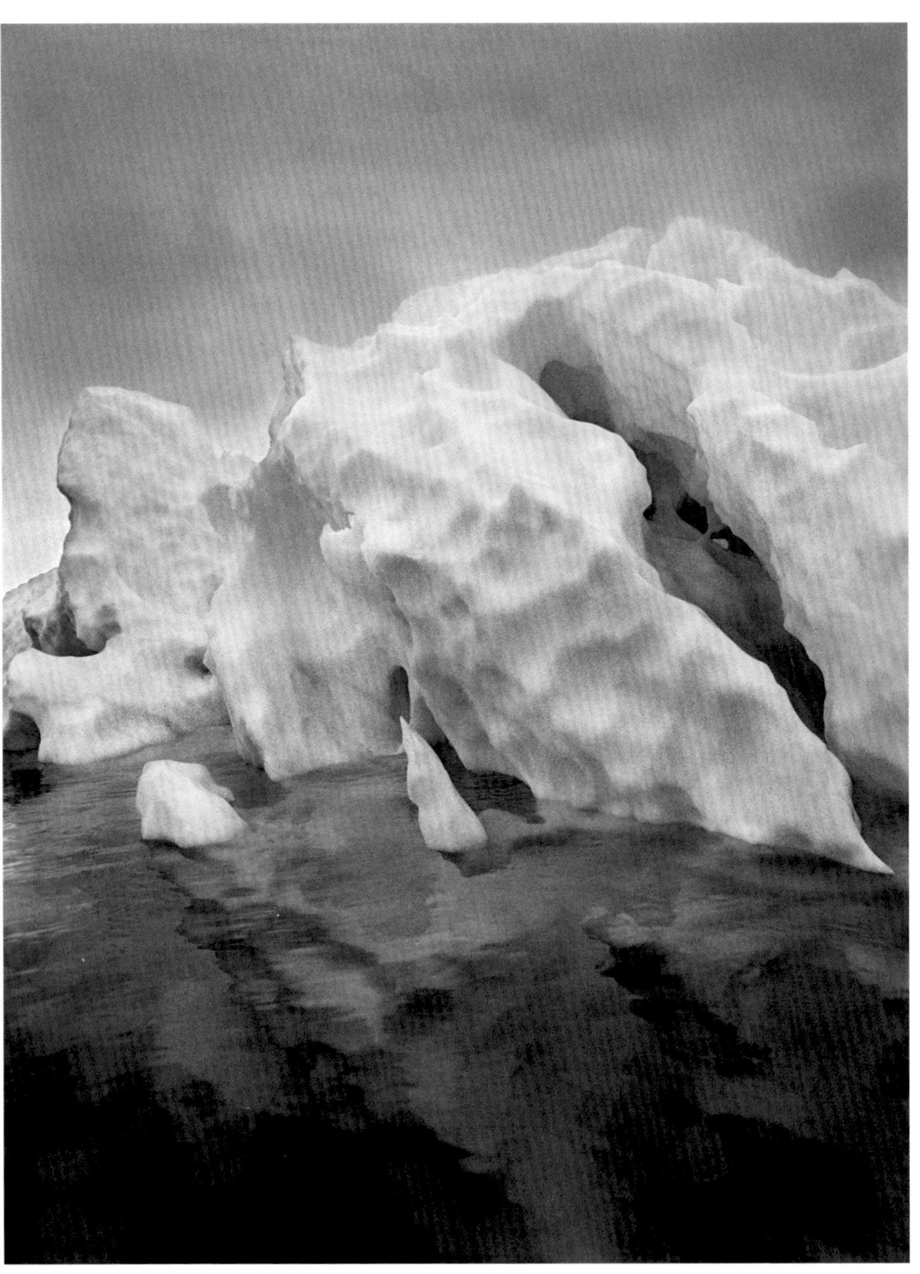

LOS CONFINES DEL SUR

Con una superficie que dobla la de Australia, la Antártida parece incluso más extensa en los mapas porque su masa de tierra está oculta bajo una interminable capa de hielo que cubre miles de kilómetros y se adentra en los océanos meridionales. El implacable ecosistema de la Antártida, el más frío, seco y ventoso de los cinco continentes del mundo, llega hasta las islas Malvinas, Georgia del Sur y Sandwich del Sur, así como a las montañas y costas meridionales de Argentina y Chile. Pese a todo, en este riguroso entorno, el ciclo de la vida continúa. ¿Cómo podría no formar parte de *Génesis*?

El verano austral es la única época en la que los visitantes no científicos pueden acudir a la región. Navegando en dirección sur desde el cabo de Hornos, nos detuvimos brevemente en el archipiélago de Diego Ramírez, unas diminutas islas totalmente abarrotadas de albatros. Después de unos 800 kilómetros de mar embravecido, cuando nos aproximábamos a la misma Antártida, la mera magnitud de los icebergs, las islas y la tierra firme de más allá me dejaron atónito. Su cordillera, de 3500 kilómetros de largo, con picos por encima de los 4500 metros, estaba fuera de nuestro alcance. No obstante, atracamos en la isla Decepción, un anillo casi perfecto, a la que se entra por un estrecho paso. En la isla Rey Jorge, encontramos una colonia de pingüinos papúa y adelaida cohabitando plácidamente con manadas de elefantes marinos, los mayores pinnípedos del mundo, con algunos ejemplares de cinco toneladas de peso.

En algunas islas, la capa de nieve se funde en verano; no obstante, se nos advirtió de los peligros de caminar sobre el hielo y los glaciares de tierra firme debido a las grietas ocultas. Además, el tiempo puede cambiar sin previo aviso. Nuestro barco de 36 metros de eslora estaba diseñado de manera que se elevase en lugar de quedar aplastado por el hielo pero, aun así, permanecimos atrapados tres días antes de que el viento cambiase y la placa de hielo se alejara. La entrada al mar de Weddell fue especialmente arriesgada debido a los numerosos icebergs, algunos apenas visibles, otros casi inquietantes por su gran tamaño. Algunos tenían superficies planas tan largas como la pista de aterrizaje de un aeropuerto. Uno de ellos destacaba porque estaba coronado por un enorme cubo de hielo, una vista tan monumental que lo llamamos «la catedral».

Otro viaje al sur nos llevó en un barco más pequeño desde las islas Malvinas, el hábitat de grandes concentraciones de albatros gigantes, hasta la isla Georgia del Sur. En esta isla solitaria, con su reducida población humana, encontramos el pingüino real y el de penacho anaranjado, así como el cormorán antártico y el petrel gigante antártico. Junto con los leones marinos y los elefantes marinos autóctonos, la isla tiene incluso renos, introducidos por balleneros noruegos hace cosa de un siglo. Después de cuatro días de mares encrespados, llegamos a las islas Sandwich del Sur, nueve diminutos islotes volcánicos deshabitados y, por lo general, cubiertos de nieve. Como carecen de playas, nos acercamos a las islas en una embarcación zódiac neumática y literalmente saltamos a tierra, donde encontramos enormes colonias de pingüinos. Realmente sentí que estaba en el fin del mundo.

En el continente sudamericano, la Antártida aún se percibía cercana, con los 48 glaciares del campo de hielo Patagónico Sur que colman los valles fronterizos entre Chile y Argentina. Esta zona del sur de los Andes es tan inaccesible que, a día de hoy, solo ha podido ser explorada de fomr a parcial. Nos desplazamos a pie y acampamos a temperaturas bajo cero acompañados por el constante rugido de los glaciares al arrastrar piedras y rocas a gran profundidad bajo el hielo. Por todo el planeta, los científicos observan la reducción de los glaciares a medida que se elevan las temperaturas globales. Vimos cómo sucedía este fenómeno en la margen del lago Argentino, donde se desprenden grandes fragmentos del glaciar Perito Moreno en El Calafate y caen al agua continuamente.

No pude abandonar el Atlántico Sur sin documentar la ballena franca austral, que emigra al Antártico durante el verano y después se dirige al norte para criar. Una de las mayores zonas de cría se encuentra frente a la península Valdés, en la costa atlántica de Argentina, un santuario natural en forma de cangrejo con dos golfos abrigados. Pasar algunas semanas en un barco entre estas ballenas fue una de las experiencias más conmovedoras de mi vida. Mientras esperábamos la luz idónea para fotografiarlas, ballenas de 15 metros de largo y sus crías jugaban a nuestro alrededor y a veces se acercaban tanto que podíamos haberlas tocado. Además, ¿quién no se emocionaría con uno de los mayores espectáculos de la naturaleza, un animal de 40 toneladas que salta hacia el cielo para después caer estrepitosamente en el agua?

Otras criaturas acuden a la península a criar, entre ellas los elefantes marinos, que se vuelven muy agresivos durante la época de apareamiento. La orca, comúnmente conocida como ballena asesina, también caza cerca de la costa. Es un animal majestuoso y aterrador; en este lugar, su presa elegida es el león marino, que acude a criar en las playas de la península. Hace medio siglo, los pescadores autóctonos dejaron de cazar leones marinos, pero estos aún temen a los seres humanos. Así que, para fotografiarlos, me escondí en un hoyo en la arena, sabedor de que las orcas estaban a la espera de que yo asustase a algunos leones marinos y estos se precipitaran al mar. Sin embargo, tarde o temprano, tenían que llevar a sus crías al agua y, forzosamente, en algunas ocasiones vi cómo una orca se apoderaba de una cría con los dientes y se alejaba nadando. Me entristecía, pero ¿acaso podía interponerme en los procedimientos de la naturaleza?

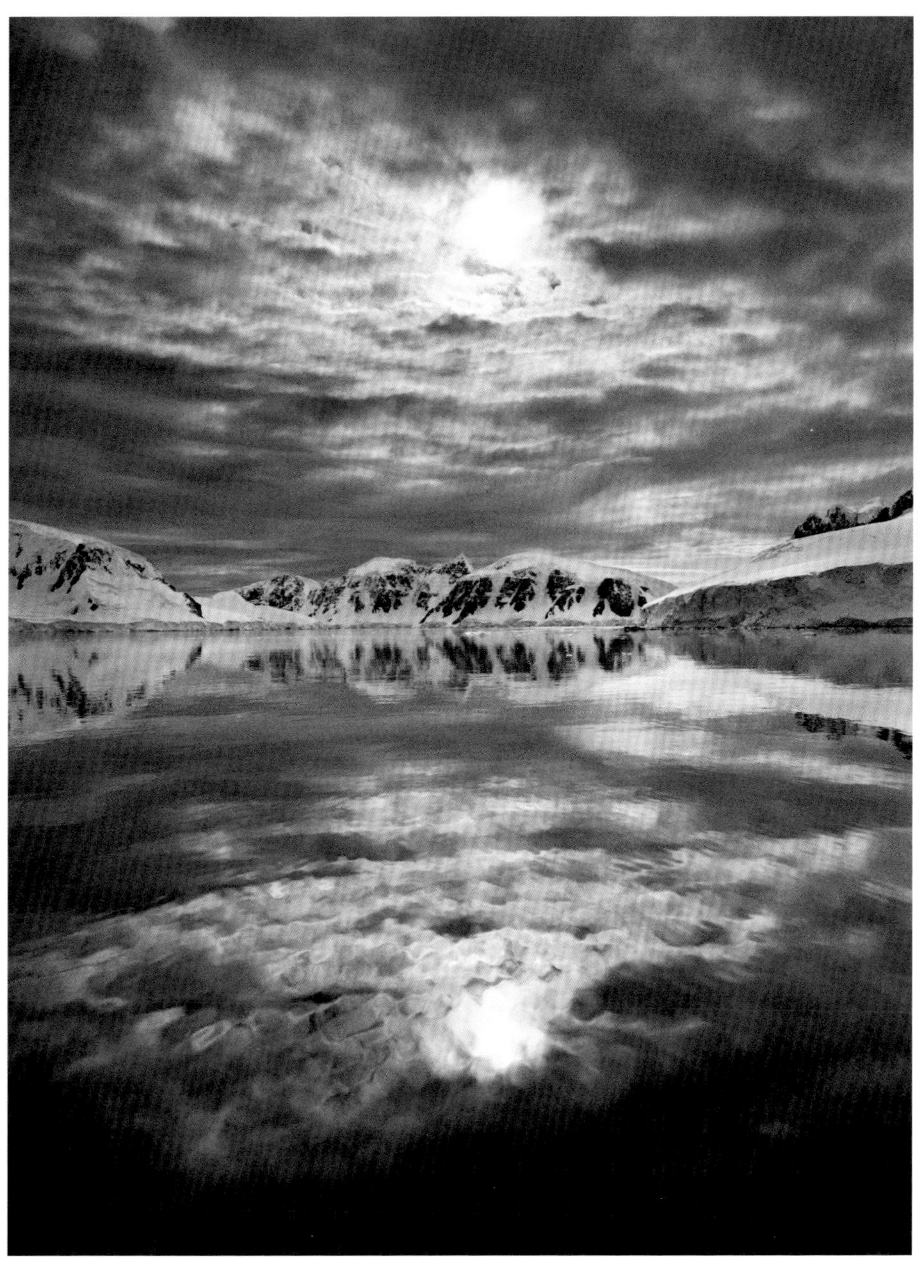

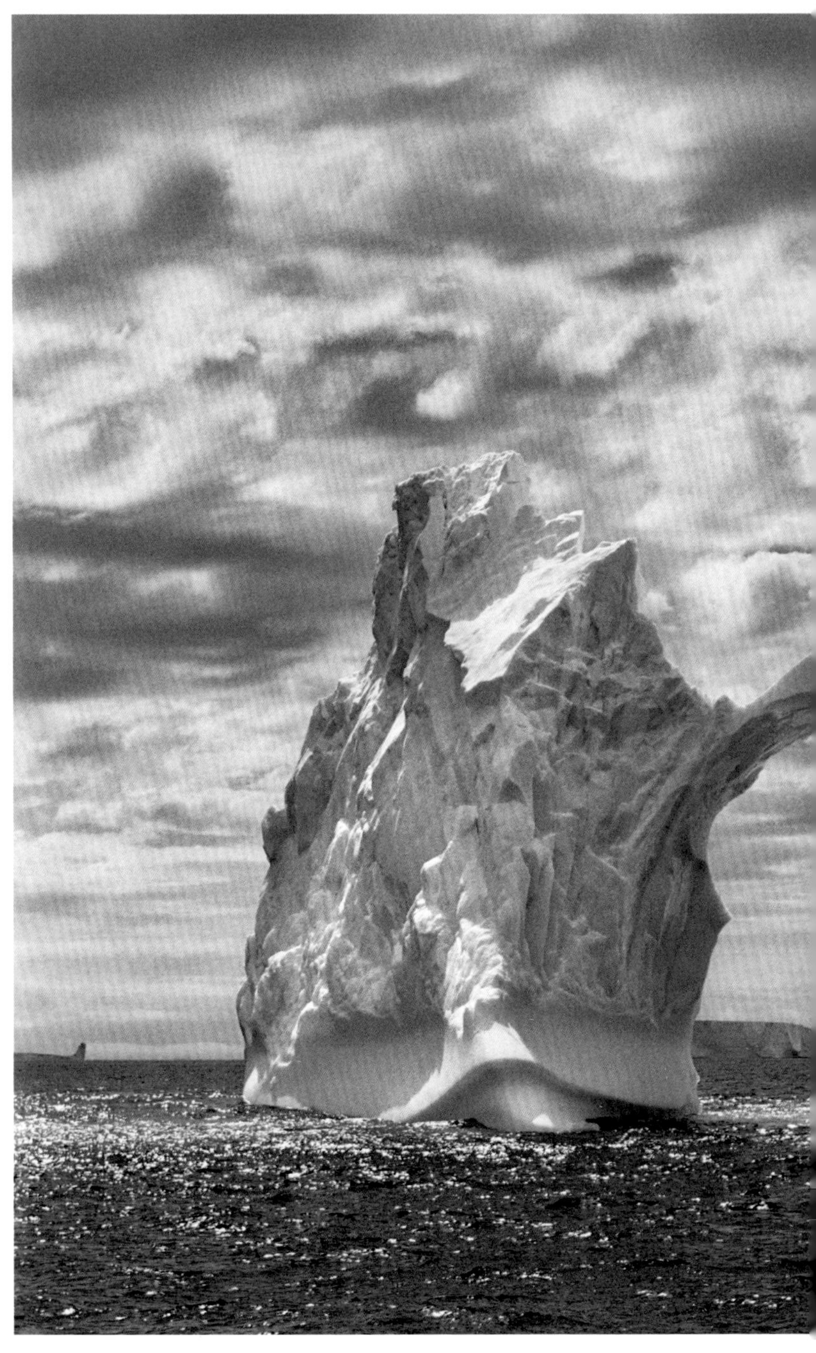

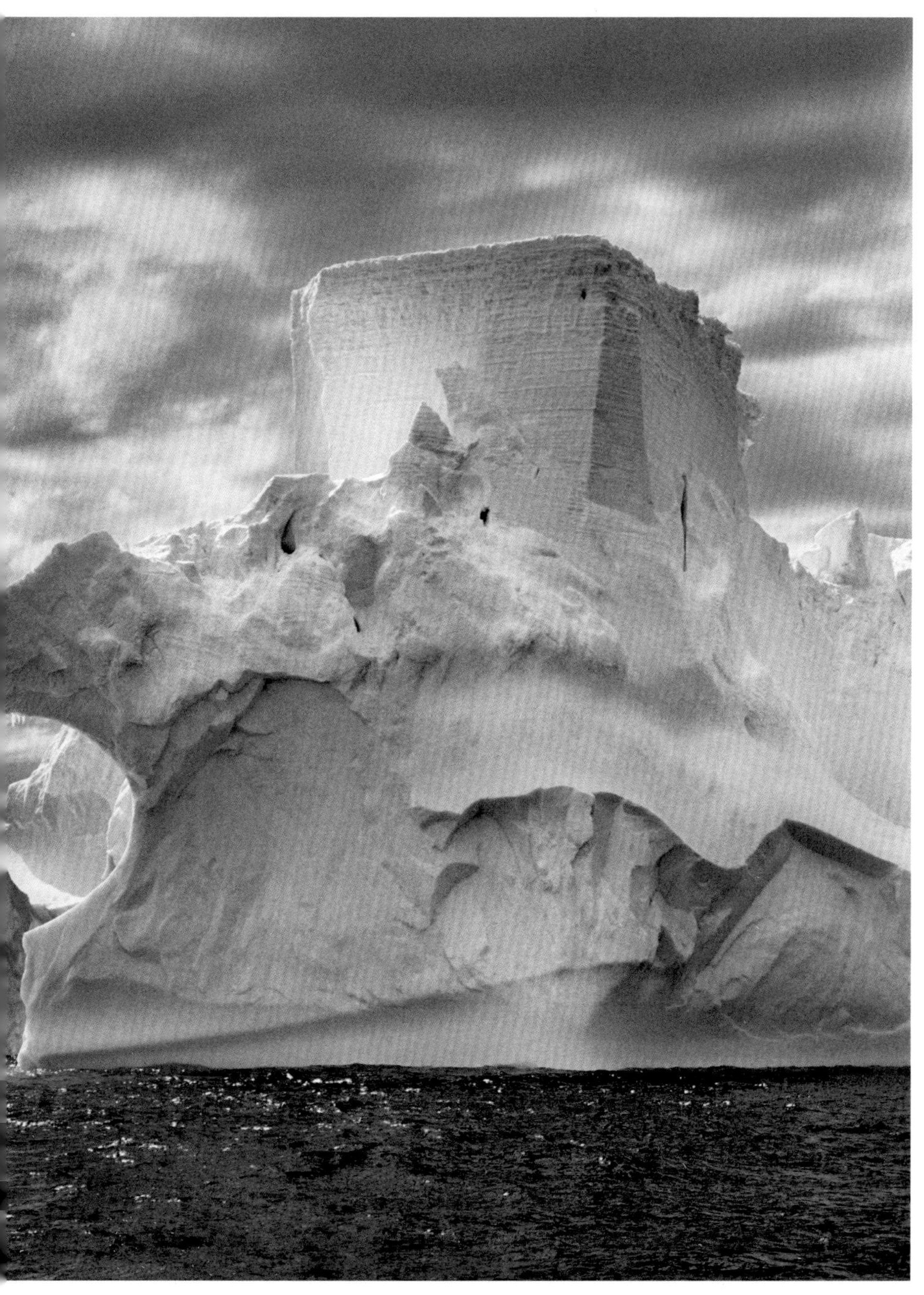

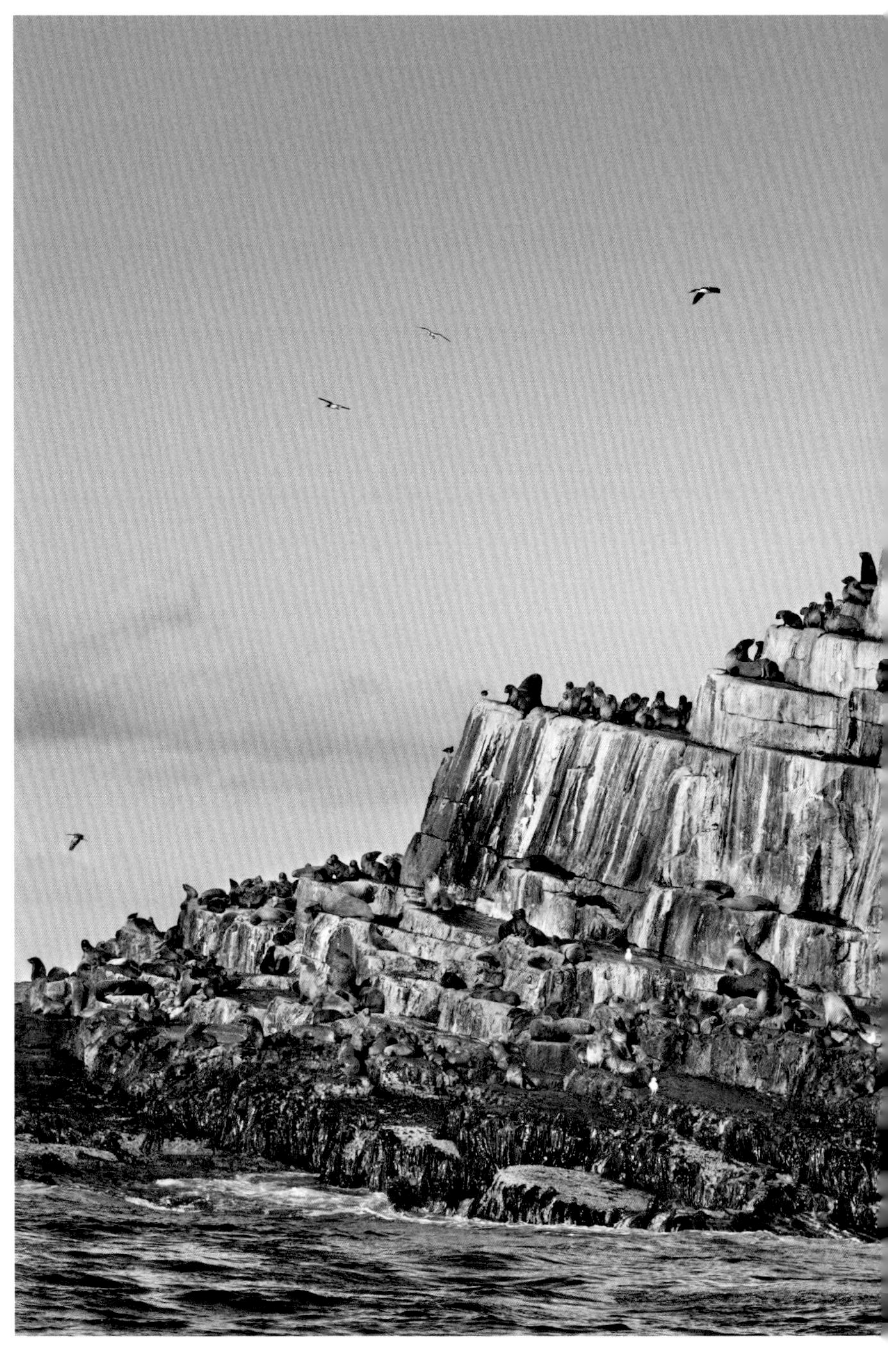

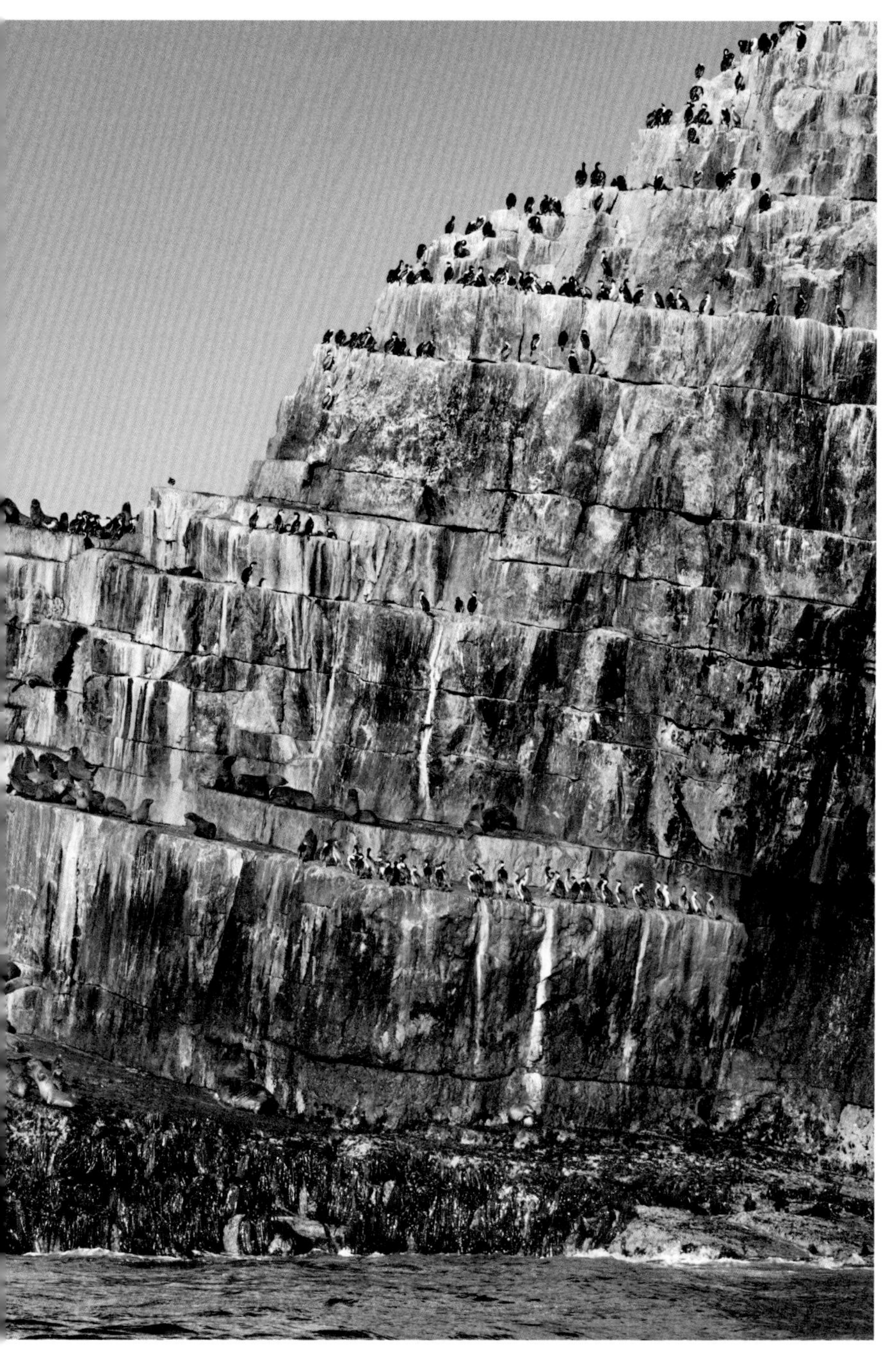

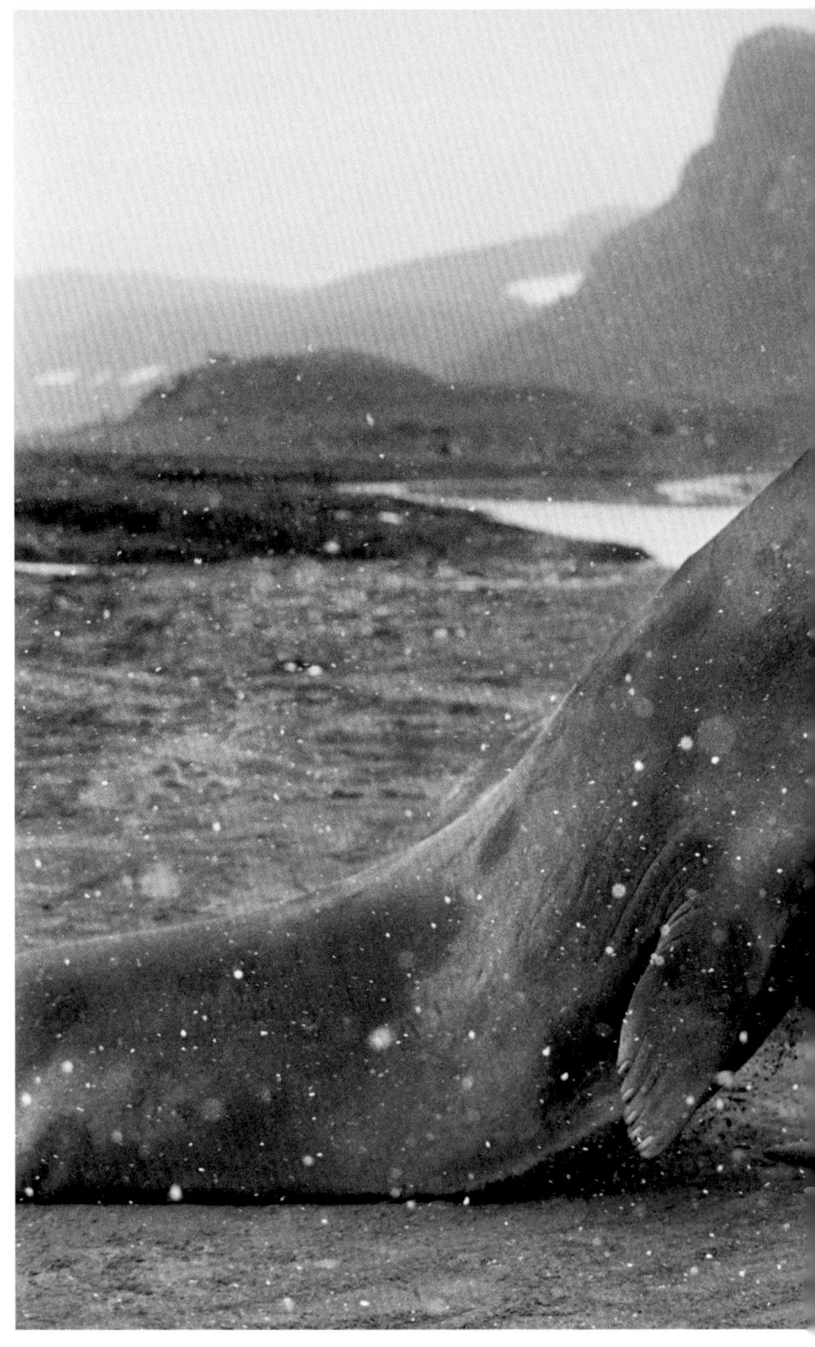

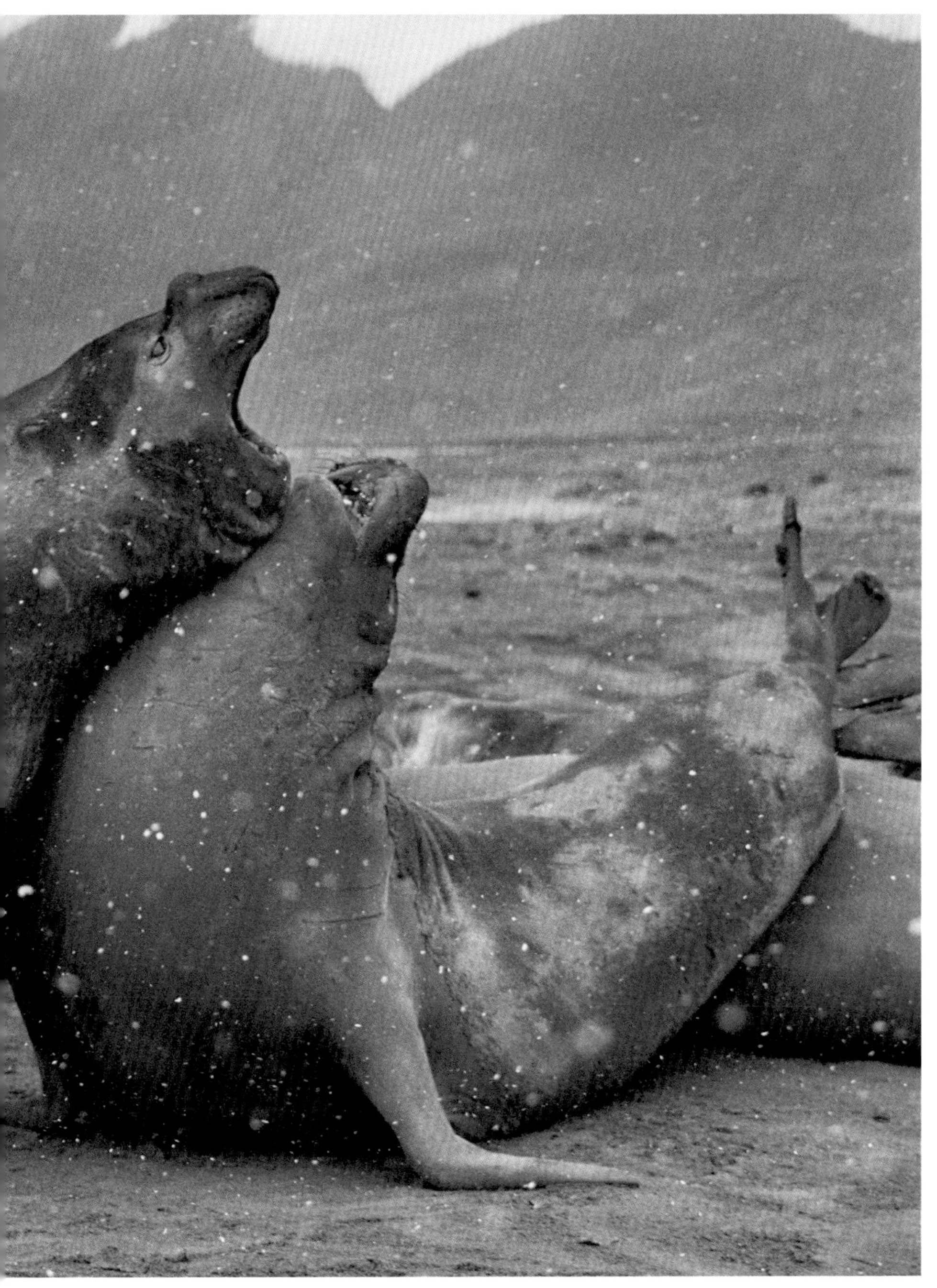

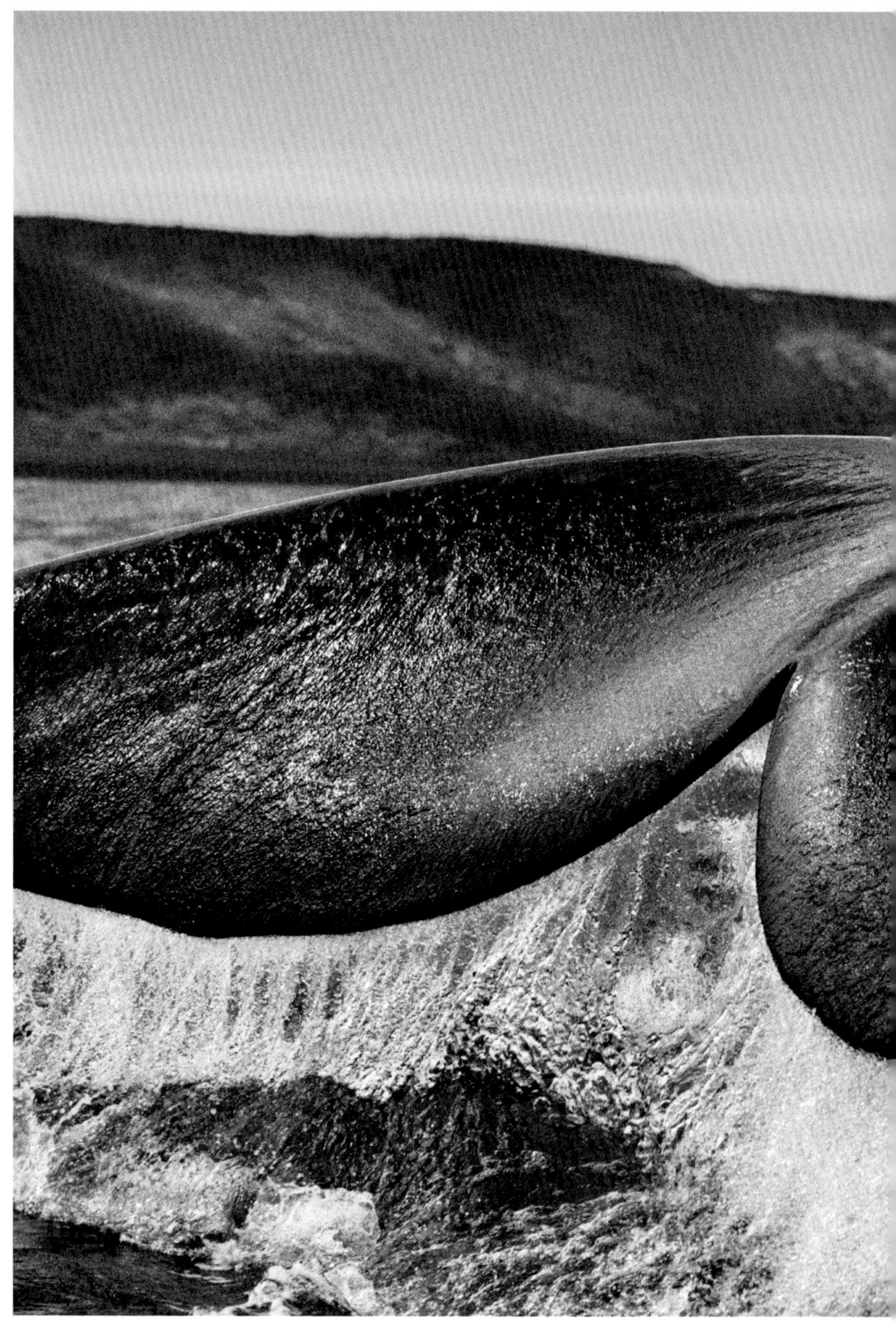

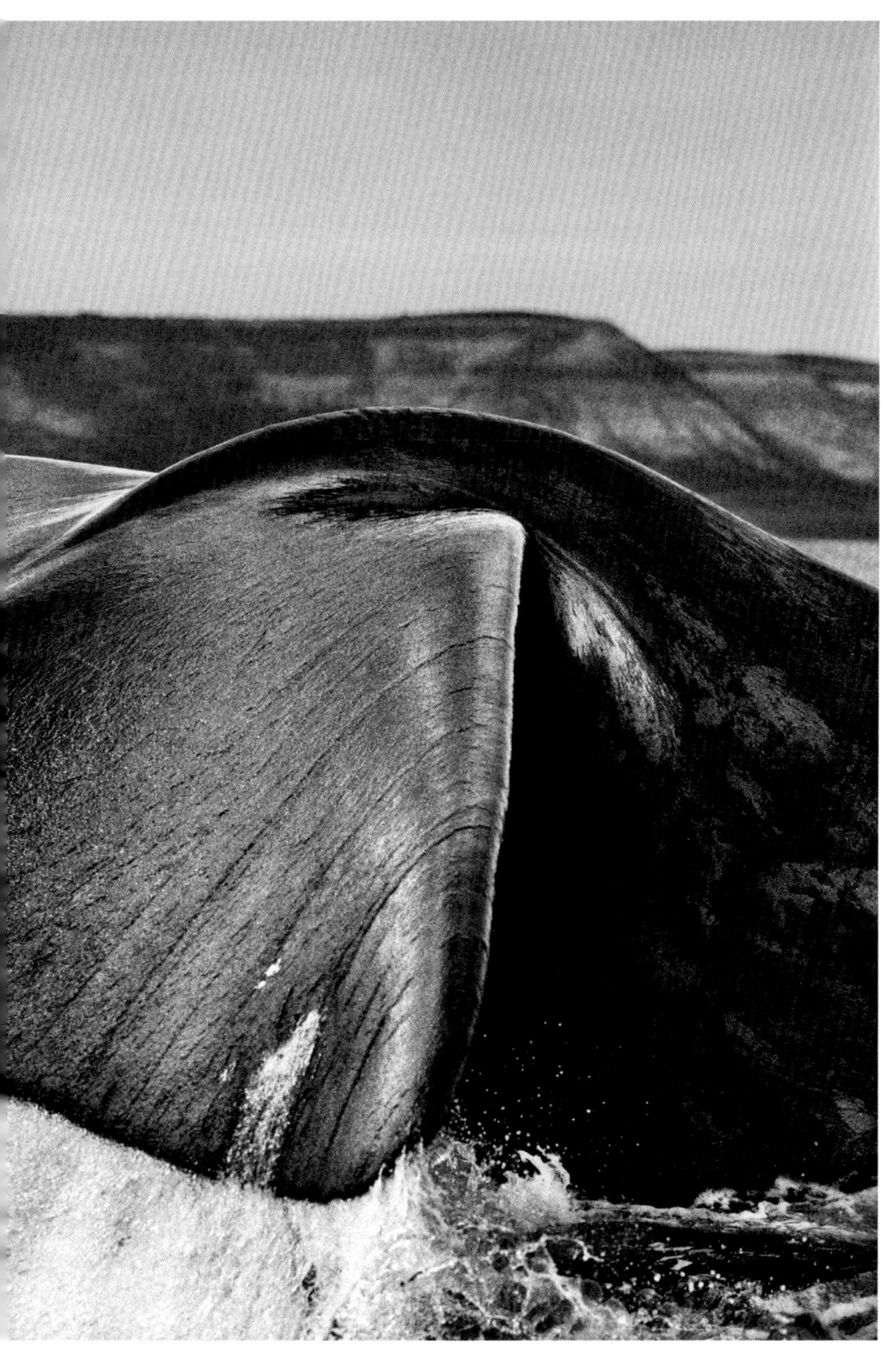

Página 8: Iceberg en movimiento en el mar de Weddell. Península antártica. Enero y febrero de 2005.

Página 11: El monte Français en la isla Anvers, junto al estrecho de Gerlache, ofrece una de las vistas más espectaculares de la península Antártica. Enero y febrero de 2005.

Páginas 12/13: Iceberg entre la isla Paulet y las islas Shetland del Sur en el mar de Weddell. Al nivel del mar, los niveles de flotación anteriores se pueden apreciar claramente donde el movimiento constante del océano ha pulido el hielo. En lo alto, la erosión ha esculpido una forma parecida al torreón de un castillo y ha desprendido fragmentos de hielo. Península antártica. Enero y febrero de 2005.

Páginas 14/15: Roca Eddystone. Colonias de lobos marinos antárticos (*Arctocephalus gazella*) y cormoranes de cuello negro, o cormoranes roqueros (*Phalacrocorax magellanicus*), forman grupos sobre las plataformas de la roca, en el punto más septentrional de las islas Malvinas. Noviembre y diciembre de 2009.

Páginas 16/17: En la isla Rey Jorge, frente a la península Antártica, hay una numerosa concentración de elefantes marinos del sur (*Mirounga leonina*). Al llegar a la edad adulta, estos animales, que pesan de cuatro a cinco toneladas, se convierten en los mayores pinnípedos del mundo. Los machos jóvenes se reúnen en pequeños grupos y se enzarzan en inofensivas peleas. Este entrenamiento es una preparación iniciática para la época de celo: su objetivo es juntar el mayor número de hembras en un harén, pero deben estar dispuestos a librarse de otros machos que intentan apartar a una hembra para aparearse con ella. En las islas antárticas y en las costas de la Patagonia, un elefante marino macho puede controlar hasta cien hembras. Península antártica. Enero y febrero de 2005.

Páginas 18/19 y 21: Las ballenas francas australes (*Eubalaena australis*), atraídas a la península Valdés por el refugio que les brindan sus dos golfos (San José y Nuevo), suelen nadar con las colas erguidas sobre el agua. Cuando una cola permanece levantada e inmóvil durante decenas de minutos, es probable que la ballena mantenga una posición totalmente vertical en el agua como postura de descanso; asimismo, se ha afirmado que las ballenas utilizan la cola a modo de vela, y dejan que el viento las transporte. Tras una observación detenida, es posible predecir cuándo saltará una ballena: un repentino y veloz movimiento de la cola libera la energía que permite a la ballena proyectar su voluminoso cuerpo fuera del agua. Península Valdés, Argentina. Septiembre y octubre de 2004.

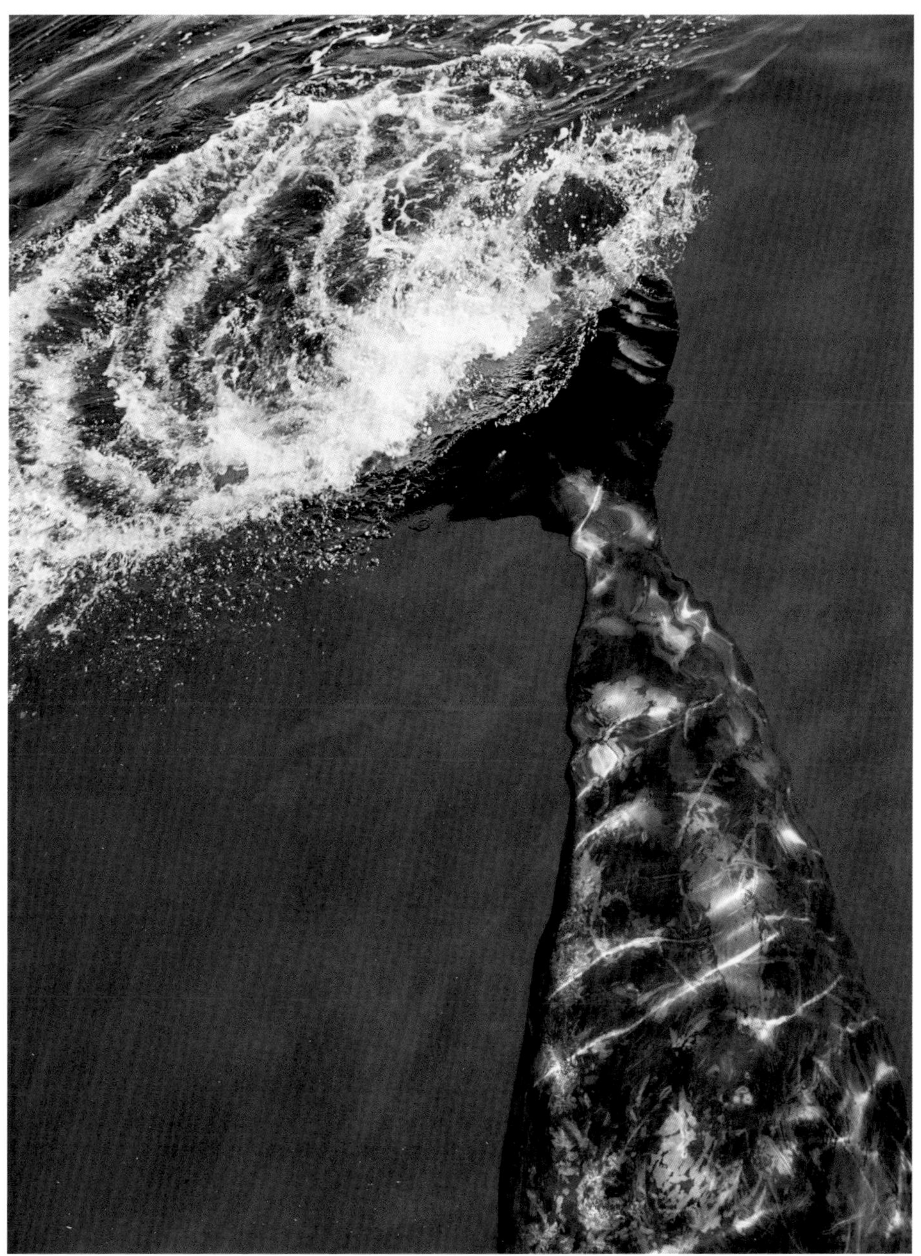

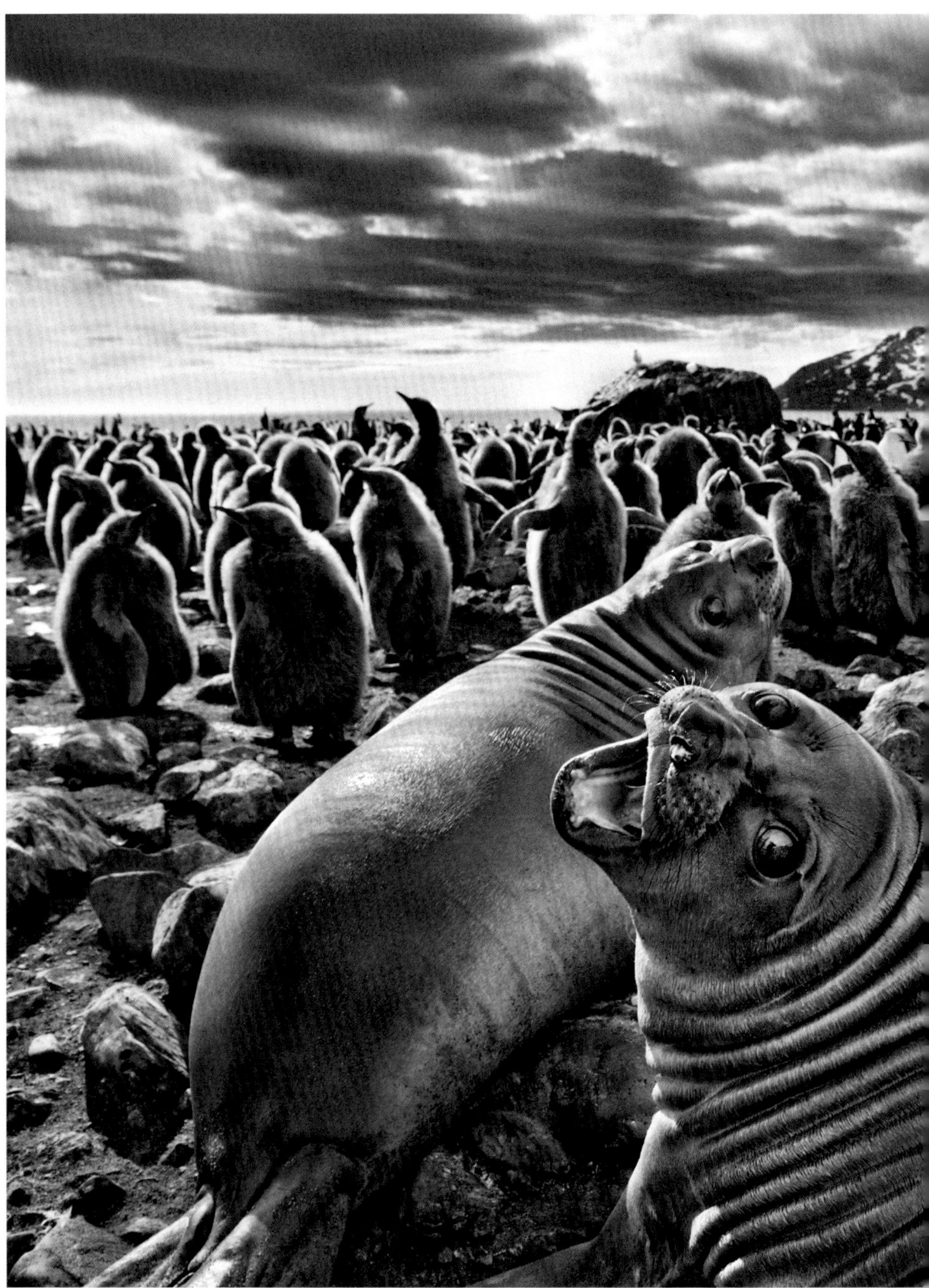

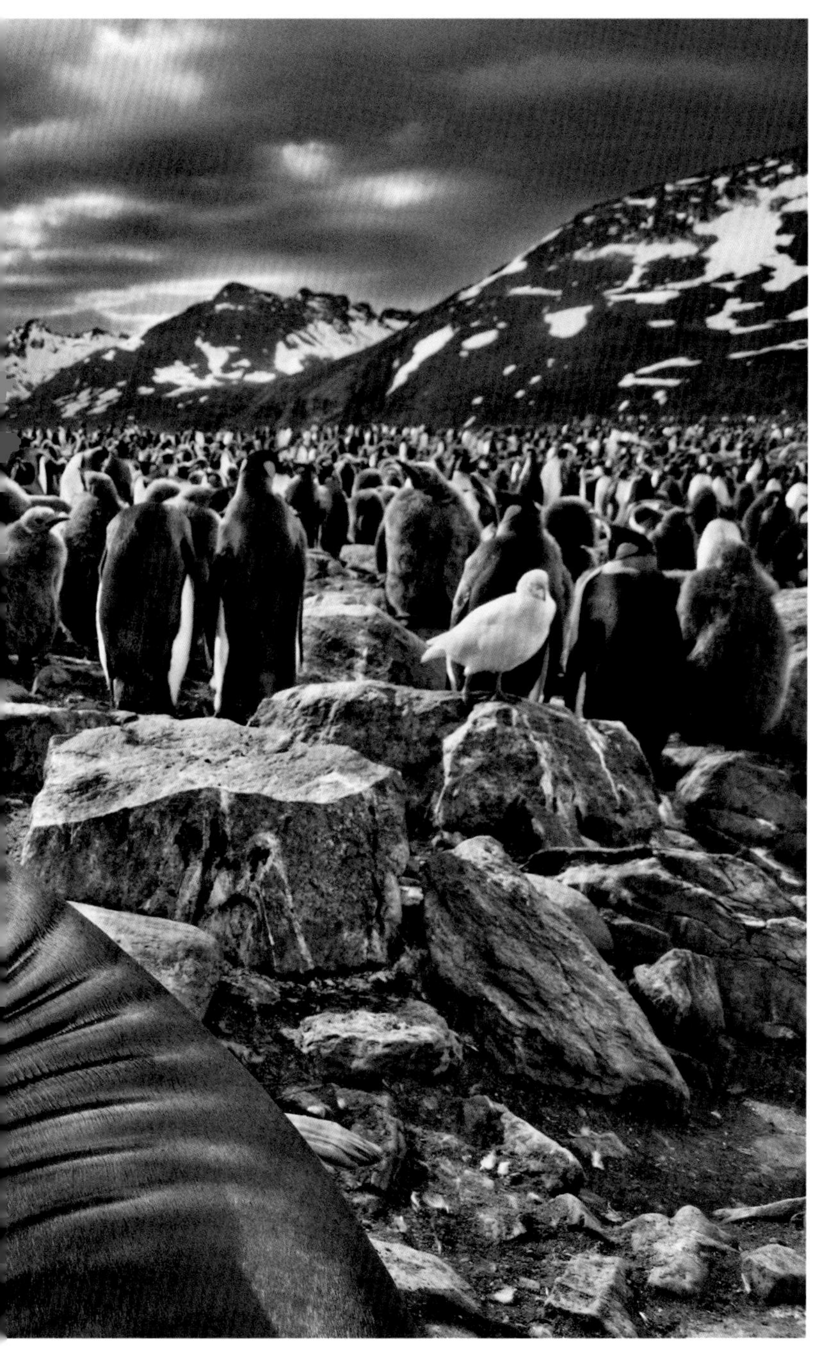

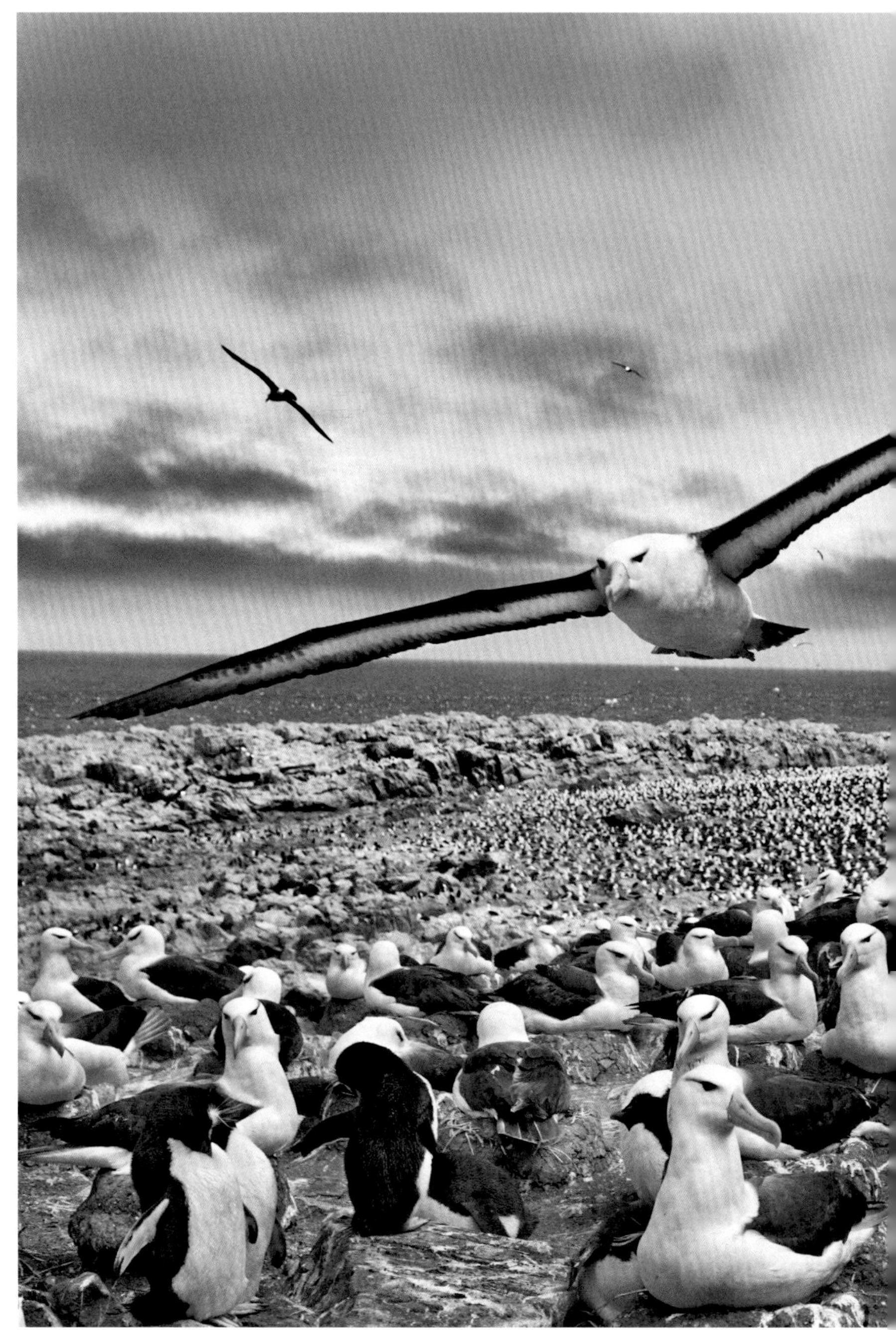

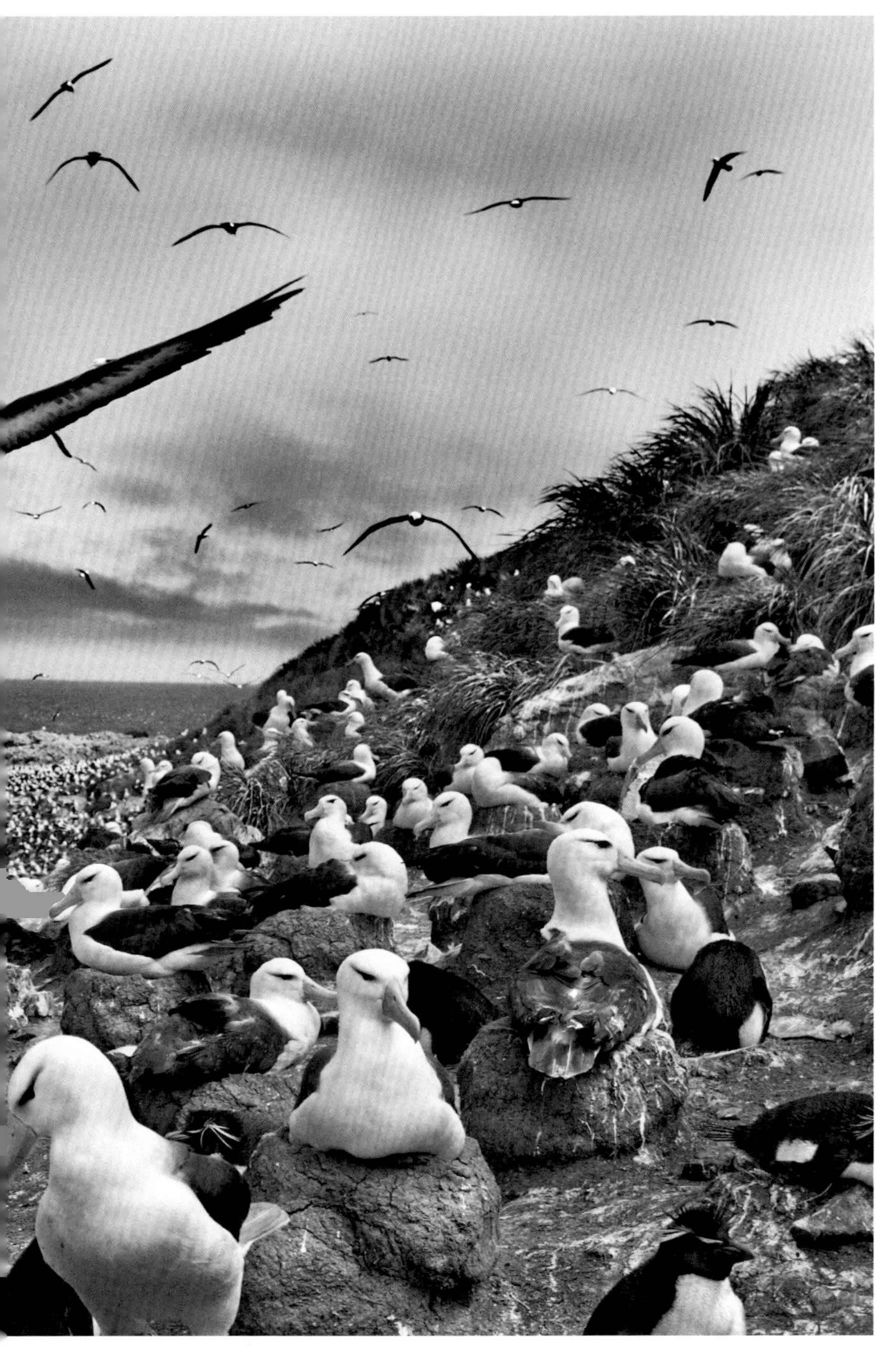

Páginas 22/23: Las crías de elefante marino del sur (*Mirounga leonina*) en la bahía de Saint Andrew. Georgia del Sur. Noviembre y diciembre de 2009.

Páginas 24/25: Las Sebaldes son un grupo de 12 islas en el punto más occidental de las islas Malvinas. Estas fotografías se realizaron en la isla Steeple Jason, hogar de más de 500 000 parejas de albatros de ceja negra (*Thalassarche melanophris*), la mayor colonia de estas aves en el mundo. Islas Malvinas. Noviembre y diciembre de 2009.

Página 27: Colonia de albatros de ceja negra (*Thalassarche melanophris*) en el archipiélago de las islas Willis; al fondo se aprecia la isla Pájaro. Georgia del Sur. Noviembre y diciembre de 2009.

Páginas 28/29: Pingüinos rey (*Aptenodytes patagonicus*) en la bahía de Saint Andrew. Esta inmensa bahía, con espectaculares montañas a un lado, acoge la mayor colonia de pingüinos rey del mundo (300 000 parejas aproximadamente). Georgia del Sur. Noviembre y diciembre de 2009.

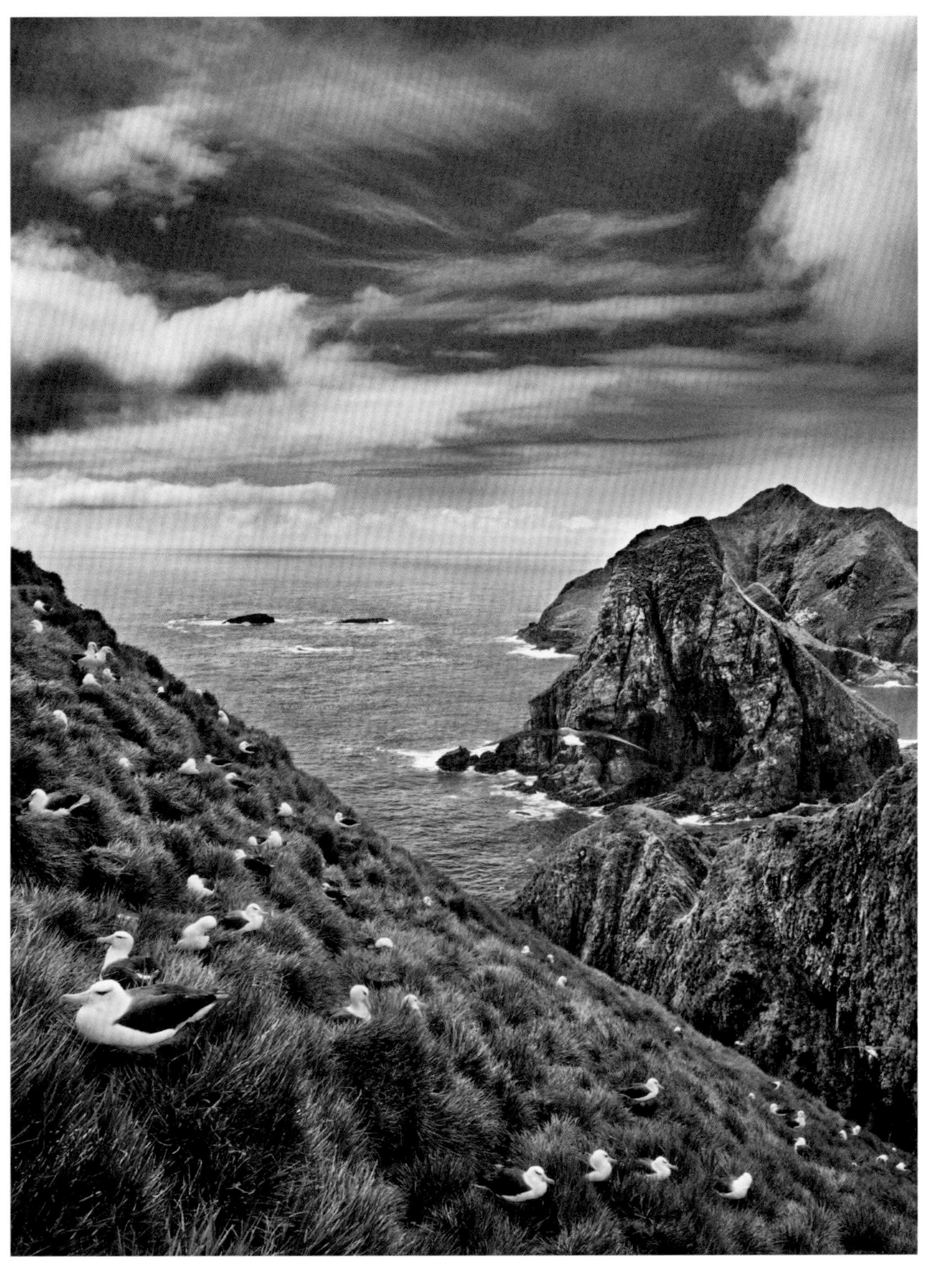

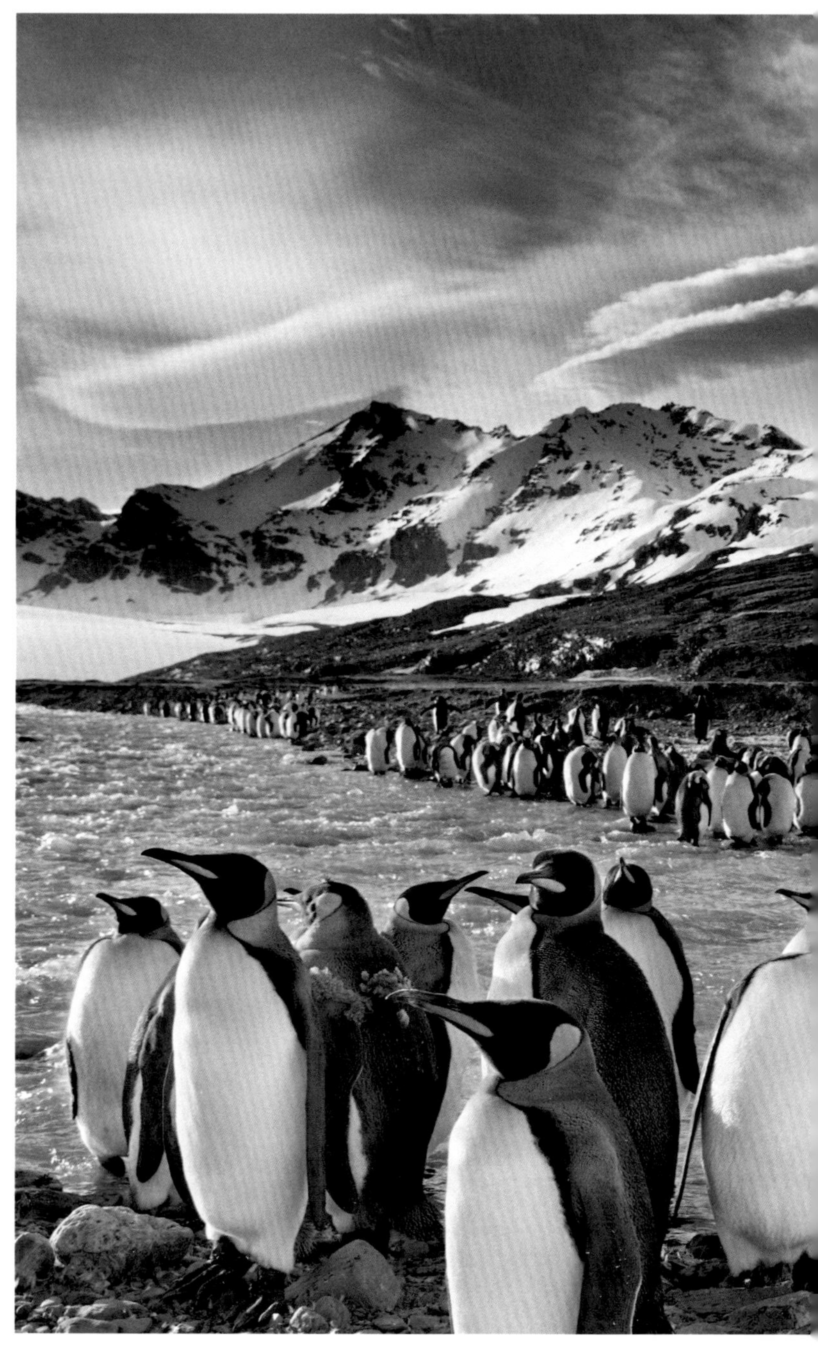

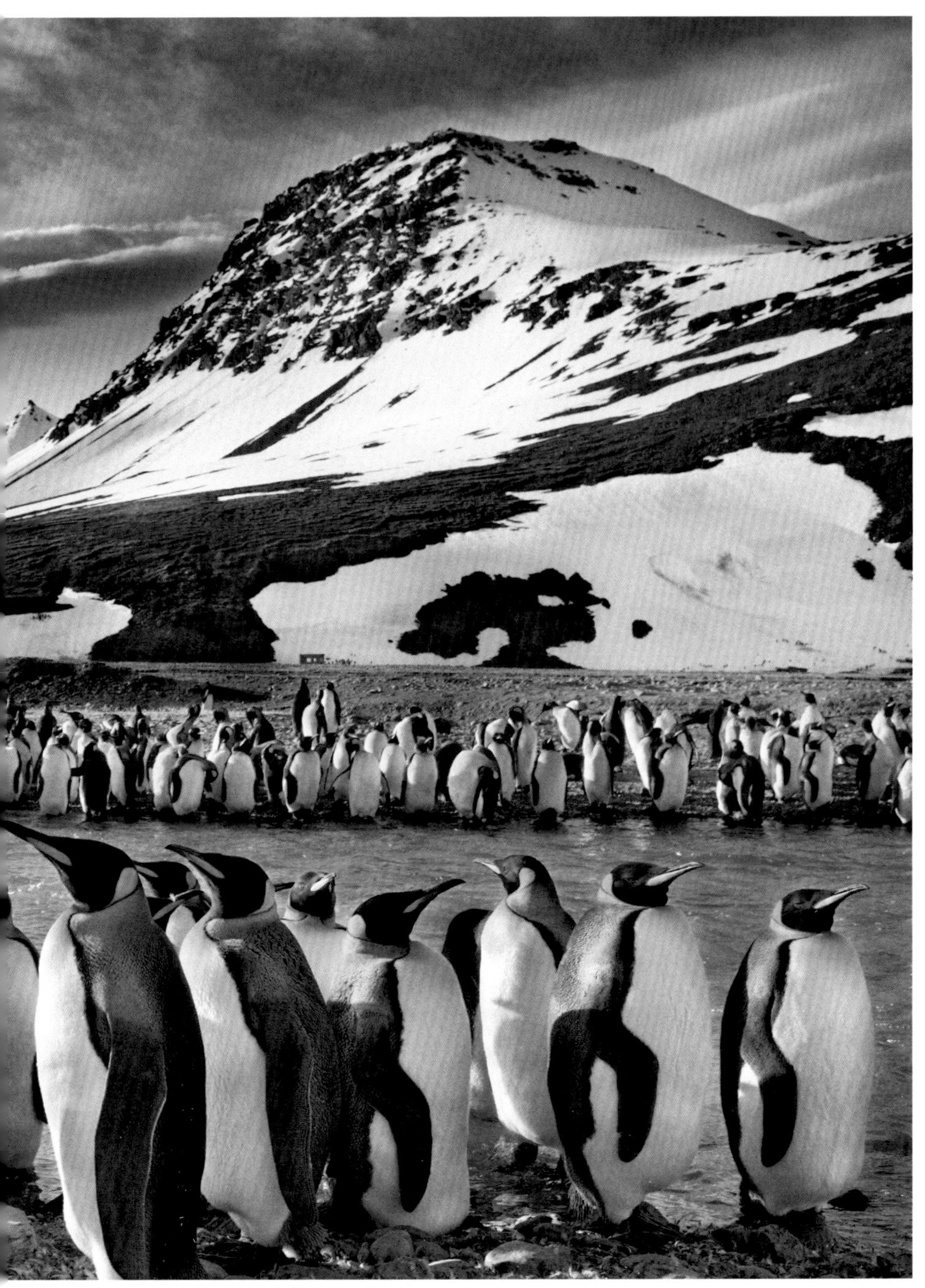

Página 31: El cerro Torre, parte de una cordillera situada en el campo de hielo Patagónico Sur, destaca por su elegante y esbelto pico. La propia montaña tiene 3128 metros de altura, pero su cima se alza como un cuchillo dentado, con caídas verticales de entre 1100 y 1500 metros en tres de sus caras. A menudo oculto por nubes de rápida evolución, el cerro Torre ha supuesto un inmenso reto para los alpinistas, pocos de los cuales han logrado culminarlo. A sus dificultades intrínsecas se añaden fortísimos vientos del oeste que barren la capa de hielo y cubren su cara rocosa con un espeso manto de hielo y un champiñón de cencellada. Patagonia argentina. Marzo y abril de 2007.

Páginas 32/33: Pingüinos rey (*Aptenodytes patagonicus*) en la bahía de Gold Harbour. Georgia del Sur. Noviembre y diciembre de 2009.

Páginas 34/35: Pingüinos barbijo (*Pygoscelis antarctica*) en un iceberg situado entre las islas Zavodovski y Visokoi. Islas Sandwich del Sur. Noviembre y diciembre de 2009.

Páginas 36/37: Colonia de albatros de ceja negra (*Thalassarche melanophris*) en el archipiélago de las islas Willis; al fondo se pueden apreciar las islas Trinidad y Pájaro. Georgia del Sur. Noviembre y diciembre de 2009.

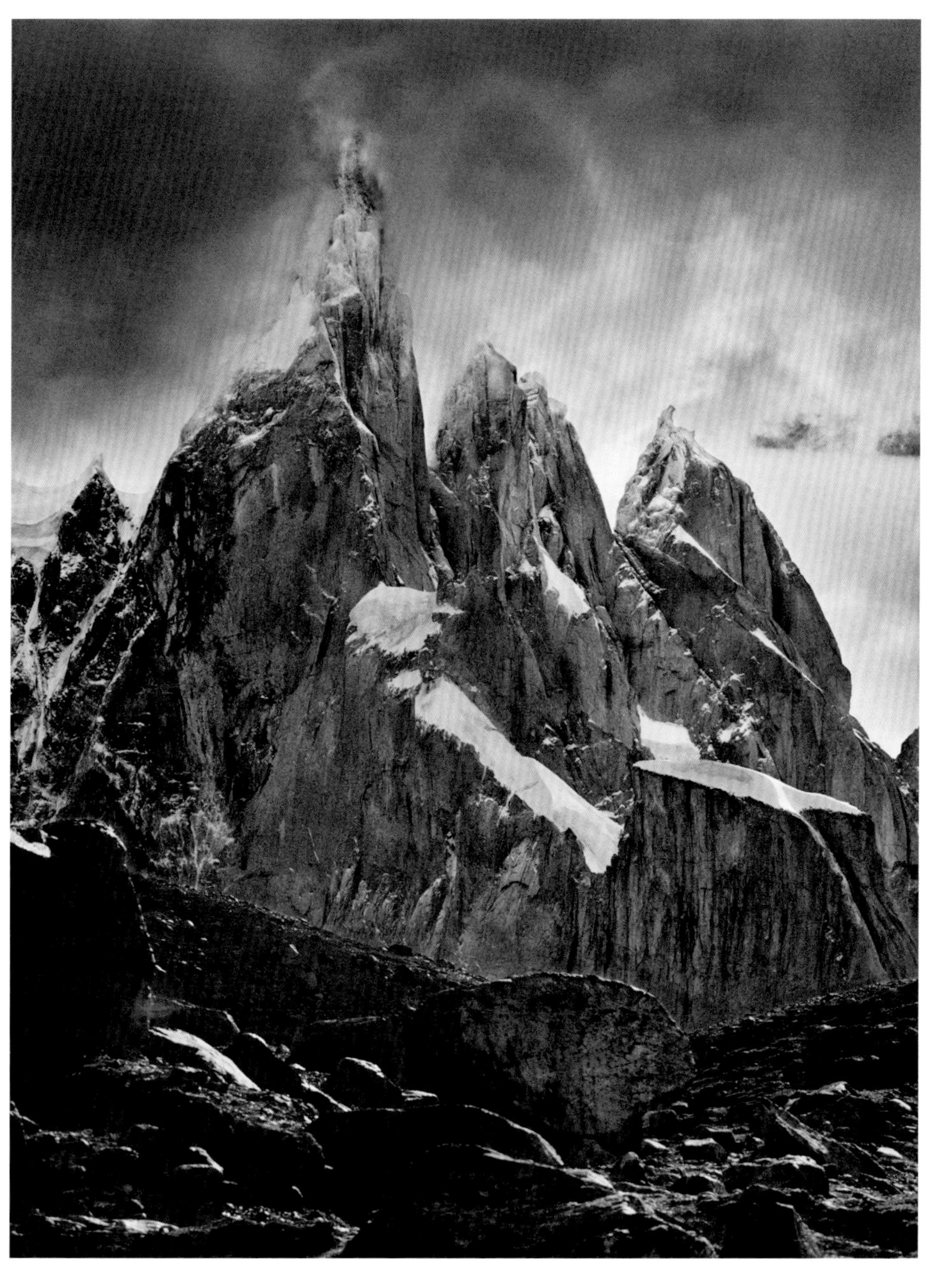

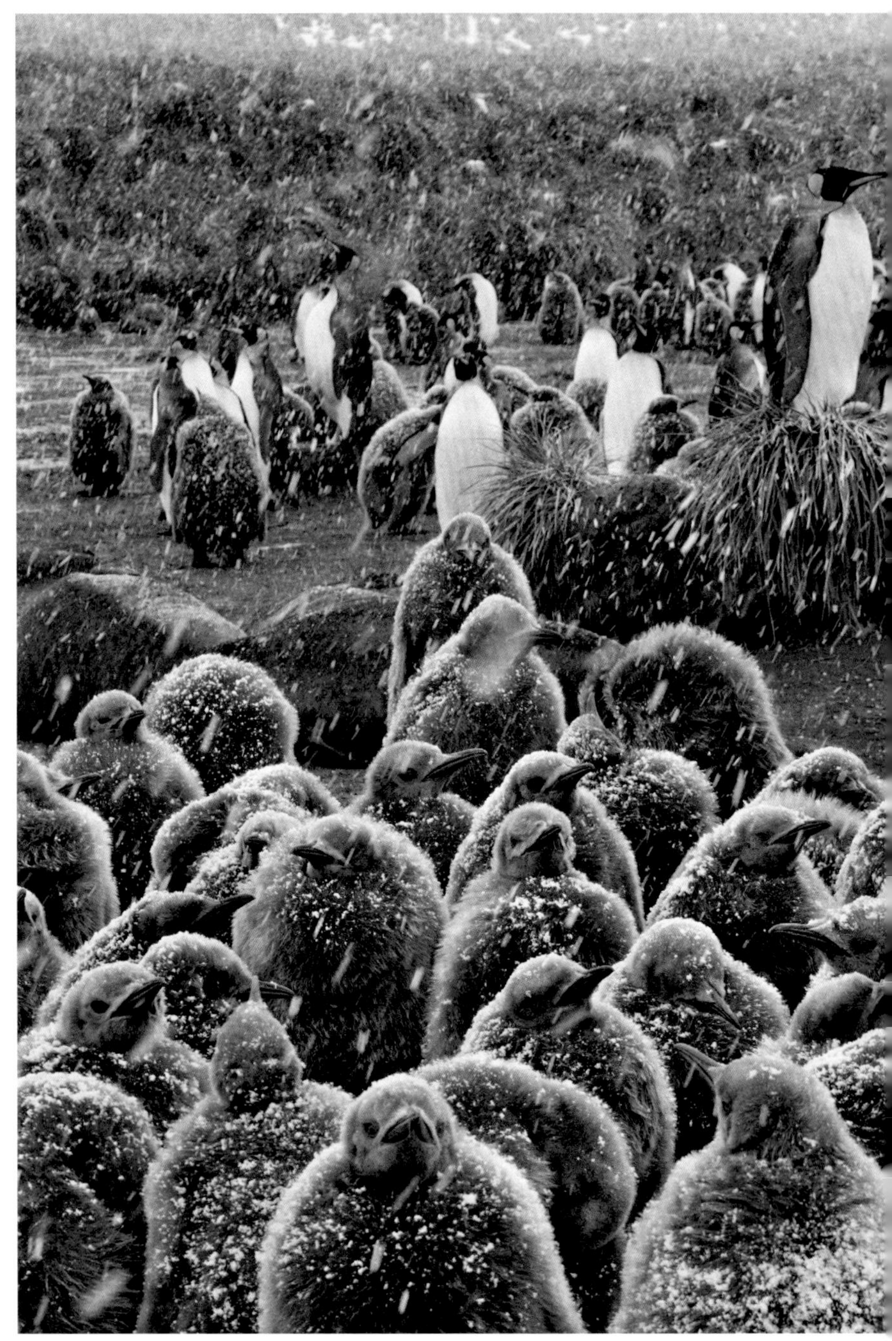

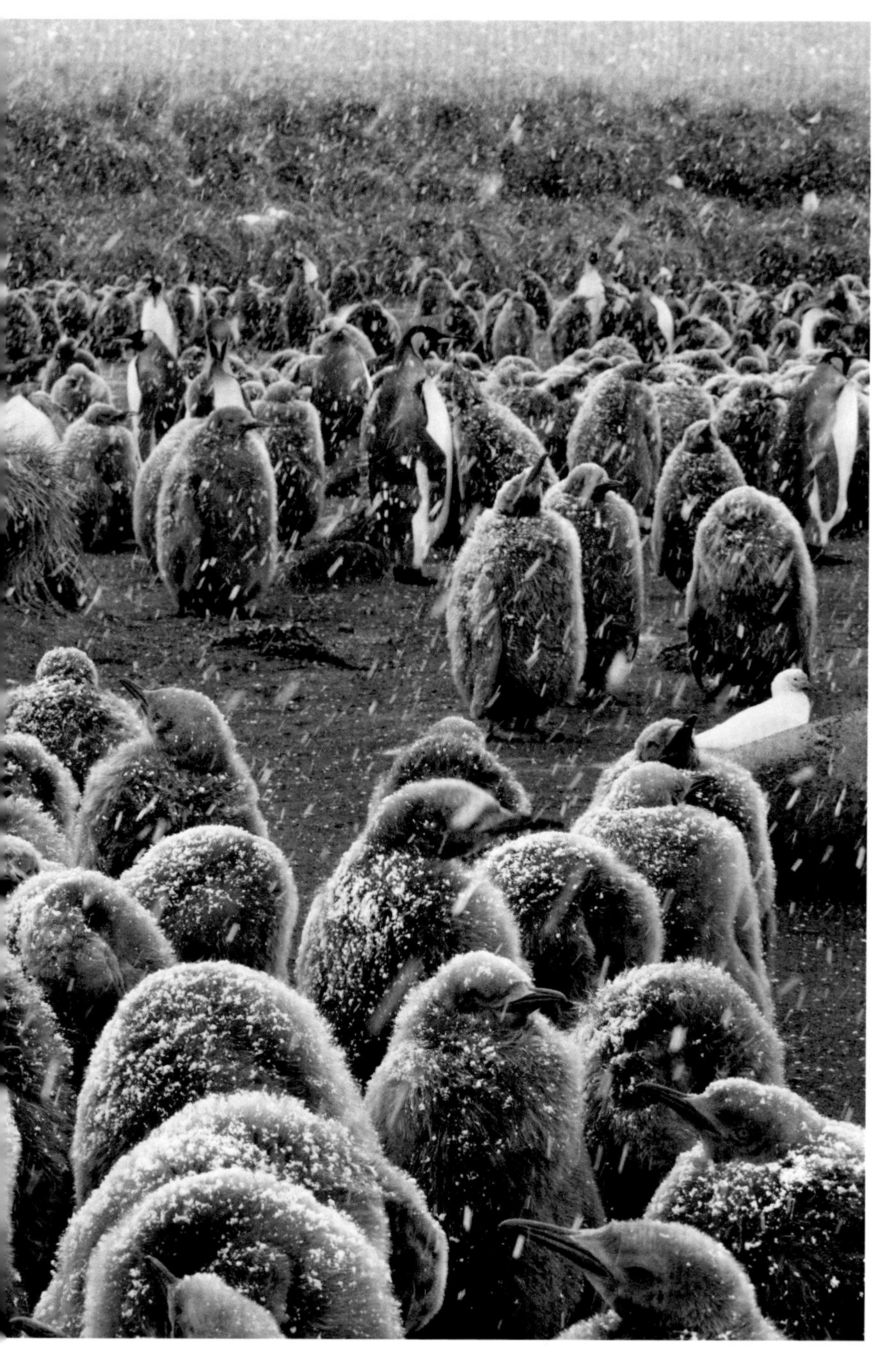

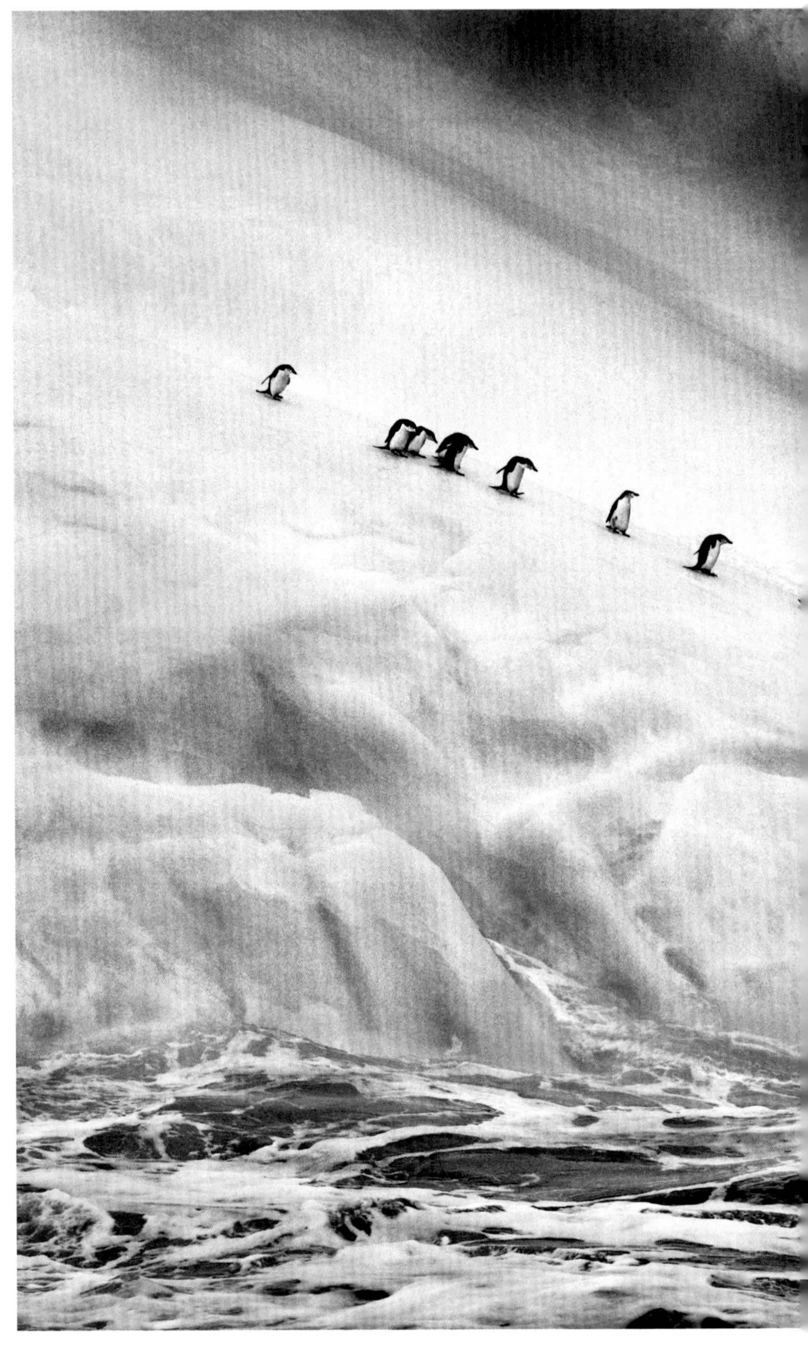

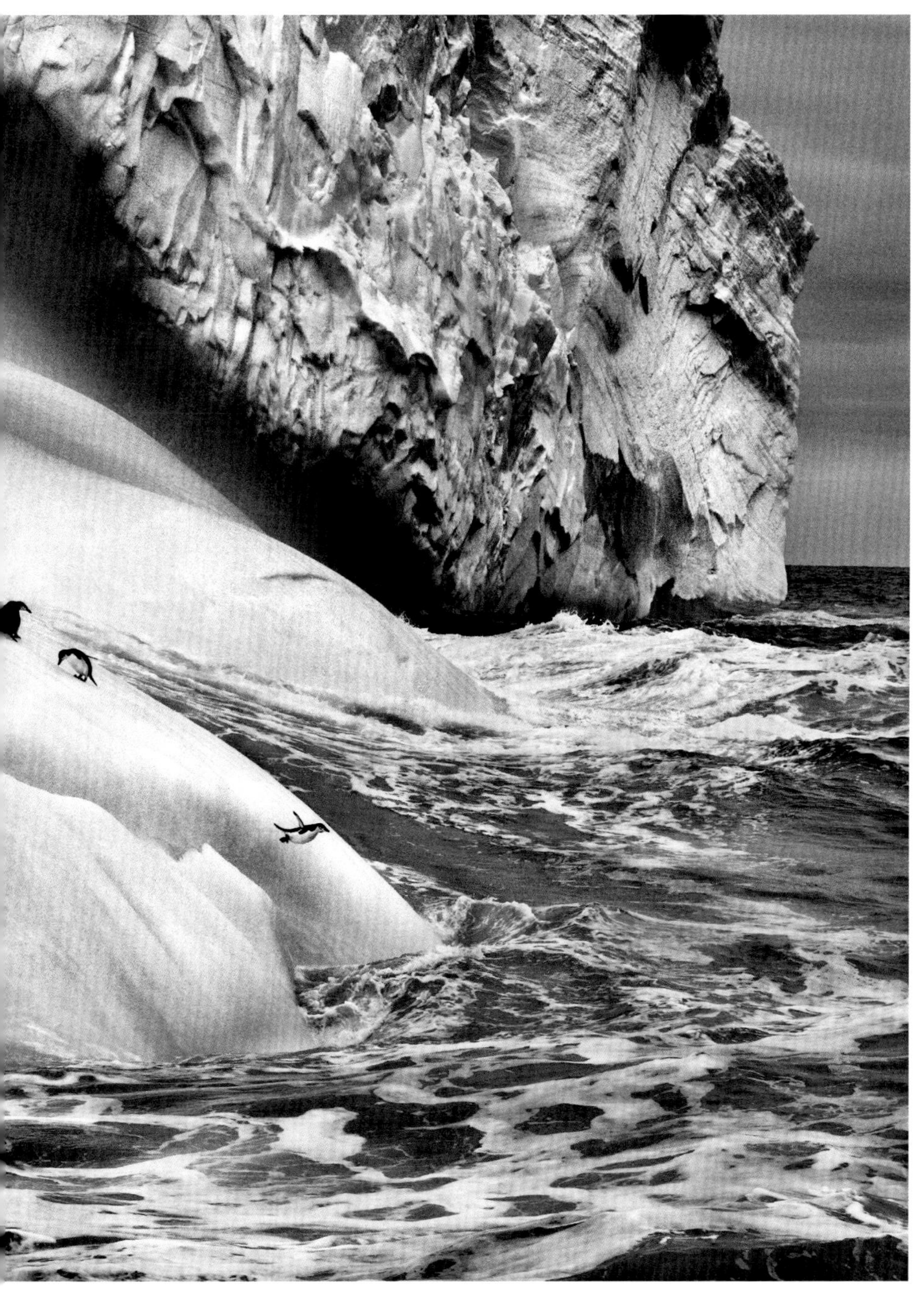

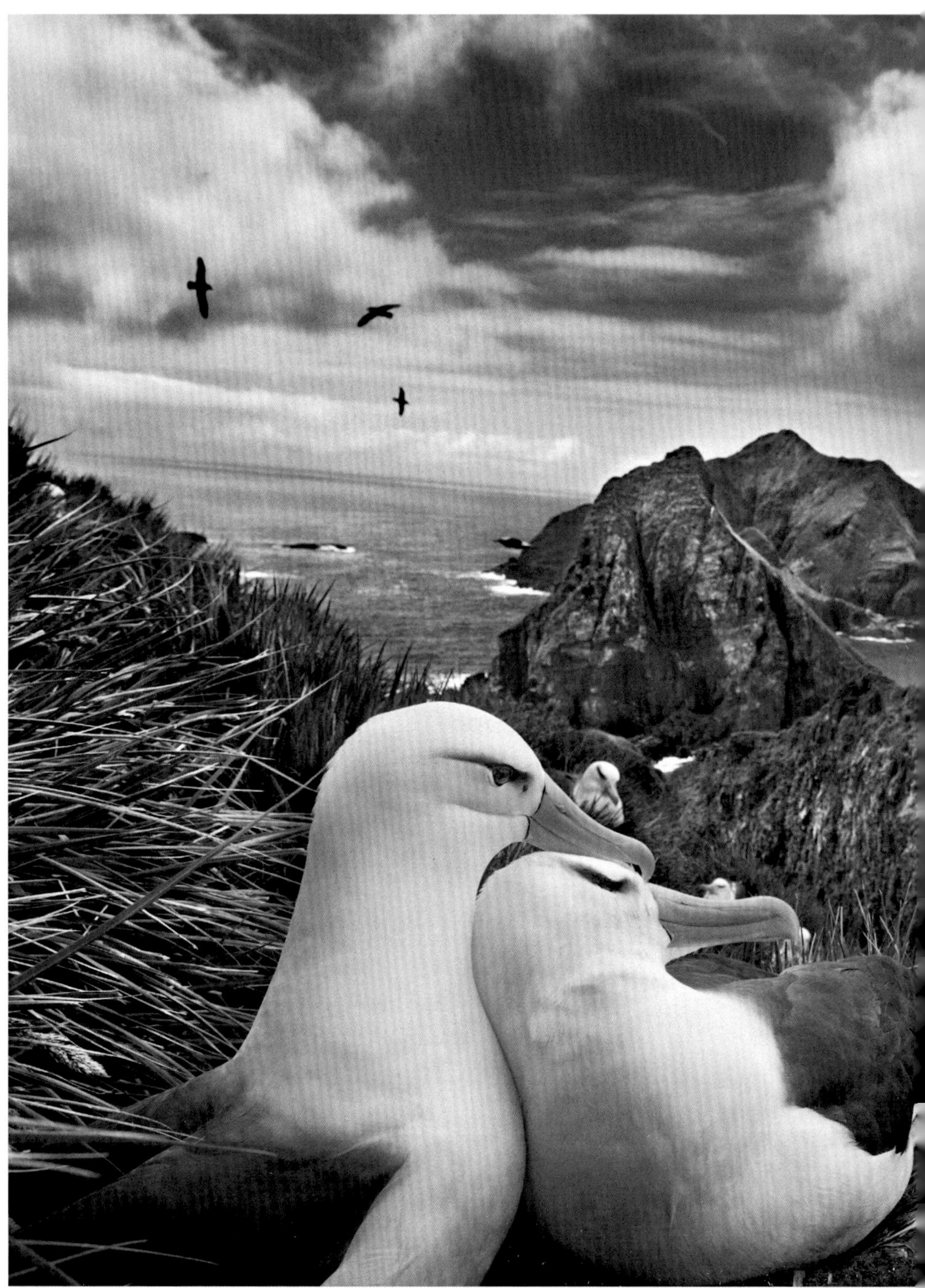

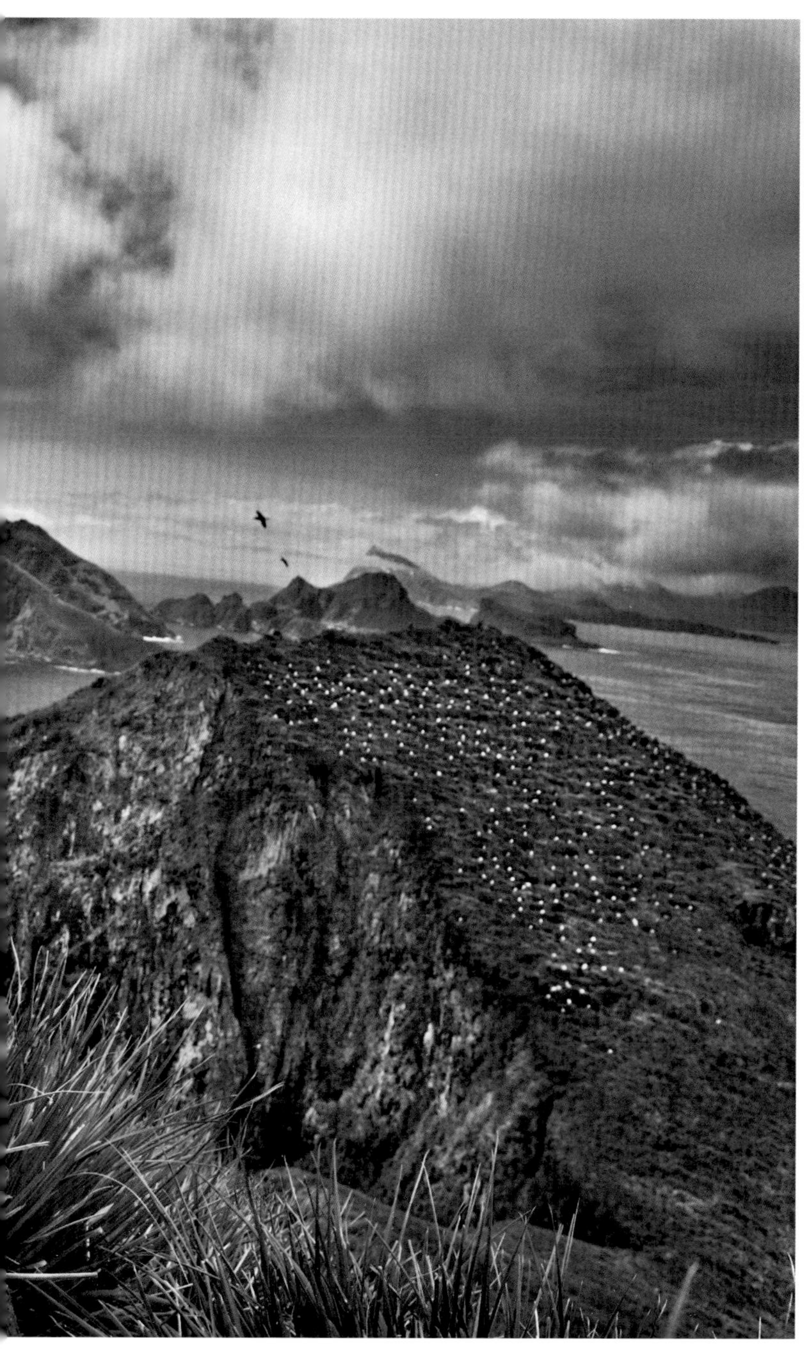

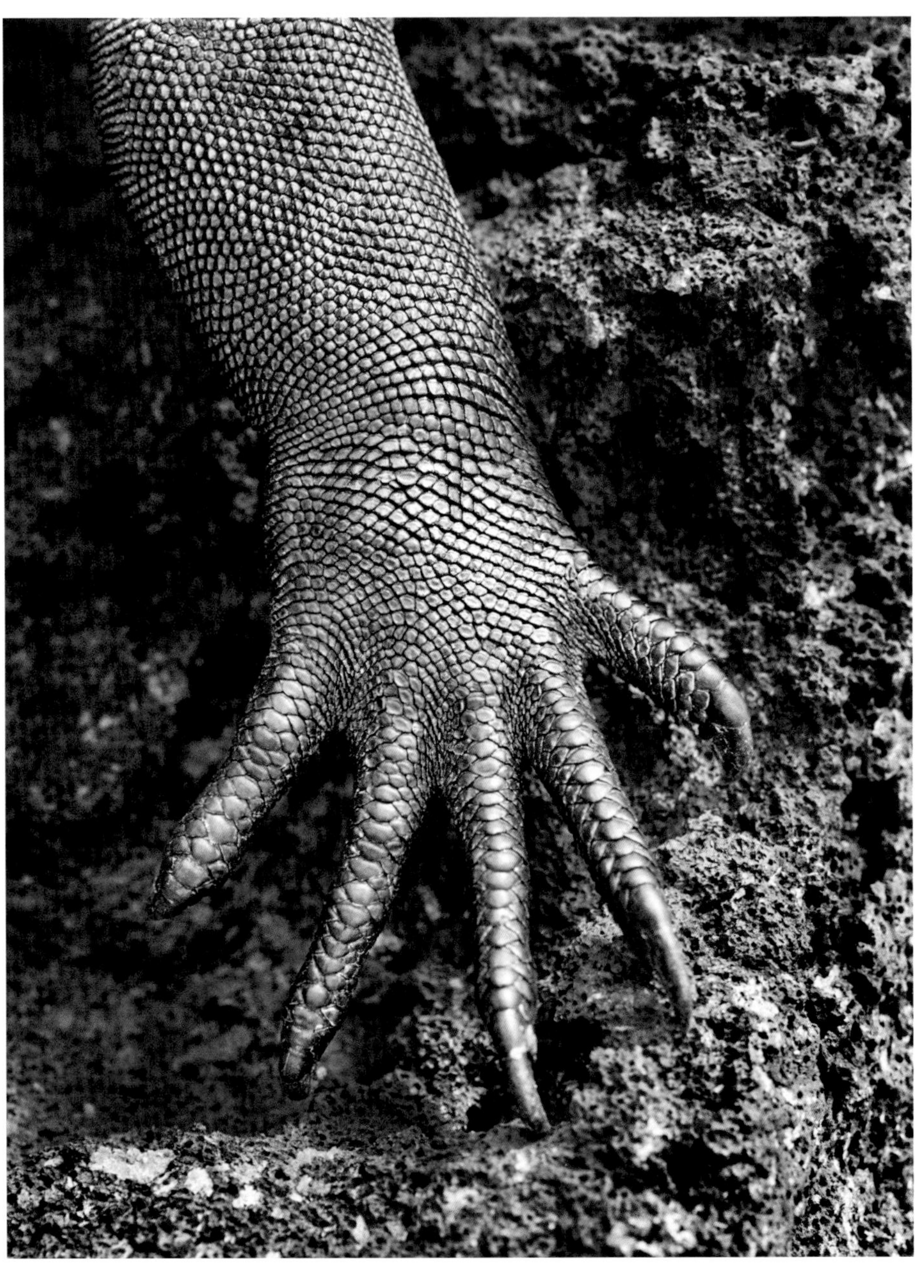

SANTUARIOS

Las islas apartadas ofrecen las condiciones ideales para el desarrollo y la supervivencia de la flora y la fauna endémicas. En consecuencia, especies de animales y plantas únicas suelen concentrarse en reducidas zonas geográficas. Su principal amenaza es la invasión de los asentamientos humanos. Mientras algunas tribus antiguas aún viven «dentro» de la naturaleza de forma muy parecida a sus antepasados, esta armonía también suele ser perturbada por el hombre moderno. Así, lo que un día fueron refugios seguros, ancestrales estilos de vida, animales poco comunes y plantas únicas, hoy están ineludiblemente amenazados de extinción.

Comencé mi viaje en las islas Galápagos, ese extraordinario laboratorio natural que inspiró la teoría de la evolución a Darwin. Sus diversas criaturas han sobrevivido en buena medida porque han carecido de depredadores, salvo durante los siglos XVIII y XIX, cuando los marineros que pasaban por allí cazaban la tortuga gigante para alimentarse. Actualmente, está protegida, junto con otros animales que pude fotografiar, desde iguanas marinas, osos marinos y leones marinos hasta pelícanos pardos, fragatas comunes y cormoranes no voladores. Además, por extraño que parezca, toda esta vida florece junto a inmensos campos de lava y en las estribaciones de volcanes activos.

Madagascar, la gran isla frente a la costa oriental del sur de África, es otro de los «puntos calientes» de la biodiversidad del mundo. Cerca del 90 % de sus decenas de miles de especies animales y vegetales no se encuentran en ningún otro lugar de la Tierra. Existen no menos de 860 variedades de orquídeas y 170 de palmeras. El lémur, un primate parecido al mono que es el animal más característico de la isla, aparece en más de 100 subespecies distintas.

Viajando por la costa occidental, pasamos junto a impresionantes dunas de arena formadas por inmensos lechos de ríos que permanecen secos gran parte del año. El baobab, con su característico tronco hinchado, es realmente el ejemplar más raro de la flora. Madagascar ostenta seis de las ocho especies de baobabs conocidas. Tierra adentro, me topé con los *tsingy*, las formaciones geológicas más extrañas que nunca he visto. Formadas a lo largo de millones de años por caparazones triturados, con superficies tan afiladas como el vidrio roto, se alzan desde 50 hasta 100 metros de la maleza como enormes estalagmitas. En el húmedo nordeste de la isla, permanecen grandes extensiones de selva tropical. Sin embargo, a menudo vi significativas columnas de humo donde la jungla estaba siendo desmontada mediante el fuego para dejar espacio a las ganaderías. Como testimonio de la memoria evolutiva, Madagascar está en peligro.

En las islas de la costa occidental de Sumatra, los santuarios de varios grupos étnicos también están siendo invadidos. Desde la década de 1960, el Gobierno de Indonesia decidió ubicar a estos cazadores-recolectores tradicionales en asentamientos. Había que ser adulto para convertirse al islam o al cristianismo. Muchos lo hicieron, pero unos pocos clanes permanecieron en las junglas de la isla de Siberut. Eran los mentawai, la etnia que queríamos conocer.

Célebres por su espiritualidad y por las pinturas con las que colorean su cuerpo, los mentawai aún lo construyen todo con productos naturales de la selva tropical, incluidos sus *uma*, que hacen las veces de dormitorio, cocina y templo. En la jungla, los hombres solo llevan taparrabos hechos de corteza de árbol y algunas mujeres se cubren con vestidos de hojas tejidas. No tienen necesidad de cultivar sus alimentos puesto que están rodeados de abundante vida animal y vegetal. Todos los clanes tienen varios chamanes, cada uno con una responsabilidad específica, como los ritos de la danza y el canto, así como la predicción del futuro.

Nueva Guinea, la isla montañosa al norte de Australia, es uno de los hábitats naturales más prístinos del mundo, con más de mil lenguas y grupos étnicos conocidos. La isla está dividida políticamente, con la independiente Papúa Nueva Guinea al este y la provincia indonesia de Papúa Occidental, también conocida como Irian Jaya, al oeste.

En Papúa Nueva Guinea viajamos a fértiles valles, ríos salvajes e indómitas montañas en forma de dientes de sierra de las tierras altas meridionales. Varias comunidades étnicas nos permitieron grabar sus *singsings*, complicadas ceremonias en las que las personas adornan sus cuerpos con pintura, plantas, caparazones, cuentas y dientes de animales. Los huli, el mayor grupo de la región, llevan ahora ropa occidental. Sin embargo, para las fiestas, los huli también se pintan la cara y portan pelucas hechas con su propio cabello. En la región del Asaro, los hombres de barro amedrentan a sus enemigos cubriéndose de lodo y llevando grandes máscaras blancas elaboradas con barro.

El grupo menos asimilado de la isla son los stone korowai, de Irian Jaya, también conocidos como los «amables caníbales» porque cazan y se comen a los que consideran hechiceros. Los hombres van desnudos salvo por una funda para el pene y las mujeres solo llevan una corta falda de pasto. Como la guerra entre clanes es habitual, su jefe vive en una casa construida a 30 metros del suelo.

La tribu mek, por otra parte, ha tenido más contacto con misioneros occidentales y, para los servicios religiosos cristianos, los integrantes de la tribu llevan ropa occidental usada. Incluso el pastor local, que solo lleva una funda para el pene durante la semana, se pone una camisa occidental que le regalaron para ir a la iglesia el domingo.

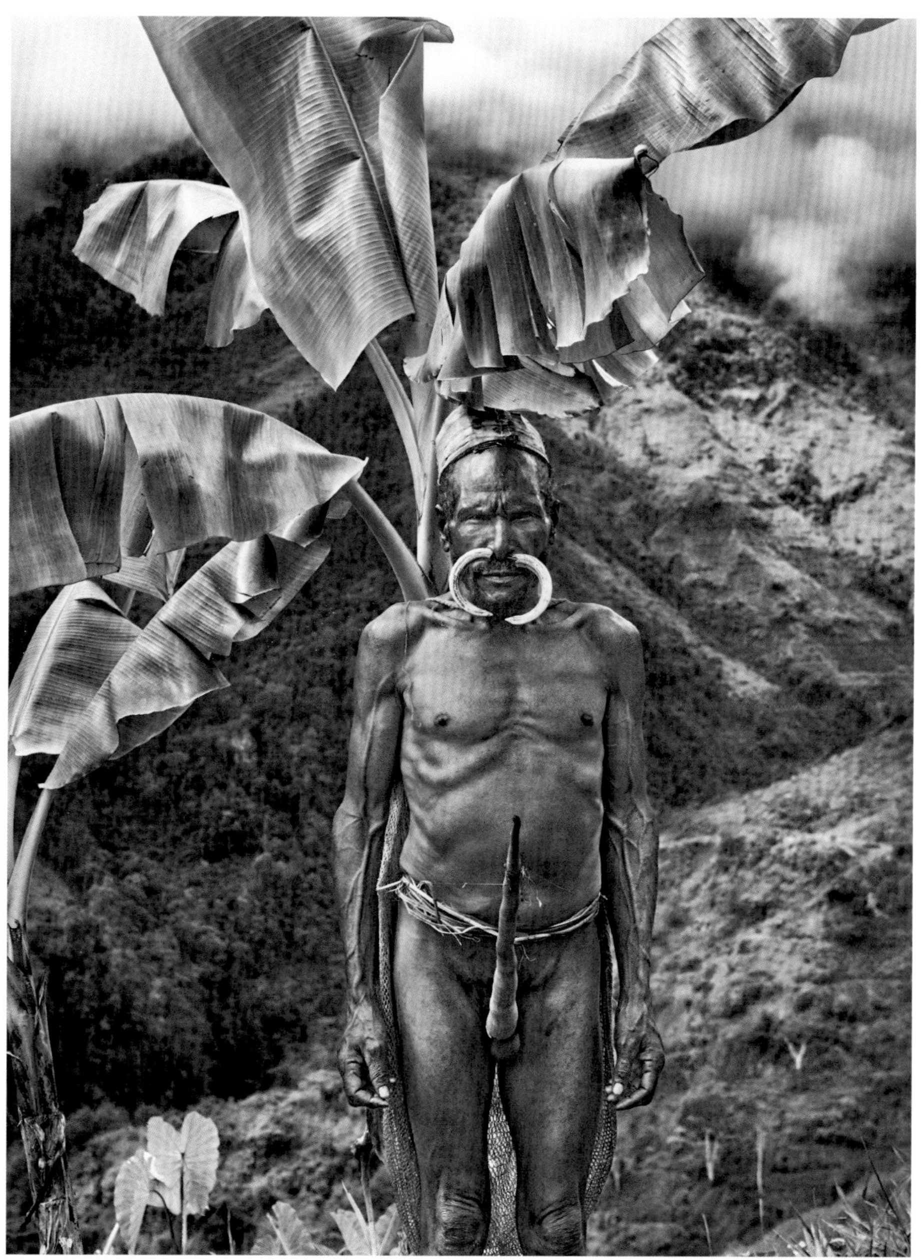

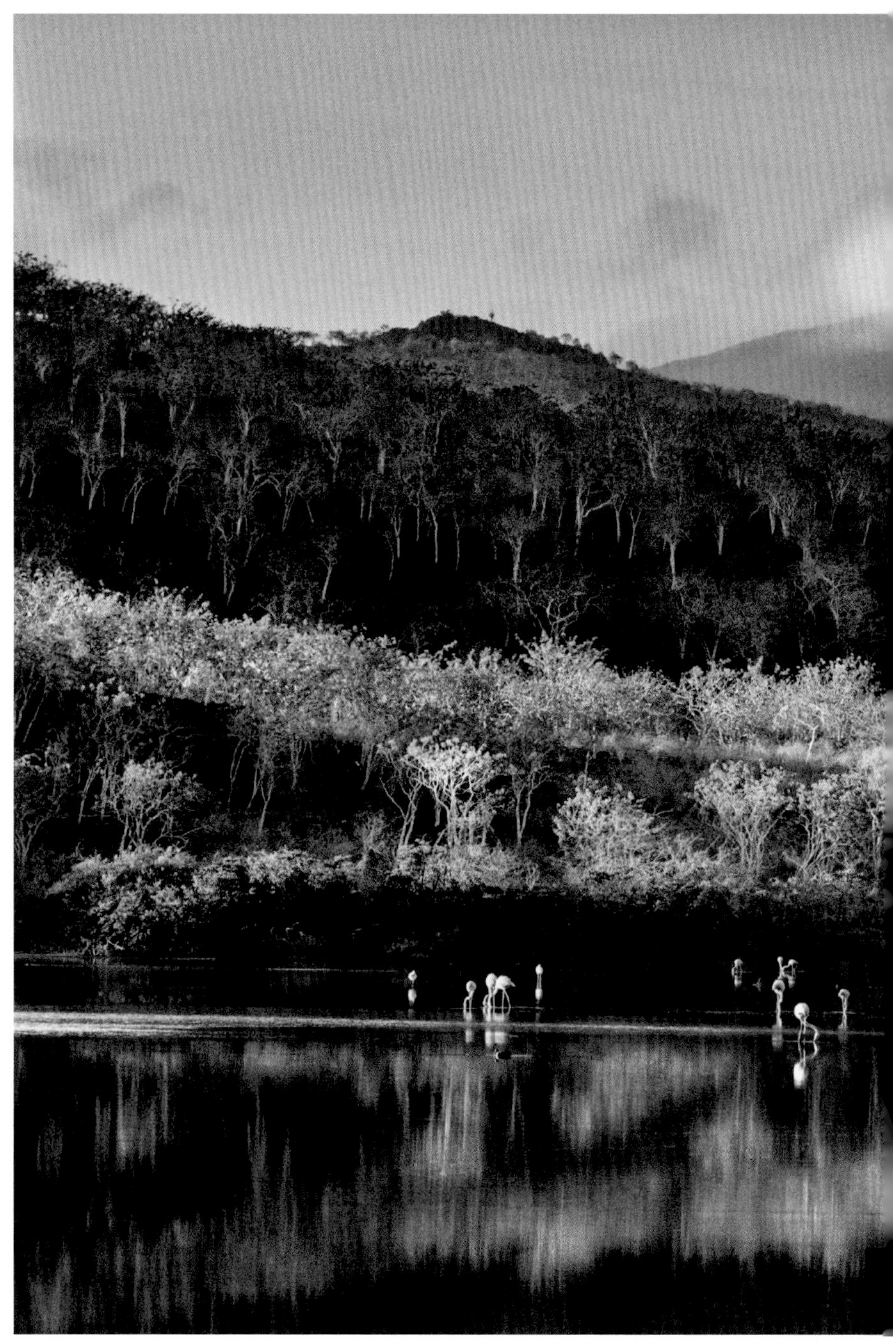

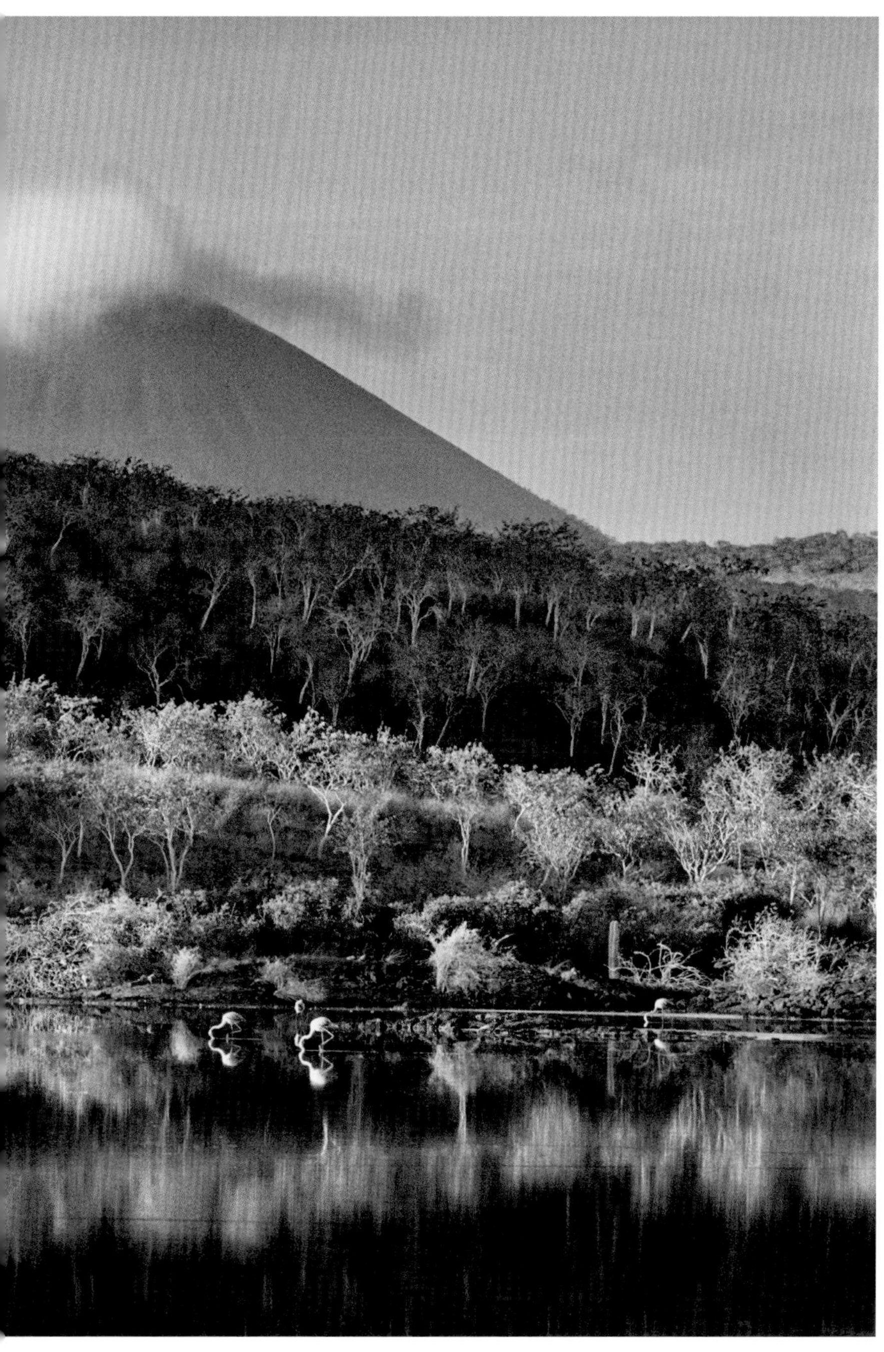

LAS GALÁPAGOS

Páginas 38 y 42 a 49
Las Galápagos, célebres por su extraordinario número de especies endémicas poco comunes, forman un archipiélago de islas volcánicas en el Pacífico unos 970 kilómetros al oeste de Ecuador. Hoy en día, las islas y sus aguas circundantes forman un parque nacional y una reserva marina biológica. Pero su importancia fue dada a conocer al mundo por el naturalista inglés Charles Darwin, que visitó las Galápagos en 1835 durante su viaje alrededor del mundo en el HMS *Beagle*. Sus observaciones y las muestras que recogió desempeñaron un papel fundamental dando forma a su revolucionaria teoría de la evolución de las especies mediante la selección natural. En términos geológicos, el archipiélago sigue siendo inestable. Está situado en la placa tectónica de Nazca, que se mueve muy lentamente bajo la placa sudamericana ubicada al este. Entretanto se cree que han desaparecido algunas de las islas que se formaron hace ya la friolera de 90 millones de años. Las 15 islas principales y las tres más pequeñas que pueden verse actualmente son mucho más recientes, ya que se originaron entre uno y cinco millones de años atrás. De hecho, dos de las islas más recientes, Isabela, la más grande del archipiélago, y Fernandina, ambas con escasamente un millón de años de antigüedad, siguen en fase de formación debido a la actividad volcánica, como lo prueba la erupción del volcán de Fernandina en una fecha tan próxima como abril de 2009.
Las Galápagos se extienden 45 000 kilómetros cuadrados, con la isla más septentrional a 220 kilómetros de la más meridional. También varían enormemente de tamaño y altitudes, ya que algunas tienen picos cercanos a los 3000 metros, lo que ha contribuido a la diversidad de las especies de las distintas islas. Con todo, es posible sacar algunas conclusiones. La vegetación suele hallarse junto a las costas, las lagunas de agua salada y las playas de cantos rodados, mientras que los manglares predominan en las calas protegidas y las lagunas. Las regiones del interior cercanas al nivel del mar son áridas, pero los bancos de niebla nocturnos y matutinos proporcionan humedad en las zonas más elevadas, incluso durante la temporada de sequía. En algunos lugares, la humedad origina charcas temporales, lo que permite que crezcan helechos, pastos y juncos en las zonas más altas de algunas islas.
Los reptiles, insectos, aves y otras especies animales que se encuentran en las islas pueden parecer reconocibles a primera vista, pero la mayoría pertenece a especies propias de las Galápagos. Por ejemplo, todos los reptiles, salvo dos especies de tortugas marinas, son endémicos. Entre ellos se cuenta la tortuga gigante de las Galápagos, monarca de las islas, con 11 subespecies presentes en distintas islas, todas ellas en peligro de extinción. También son endémicos la iguana terrestre y la marina, tres especies de serpiente corredora, diversas especies de *Tropidurus* y los gecos. La variedad de aves no es menos extraordinaria. Hay, por ejemplo, 13 especies de pinzones de Darwin, entre ellas el pinzón mediano de árbol y el pinzón de pantano. Otras especies dignas de mención son la fardela gris parda, el cormorán no volador de las Galápagos, el pingüino de las Galápagos, la gaviota negruzca, el sinsonte de floreana, el ratonero de las Galápagos, la garza plomiza, la gaviota de las Galápagos, el burrito de las Galápagos, el tirano piquigrueso, la golondrina negra y la tórtola de las Galápagos. Asimismo, se conocen seis especies nativas de mamíferos: el lobo peletero de Galápagos, el león marino de las islas Galápagos, dos especies de ratas de arroz, el murciélago y el murciélago ceniciento. La fauna marina consta de varias especies de tiburones, rayas y cetáceos, y, aunque las tortugas verdes marinas y las tortugas carey también son comunes, las primeras anidan en las playas de arena.

Página 38: Iguana marina (*Amblyrhynchus cristatus*). Como otros reptiles ectotermos, la iguana marina regula la temperatura de su propio cuerpo: en cuanto sale el sol, se tiende estirada para caldear tanta superficie de su cuerpo como sea posible hasta que su temperatura alcanza 35,5 °C. Después, cambia de postura para evitar el recalentamiento. La iguana marina necesita una temperatura corporal alta para poder nadar, desplazarse y digerir. Galápagos. Ecuador. Enero, febrero y marzo de 2004.

Página 41: La etnia yali vive en la cordillera de Jayawijaya, un terreno asombrosamente accidentado, con ríos que esculpen estrechas gargantas y valles de escarpadas laderas. Los hombres yali visten las tradicionales «faldas» compuestas de largas tiras de ratán, de unos 5 milímetros de ancho, que envuelven el estómago y luego se abren formando una falda rústica. El frente se sujeta con una *koteka*, una funda para el pene hecha con un calabacín hueco y seco. Los distintos grupos étnicos pueden ser identificados por la forma de la *koteka*. Papúa Occidental. Indonesia. Septiembre de 2010.

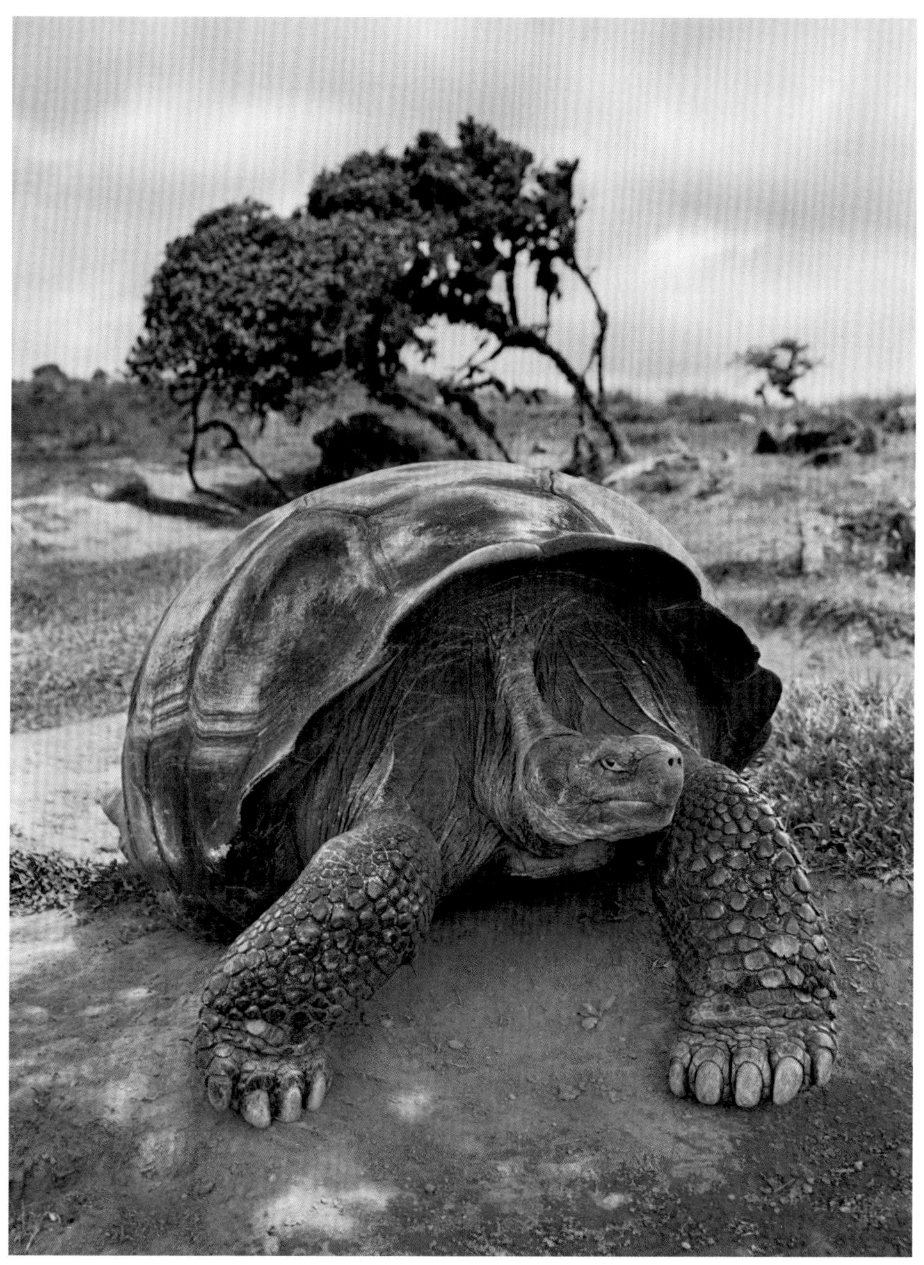

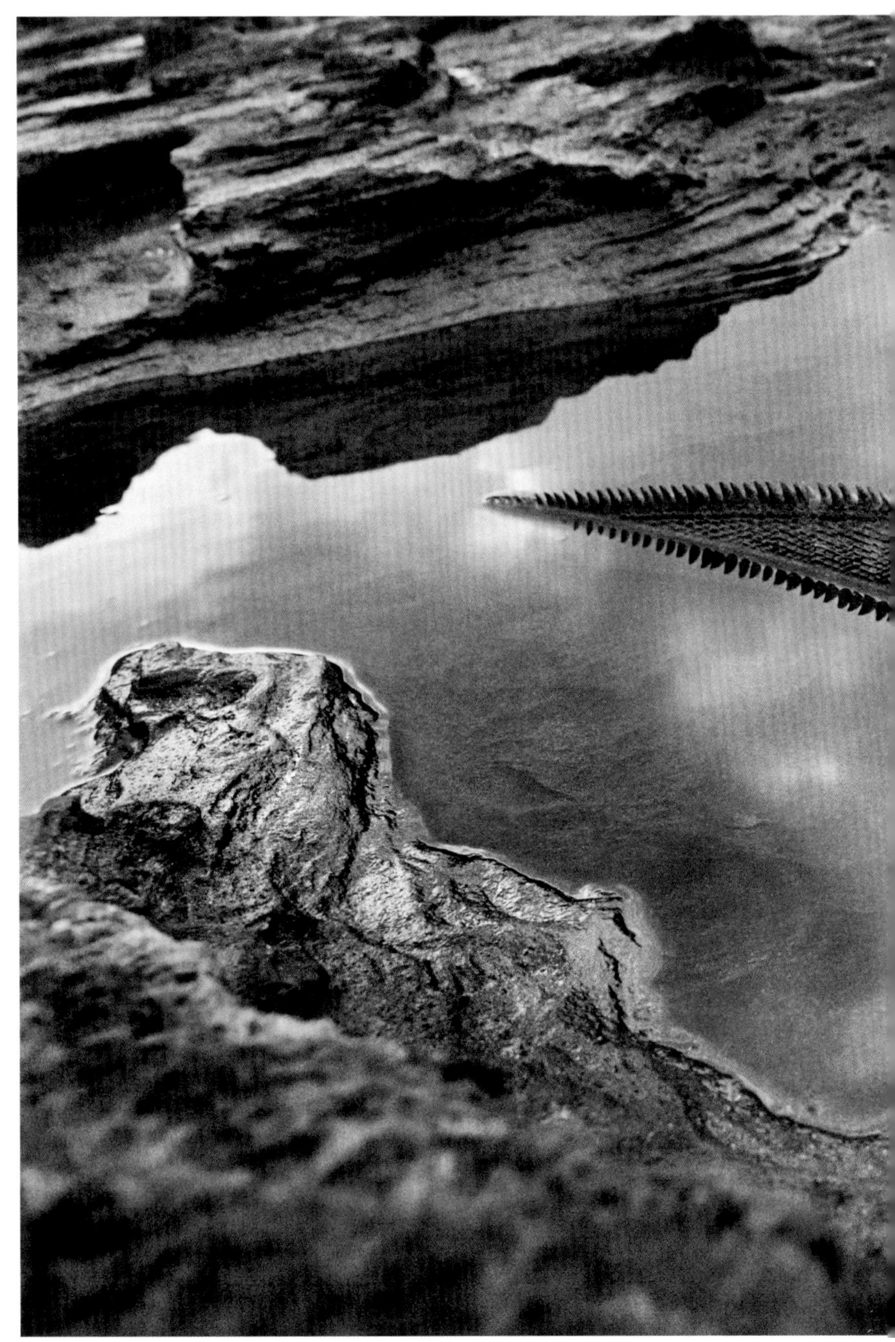

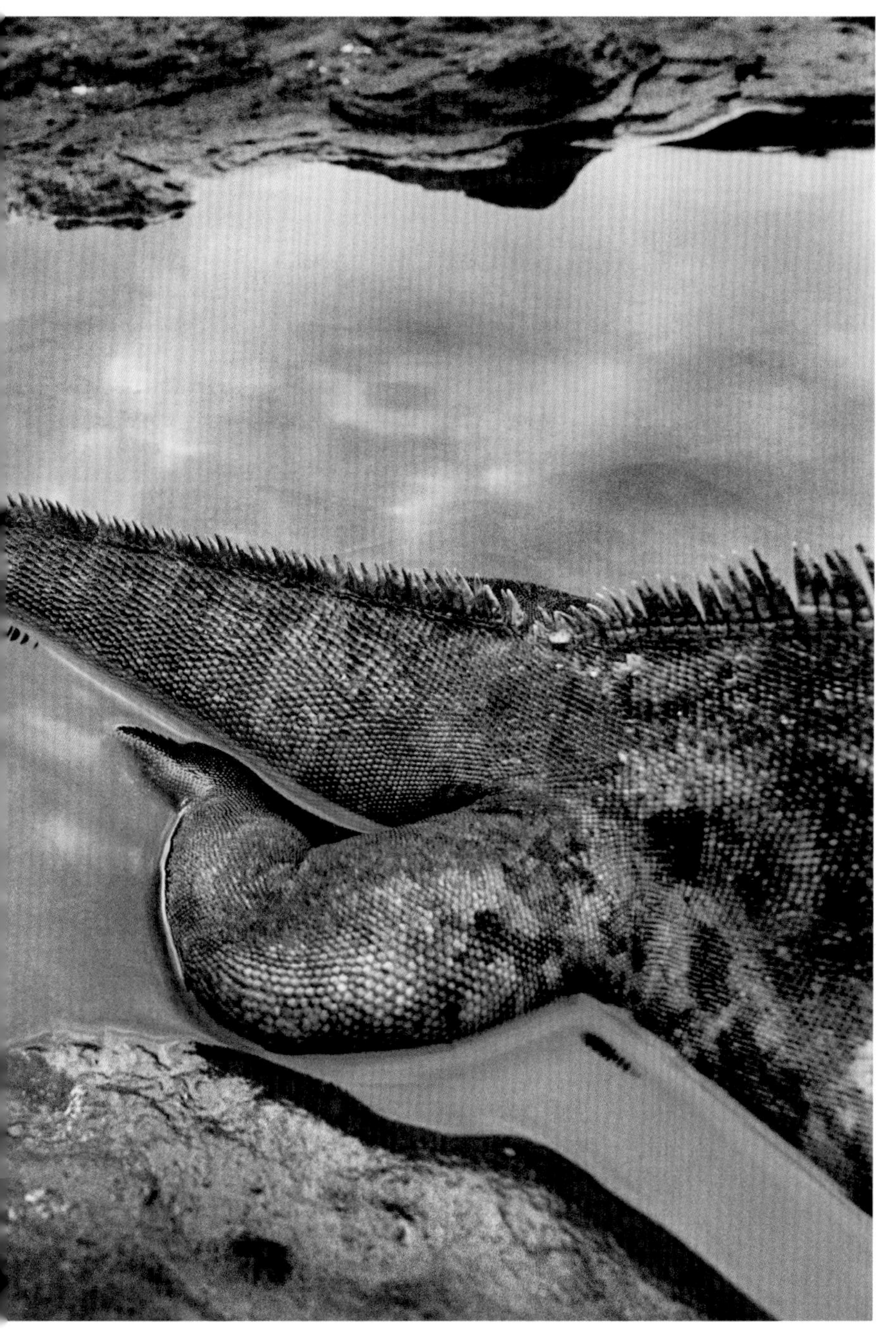

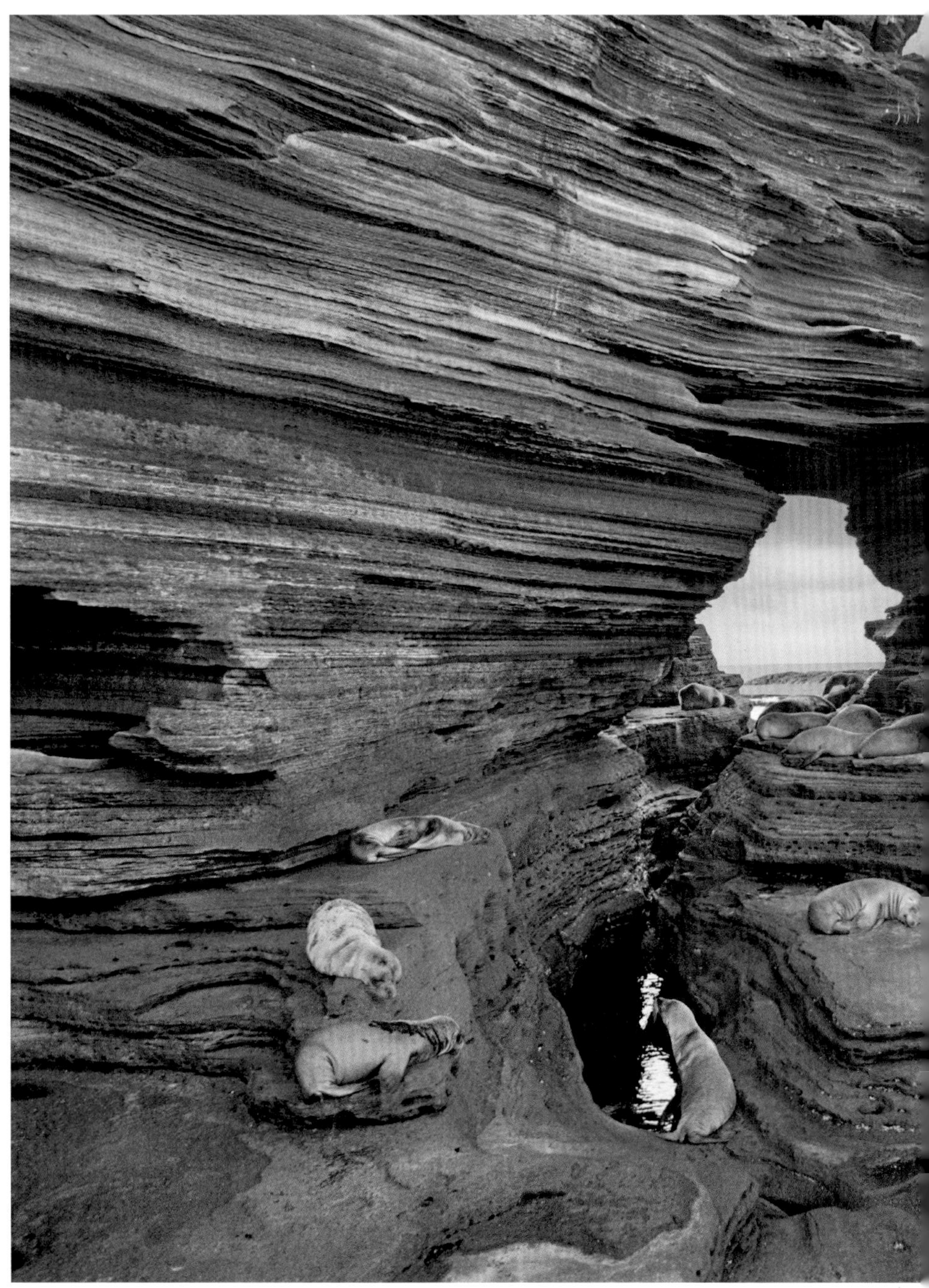

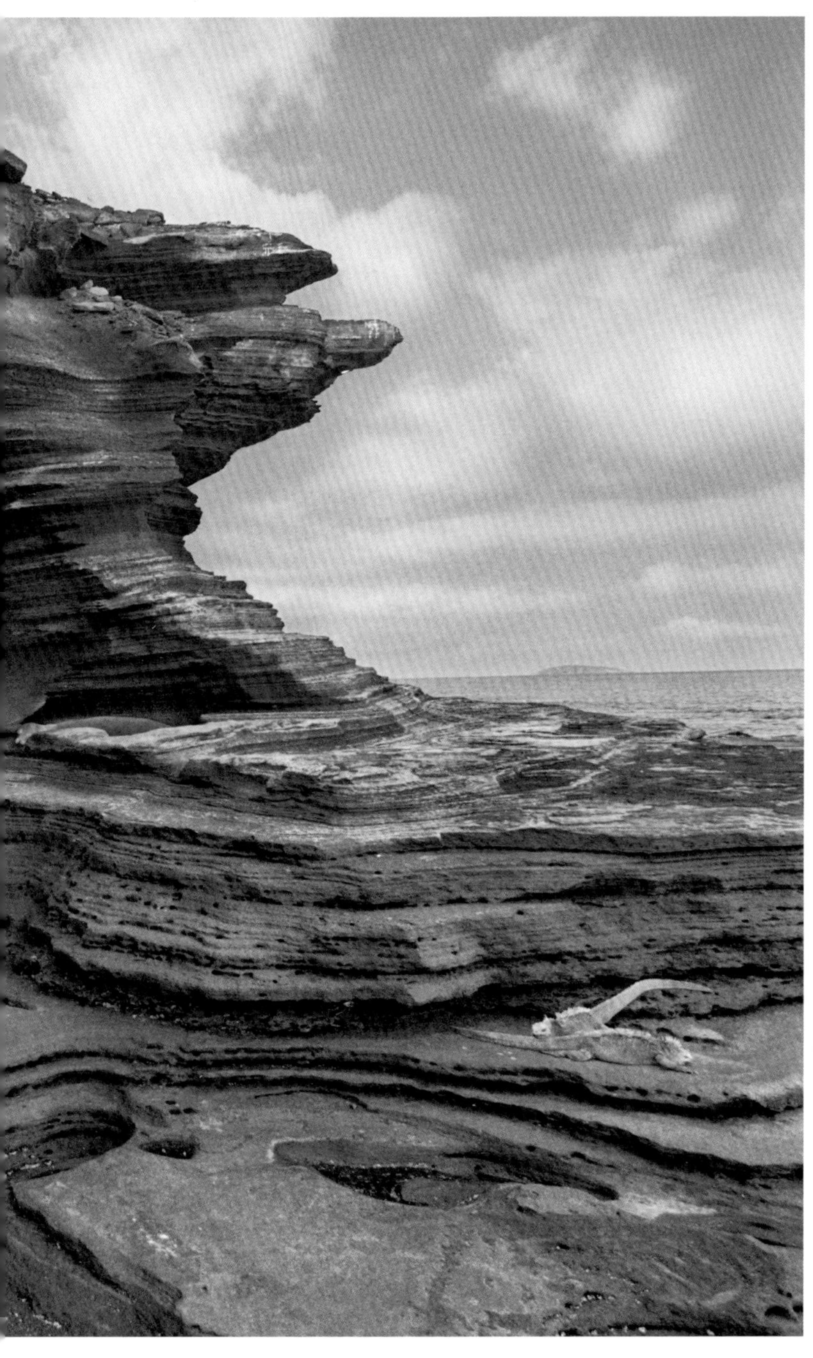

Páginas 42/43: Punta Cormorán, isla Floreana. Pese a su nombre, no hay cormoranes en esta zona de la isla. Aunque sí encontré 21 flamencos del Caribe (*Phoenicopterus ruber*) en una laguna salobre situada detrás de la playa. Los flamencos vuelan de isla en isla en busca de pequeñas lagunas donde puedan hallar su alimento principal, como la Corixidae (*Trichocorixa reticulata*) y la gamba (*Artemia salina*). La mayor población de flamencos de las Galápagos se cifra en unos 500 individuos. Galápagos. Ecuador. Enero, febrero y marzo de 2004.

Página 45: Tortuga gigante de las Galápagos (*Geochelone elephantopus*) en el borde del cráter del volcán Alcedo (isla Isabela). Estos animales antediluvianos son impresionantes en todos los sentidos: pueden medir 1,50 metros y pesar hasta 250 kilos; son capaces de vivir más de 150 años; y, excepto en la temporada de celo, prefieren vivir en soledad. Mientras sus diminutas crías, que solo pesan 80 gramos al nacer, son presa fácil de los ratoneros de las Galápagos (*Buteo galapagoensis*), las tortugas gigantes de las Galápagos no tienen depredadores en la actualidad. Sin embargo, en los siglos XVIII y XIX, eran cazadas sin piedad por piratas, balleneros, cazadores de focas y colonos hasta tal punto que, en algunas islas en las que habían sido numerosas en su día, quedaron totalmente exterminadas. Su valor a bordo de un barco estribaba en que podían pasar mucho tiempo sin comida ni agua y proporcionaban carne fresca a la tripulación cuando esta no podía conseguir otra. Galápagos. Ecuador. Enero, febrero y marzo de 2004.

Páginas 46/47: Iguana marina (*Amblyrhynchus cristatus*). Este animal es un ejemplo perfecto de adaptación y evolución. Por lo visto, las primeras iguanas marinas llegaron al archipiélago desde el continente americano, casi 1000 kilómetros al este. Seguramente fueron transportadas por las corrientes marinas sobre troncos de árbol, terrones con follaje y otros elementos que pudieran flotar en el agua y, una vez allí, se aclimataron a las condiciones del lugar. Un número menor de estas especies migratorias continuaron siendo iguanas terrestres y solo se encuentran en unas pocas islas, ya que la mayoría evolucionaron a animales marinos: aprendieron a nadar, a alimentarse de algas marinas, a zambullirse y a permanecer sumergidas durante largos periodos; incluso desarrollaron glándulas especiales para excretar el exceso de sal procedente de su ingesta de alimentos. Es el único tipo de iguana en el mundo que vive en aguas saladas. Galápagos. Ecuador. Enero, febrero y marzo de 2004.

Páginas 48/49: Leones marinos (*Zalophus californianus*) en Puerto Egas (bahía de James). Isla Santiago. El león marino de las Galápagos es uno de los animales más grandes del archipiélago, que llega a pesar hasta 250 kilos, aunque aún es más pequeño que sus congéneres de California, lugar donde tuvo su origen. Este grupo descansa a la sombra de unas rocas preciosas, formadas por la ceniza volcánica apilada y compactada; estas formaciones, conocidas como toba volcánica o tufo volcánico, son bastante blandas, por lo que el viento y el mar las erosionan fácilmente. Galápagos. Ecuador. Enero, febrero y marzo de 2004.

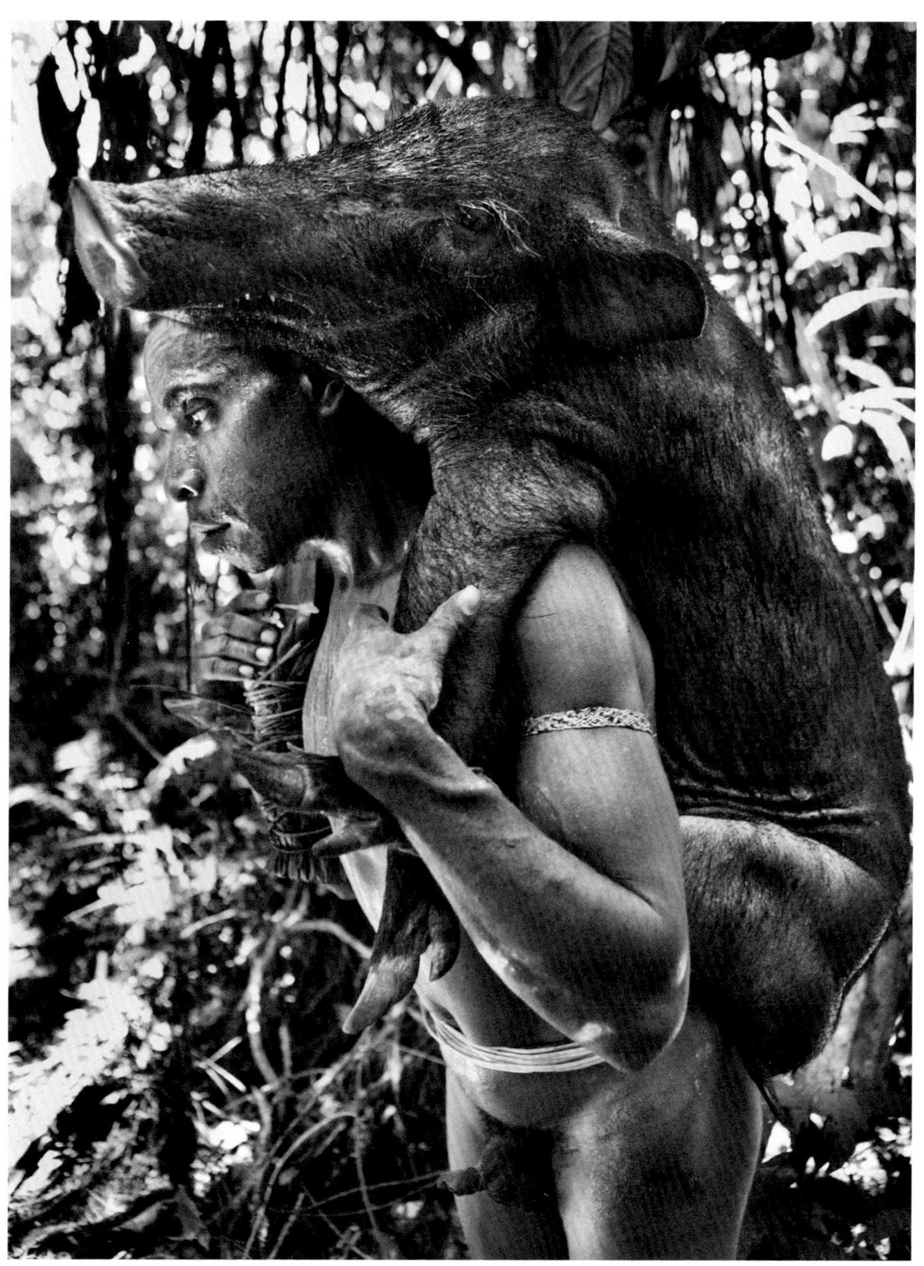

TRIBUS DE IRIAN JAYA, INDONESIA

Páginas 41 y 51 a 62
Papúa Occidental, conocida como Irian Jaya hasta 2000, supone la mitad occidental de la isla de Nueva Guinea gobernada por Indonesia, uno de los refugios más prístinos para los antiguos asentamientos humanos de la Tierra. El Estado independiente de Papúa Nueva Guinea, que ocupa la mitad oriental de la isla, tiene también una gran relevancia etnográfica. La parte occidental tiene una población de unos tres millones, dominada por papuanos étnicos, melanesios y austronesios, pero también incluye a numerosas tribus que habitan densos bosques e inaccesibles montañas, entre ellas los korowai, que vivieron en total aislamiento hasta la década de 1970. De hecho, mientras el indonesio es el idioma oficial, y se habla en poblaciones y ciudades muy importantes como Jayapura, rebautizada como Puerto Numbay, las estimaciones del número de lenguas tribales que aún se hablan en la región van desde las 200 a las más de 700, con el dani, el yali, el ekari y el biak entre las más utilizadas. Los Países Bajos concedieron la independencia a Indonesia en el año 1949, pero conservaron la mitad occidental de esta isla como Nueva Guinea Holandesa hasta 1962. Esto explica por qué la religión predominante es el cristianismo (a menudo mezclado con creencias tradicionales), seguido del islam. Durante muchos años después de que Indonesia se hiciera con el mando del territorio, Papúa Occidental se enfrentó a un violento movimiento separatista, aunque volvió cierta calma desde que el Gobierno de Yakarta prometió una mayor autonomía regional. Los principales sectores económicos de la provincia son la agricultura, la pesca, la producción petrolífera y la minería.

Página 51: Los korowai pasan sus días en el bosque recolectando todo lo que necesitan para sobrevivir. Puesto que los jabalíes son un manjar difícil de encontrar, los korowai comen casi cualquier animal, así como insectos y fruta. Papúa Occidental. Indonesia. Febrero y marzo de 2010.

Página 53: Las mujeres yali utilizan una bolsa de fibras de orquídea tejidas. Esta bolsa, tanto si está vacía como si lleva algo, cubre la espalda y el trasero de la mujer, llegando incluso a colgarle hasta las corvas. Papúa Occidental. Indonesia. Septiembre de 2010.

Páginas 54/55: Los korowai viven en pequeños grupos familiares en casas construidas en los árboles, normalmente a una altura de entre 6 y 25 metros del suelo. No obstante, cuando hay una riña entre vecinos o una comunidad cercana, la seguridad dicta la necesidad de que estas casas se construyan a alturas de hasta 40 metros. Papúa Occidental. Indonesia. Febrero y marzo de 2010.

Páginas 56/57: Como dejan patente este padre y su hija, las prendas de vestir más importantes para los yali son la falda de las mujeres y la *koteka*, o funda para el pene, de los hombres. La falda consta de cuatro refajos. El primer refajo se lo dan a la niña cuando tiene unos cuatro años y se le añade un refajo más cada cuatro años. Con cuatro refajos, en torno a la edad de 16 años, la niña está lista para casarse. En cuanto a la *koteka*, se le atan unas pesas de piedra a la parte inferior del calabacín seco para estirarlo. También se usa un cordel para darle diferentes formas. En ocasiones, se encera con cera de abeja o resinas nativas; así mismo, se puede pintar y decorar con caparazones y plumas. Papúa Occidental. Indonesia. Septiembre de 2010.

Páginas 58/59: La dieta de la etnia yali se compone de una gran variedad de hortalizas. La más importante es el boniato, que se cultiva por todas partes. Hay plantaciones de boniato individuales y colectivas. También cultivan taro, yuca, plátano y pandano, y recolectan insectos y hojas de muchos árboles diferentes. Las mujeres llevan grandes bolsas hechas de fibras de orquídea tejidas, en las que meten todo lo que recogen durante el día. Papúa Occidental. Indonesia. Septiembre de 2010.

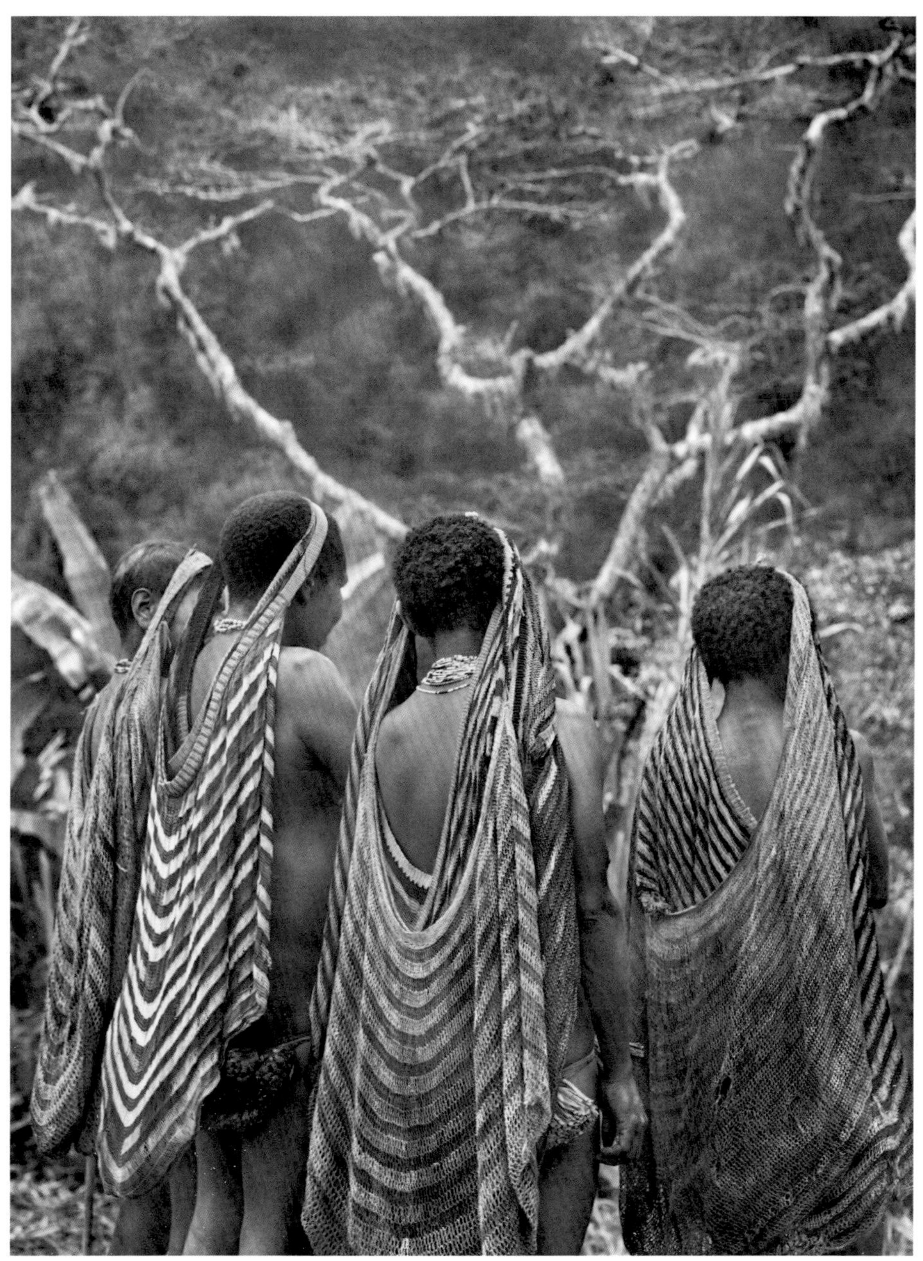

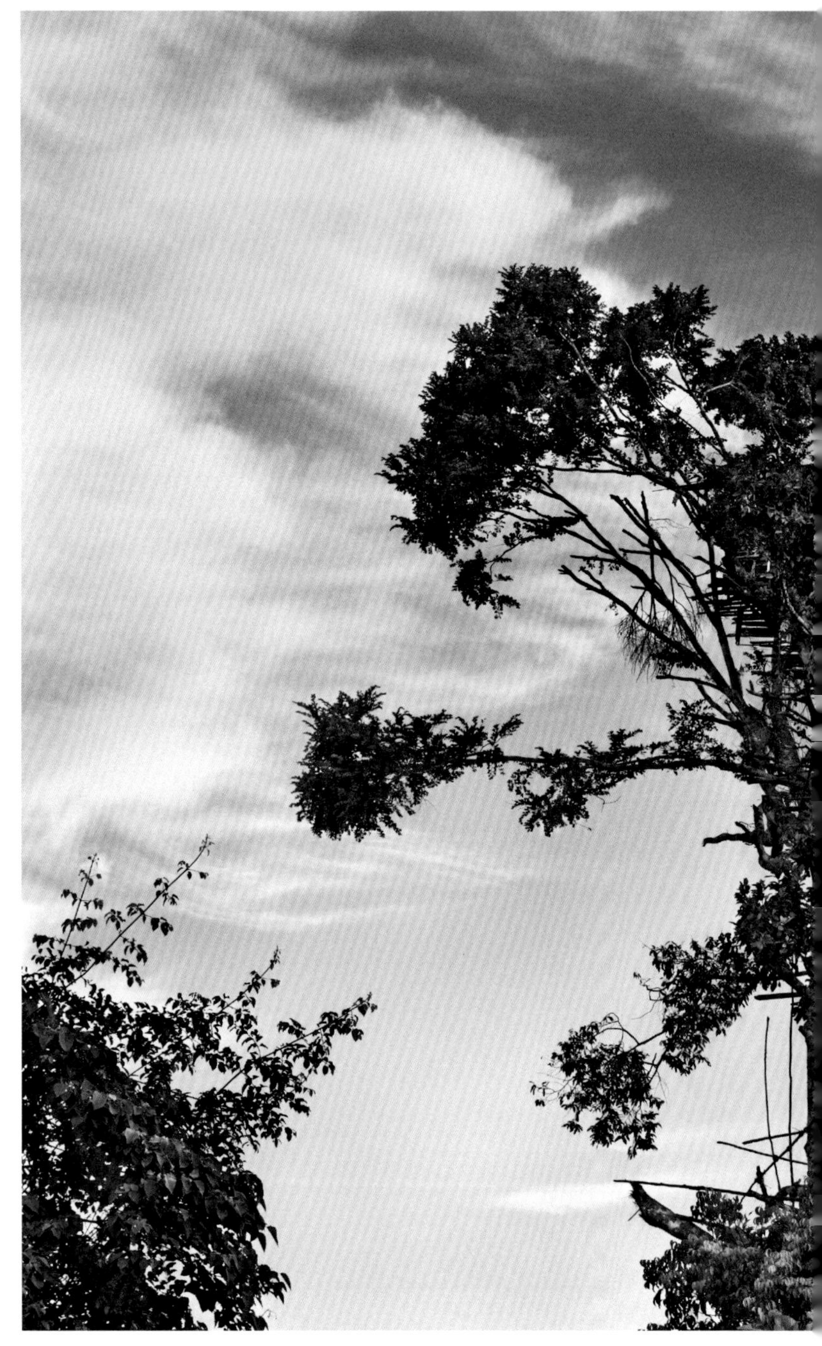

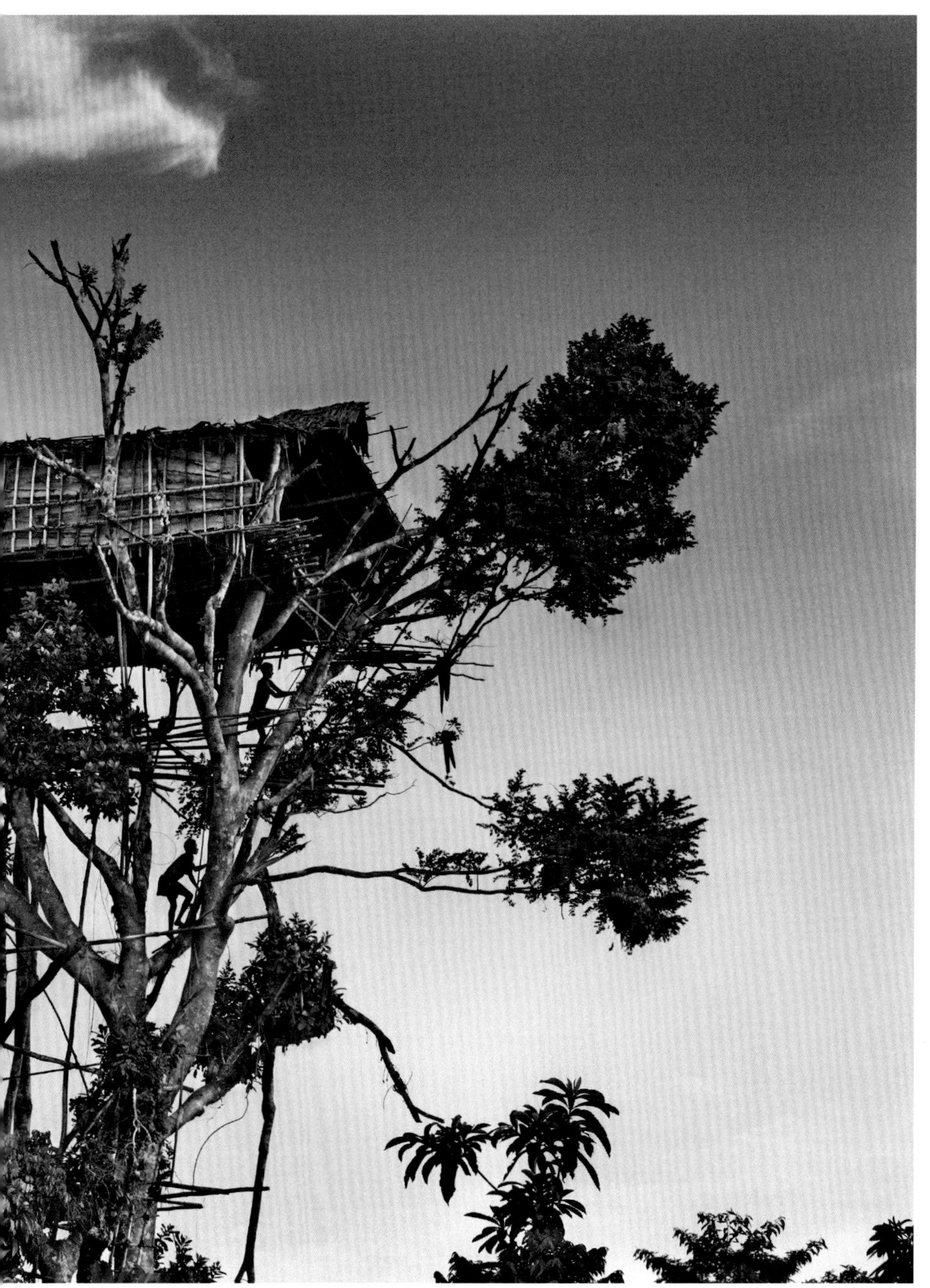

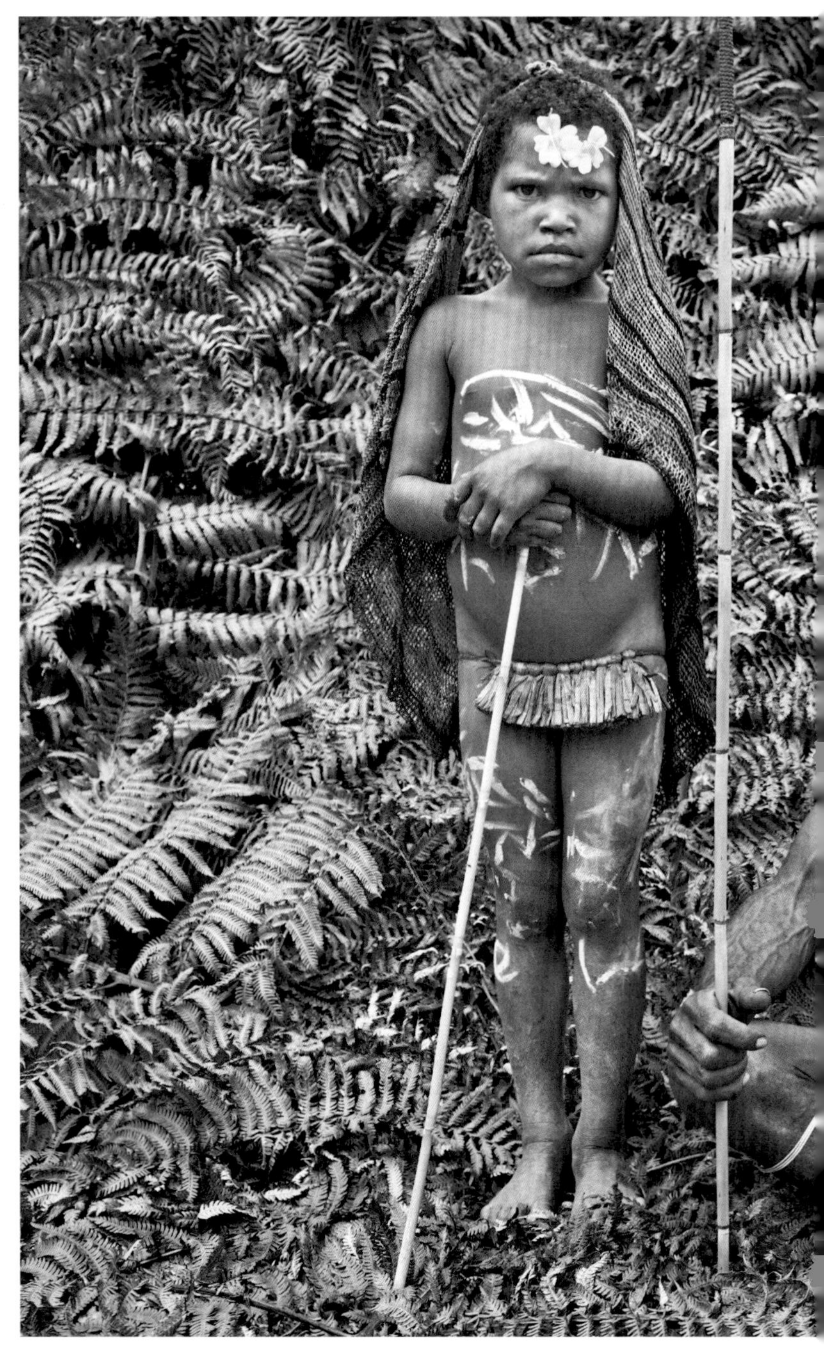

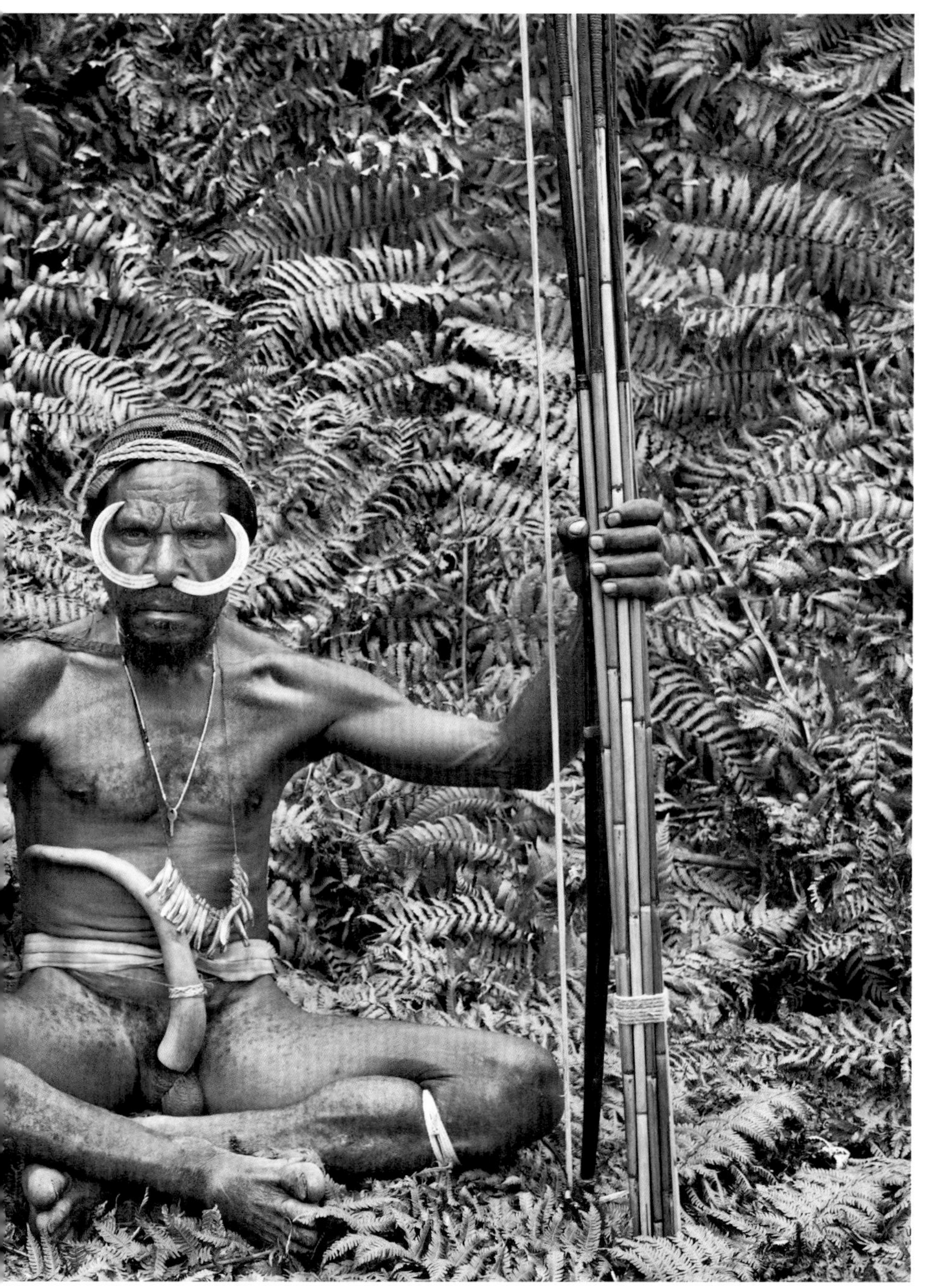

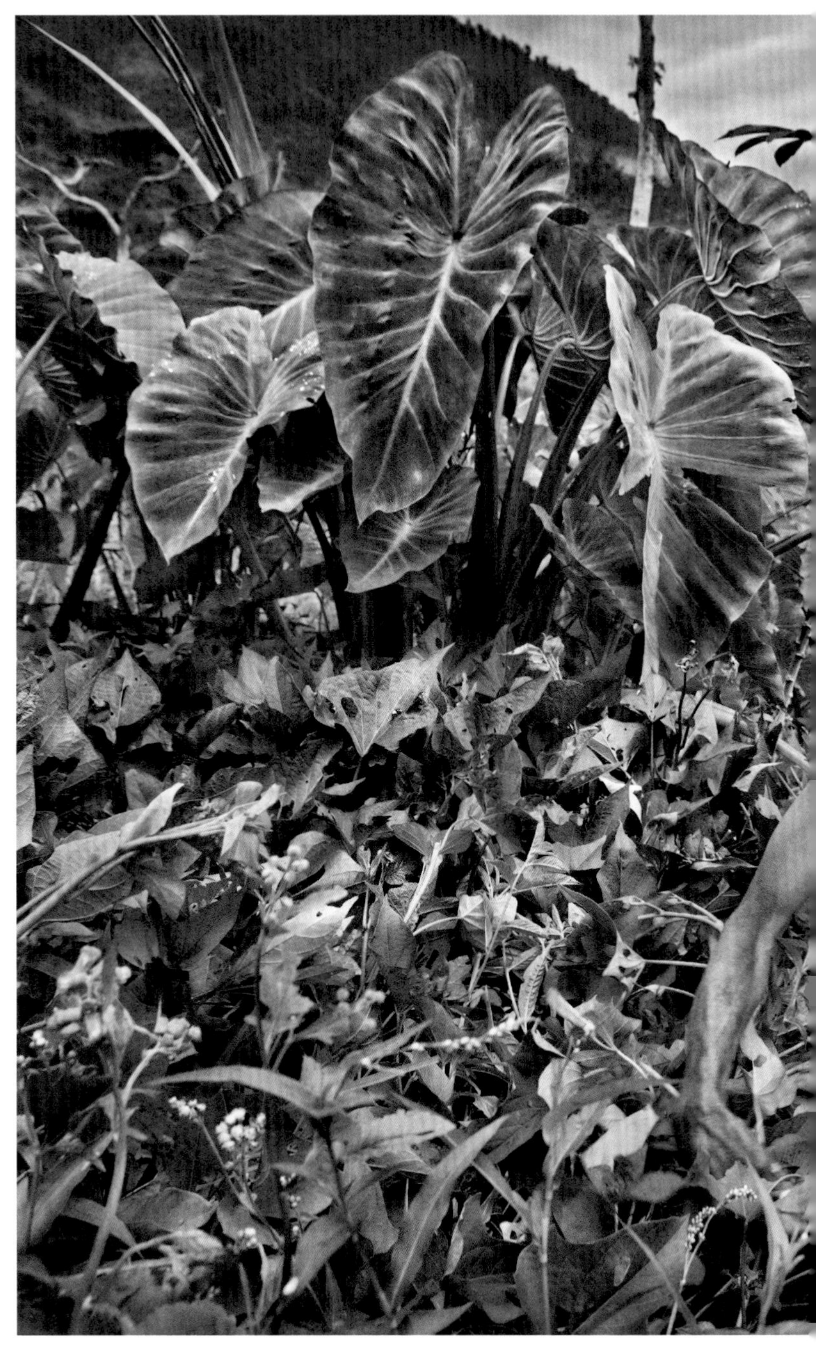

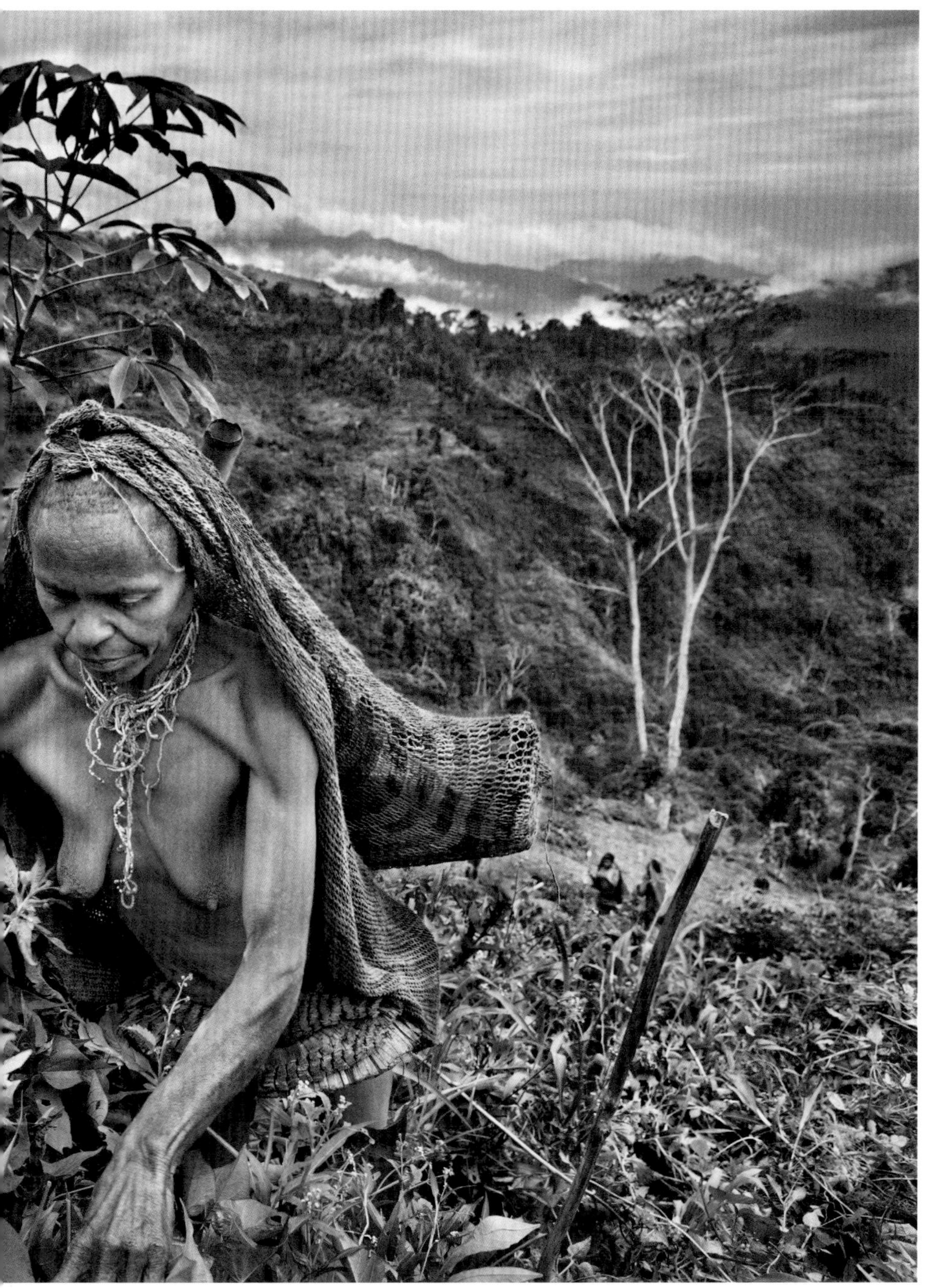

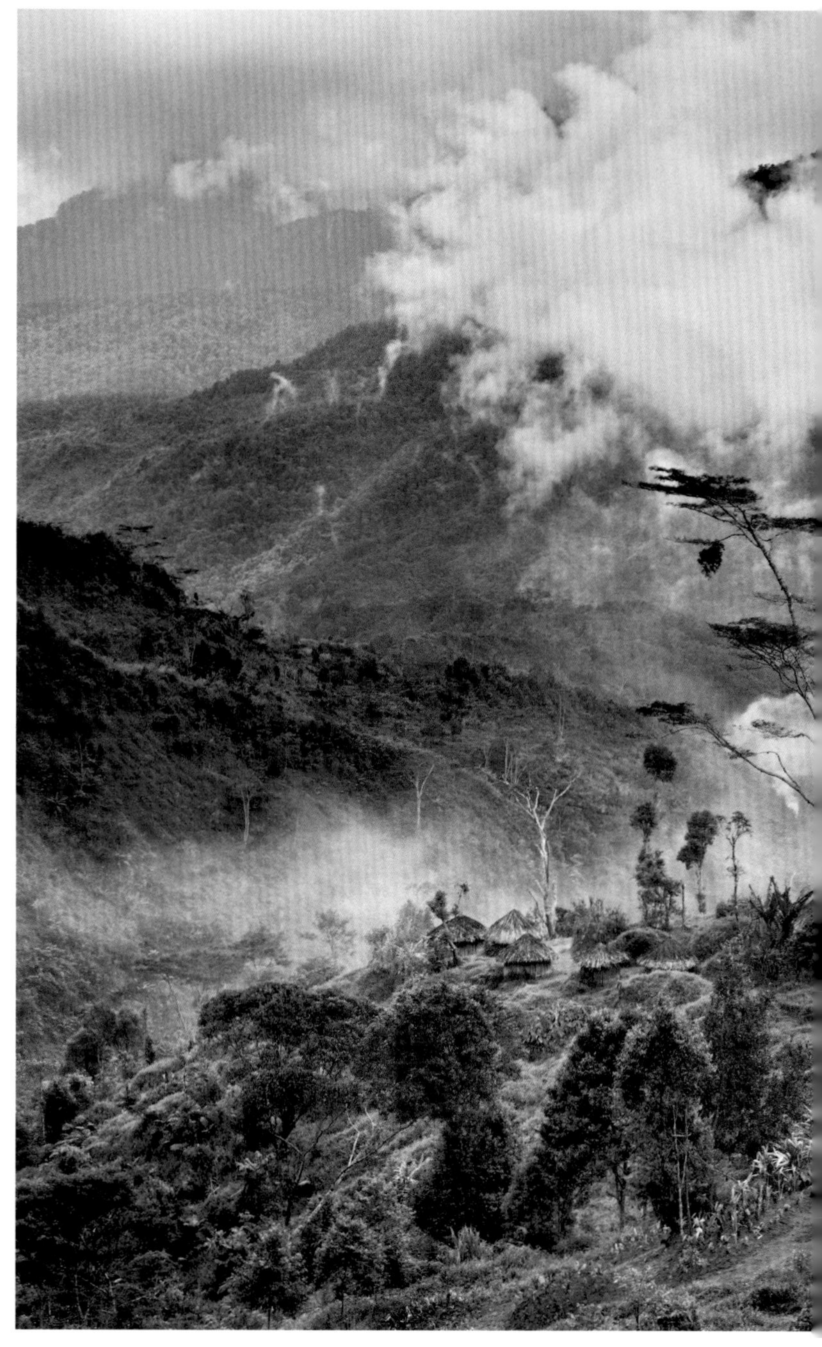

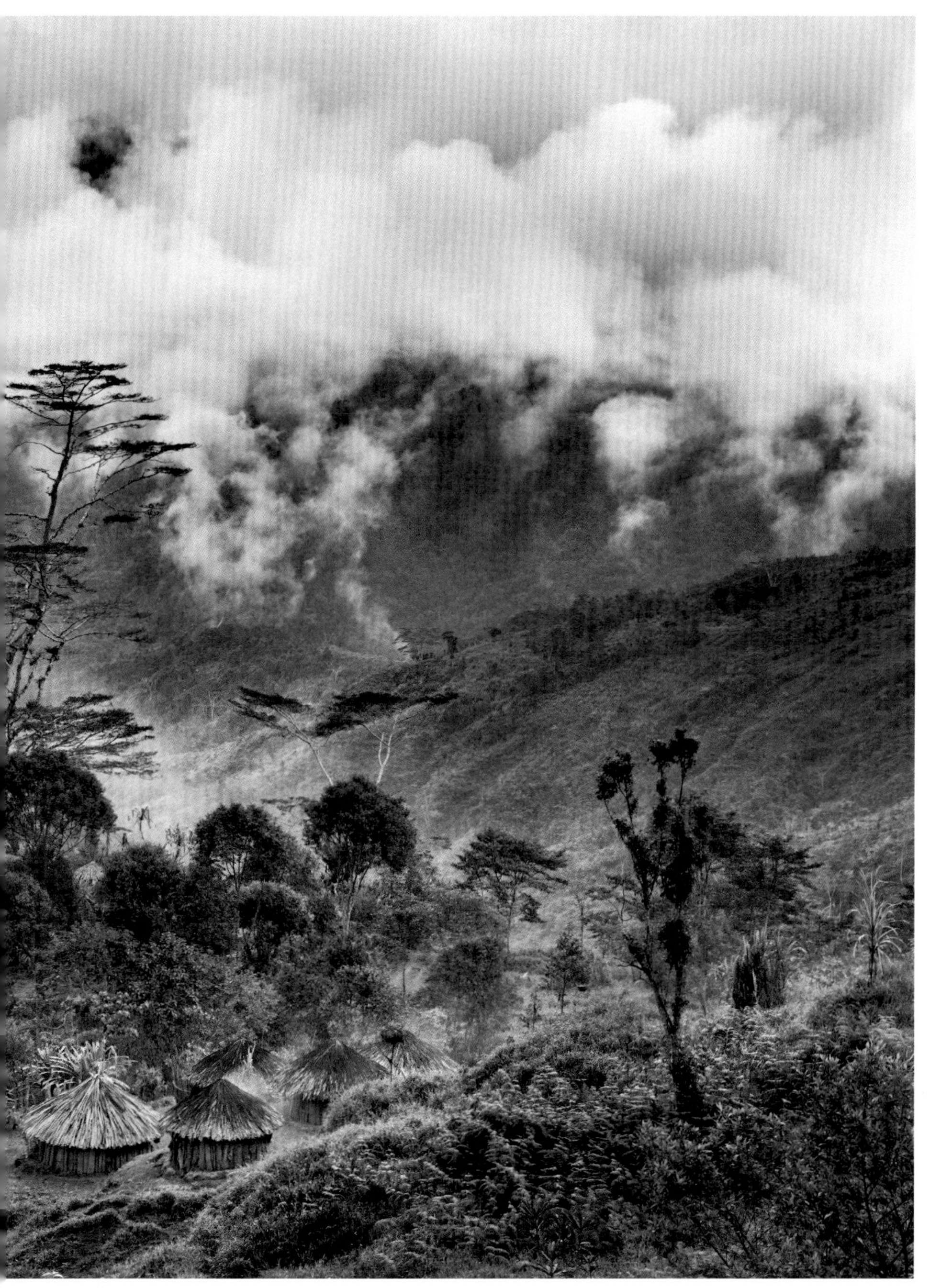

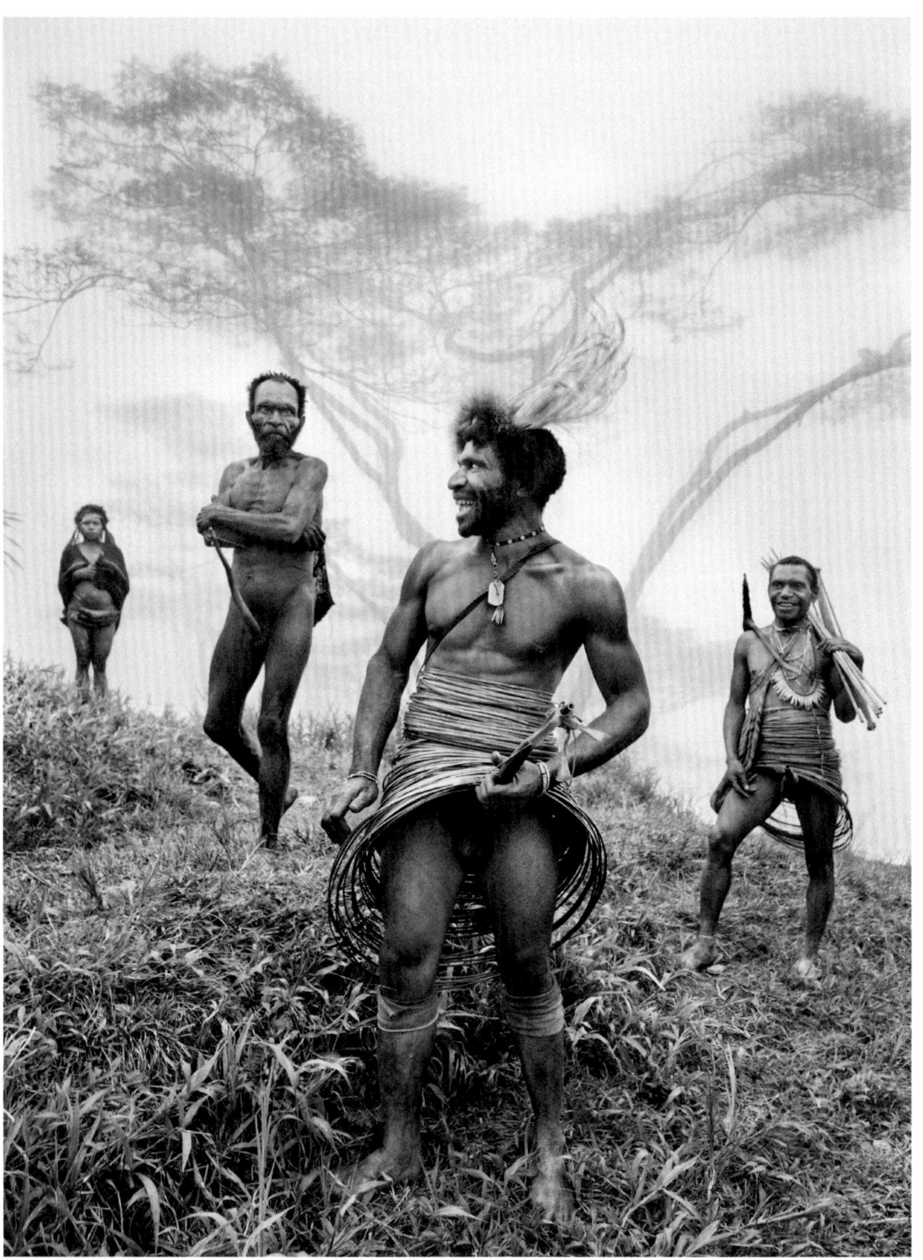

Páginas 60/61: En las montañas de Papúa Occidental, los yali construyen cabañas de madera redondas, con techos cubiertos de hojas de pandano. Las mujeres viven por separado en sus propias casas, mientras los hombres habitan viviendas comunitarias, conocidas como *honai*. Los asentamientos se ubican tradicionalmente en la cima de una colina porque, en el pasado, esto ofrecía cierta protección de las tribus enemigas. Este remoto y espectacular paisaje protegió a los yali del contacto con el mundo moderno hasta que los misioneros cristianos se introdujeron en la región en la década de 1970. Pero incluso hoy en día, como muchas etnias aisladas, los yali llevan lo que a los forasteros les parece una vida de encantadora sencillez. Papúa Occidental. Indonesia. Septiembre de 2010.

Página 62: Los hombres de algunas etnias de Nueva Guinea, principalmente las que habitan las tierras altas, cubren y protegen sus genitales con la *koteka* o calabacín para el pene, normalmente hecha de un fruto seco, como el porongo (*Lagenaria siceraria*) o una planta carnívora de pantano muy común (*Nepenthes mirabilisas*). Se la mantiene fija con una pequeña lazada de una fibra sujeta a su base y colocada en torno al escroto. Otra fibra envuelta alrededor del pecho o el abdomen se ata a la *koteka*. Los hombres de una misma tribu suelen usar *kotekas* similares: por ejemplo, los yali la prefieren larga y fina, que sostenga los aros de ratán que llevan en torno a la cintura. Otras tribus eligen diferentes formas y ángulos: puntiagudas, rectas y hacia fuera o hacia arriba, en ángulo o en otras direcciones. No obstante, en la práctica no existe una correlación entre el tamaño o la longitud de la *koteka* y el rango social del hombre. Papúa Occidental. Indonesia. Septiembre de 2010.

MADAGASCAR

Páginas 64 a 78
Ubicada en el océano Índico, frente a la costa meridional de África, Madagascar es la cuarta mayor isla del mundo. Su aislamiento explica su privilegiado lugar en lo tocante a su naturaleza, equiparable a un pequeño continente en cuanto a especies propias y diversidad. Los científicos la han definido como «punto clave» de gran importancia, puesto que la mayoría de sus especies de plantas y animales son endémicas de la isla. Este endemismo va de la mano de lo que los expertos definen como megadiversidad de la vida natural. Los lémures son la especie principal y más famosa de Madagascar, con cincuenta tipos diferentes que únicamente se encuentran allí. La isla se compone de tres grandes zonas geográficas. Estas son las tierras altas, una región de mesetas en el centro de la isla con altitudes que van de los 762 a los 1372 metros sobre el nivel del mar; una estrecha y abrupta zona de acantilados que recorre en longitud la costa oriental y abarca buena parte de la selva pluvial remanente de la isla; y una amplia y seca planicie que desciende suavemente desde los límites occidentales de las tierras altas hacia el canal de Mozambique.
En la actualidad, los ricos ecosistemas de Madagascar están en grave peligro, debido en gran medida a los constantes y numerosos incendios, como consecuencia en buena parte del veloz crecimiento demográfico. Sin embargo, la agricultura generalizada, el cultivo de arroz y la ganadería también están dañando los delicados ecosistemas de la isla. Además, las grandes zonas arboladas suelen padecer talas para la provisión de leña y carbón para cocinar. Hoy en día, la región de mesetas central, por ejemplo, está prácticamente deforestada. Los hábitats naturales supervivientes se encuentran desplazados actualmente en las zonas costeras hacia el este, el oeste y el sur. Es probable que ya se haya perdido el 90 % del bosque natural de Madagascar.

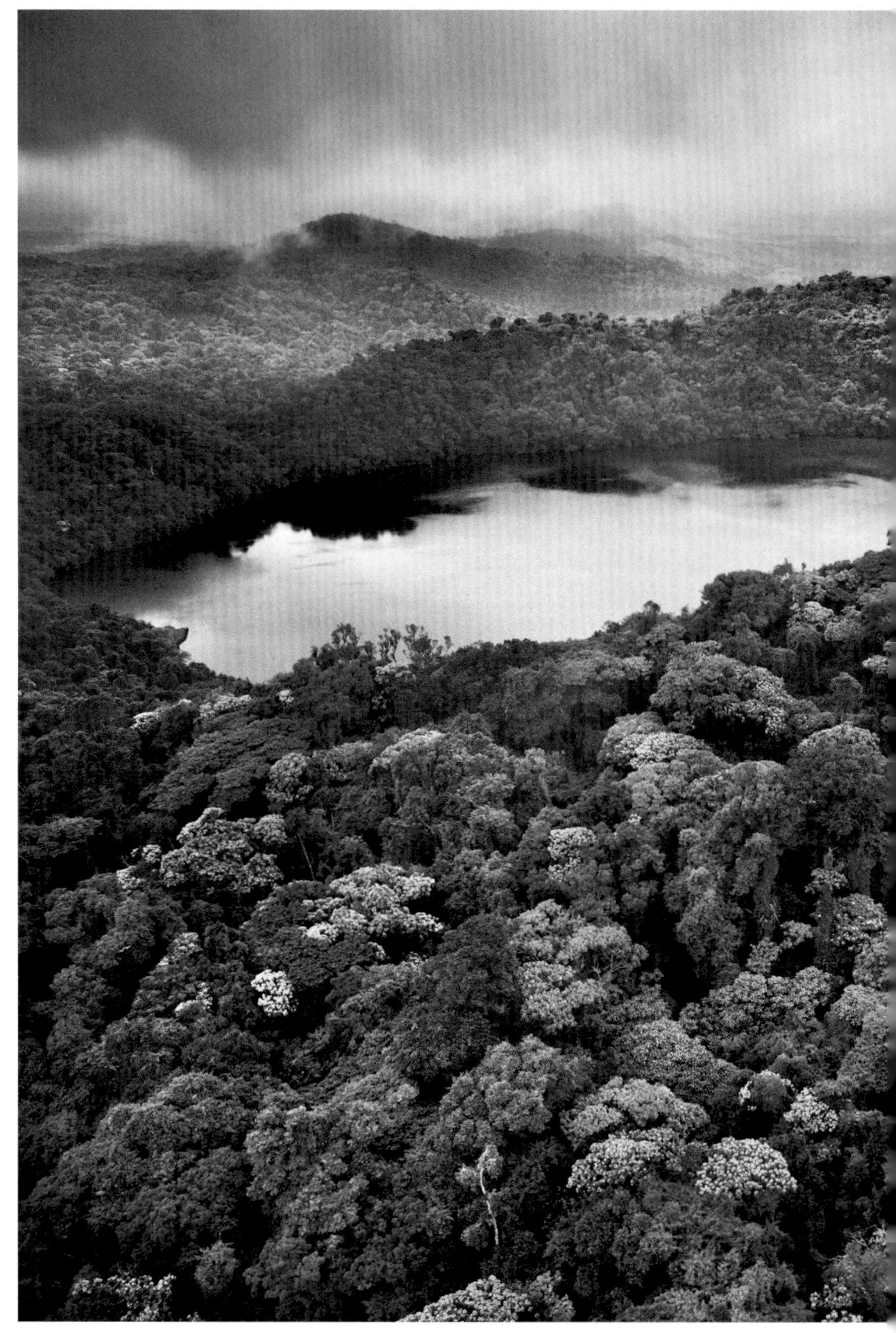

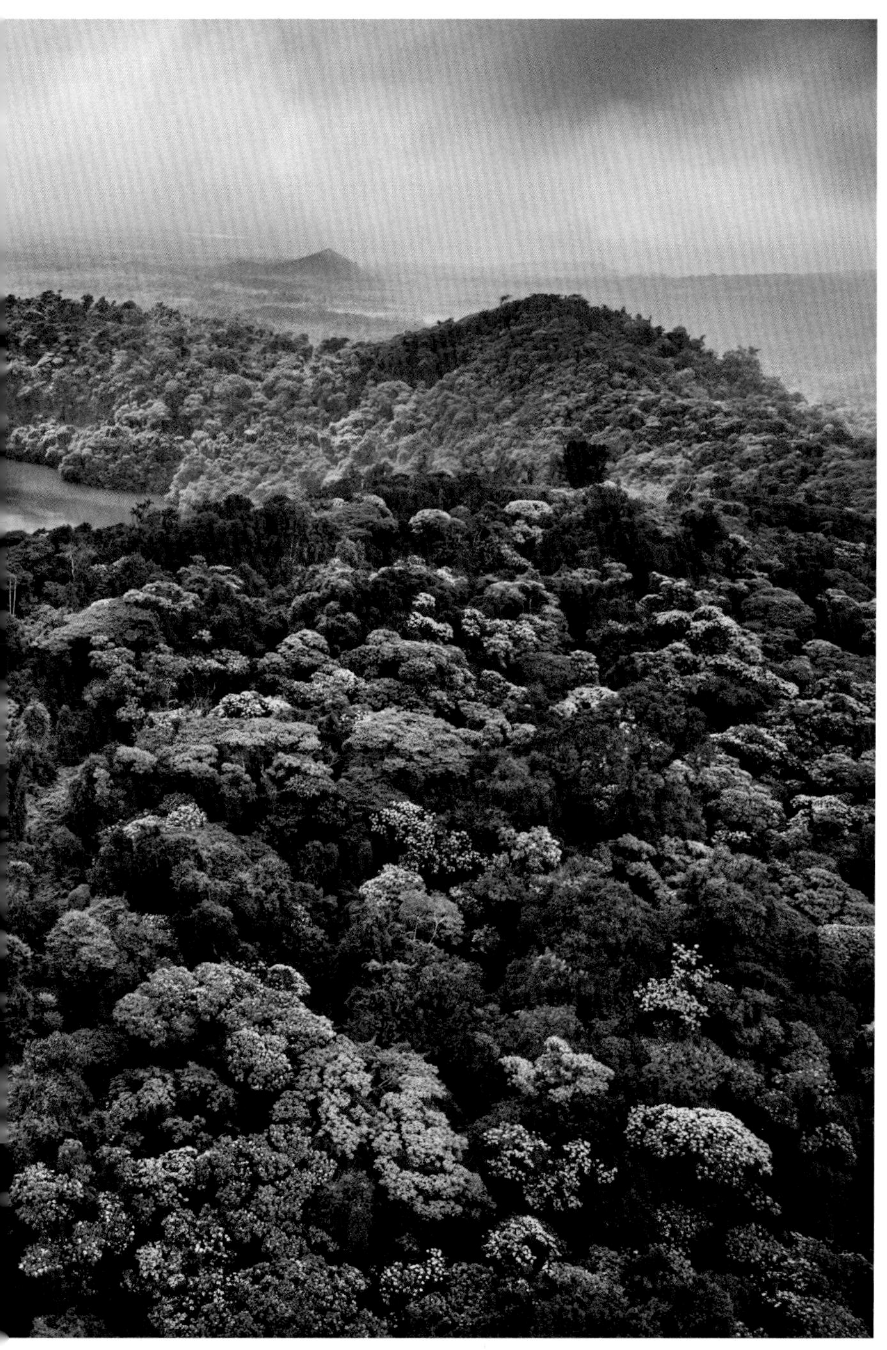

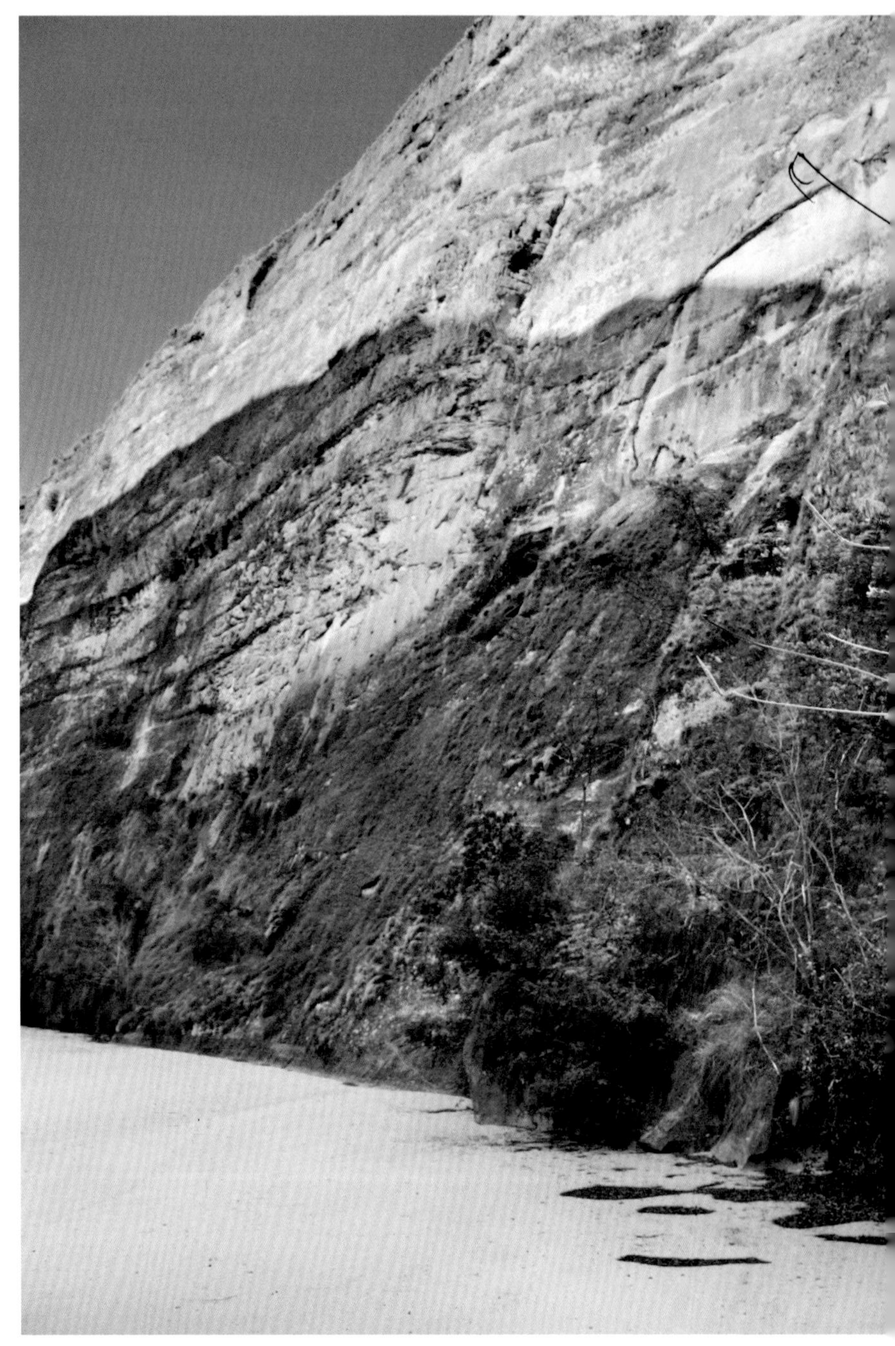

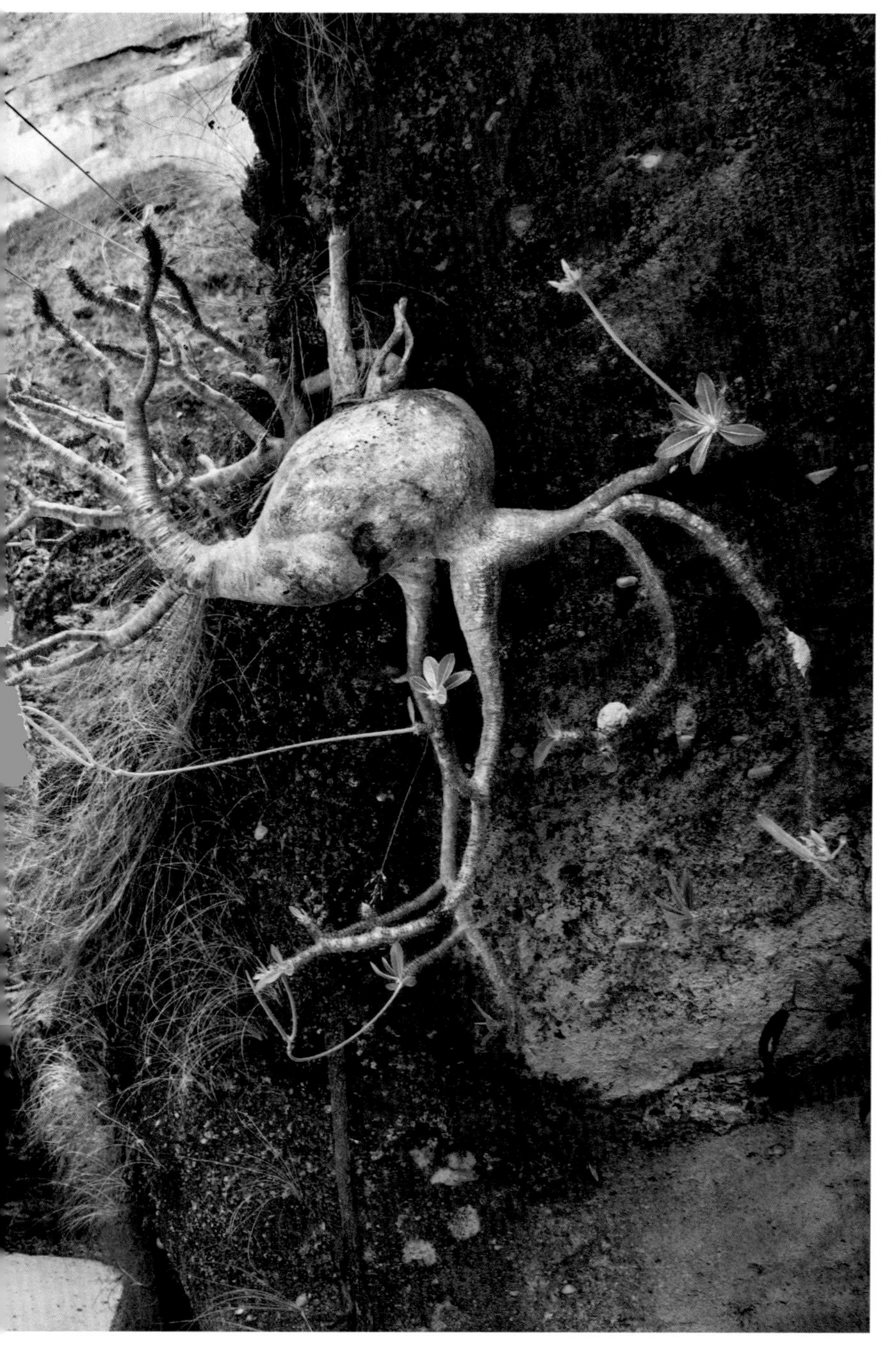

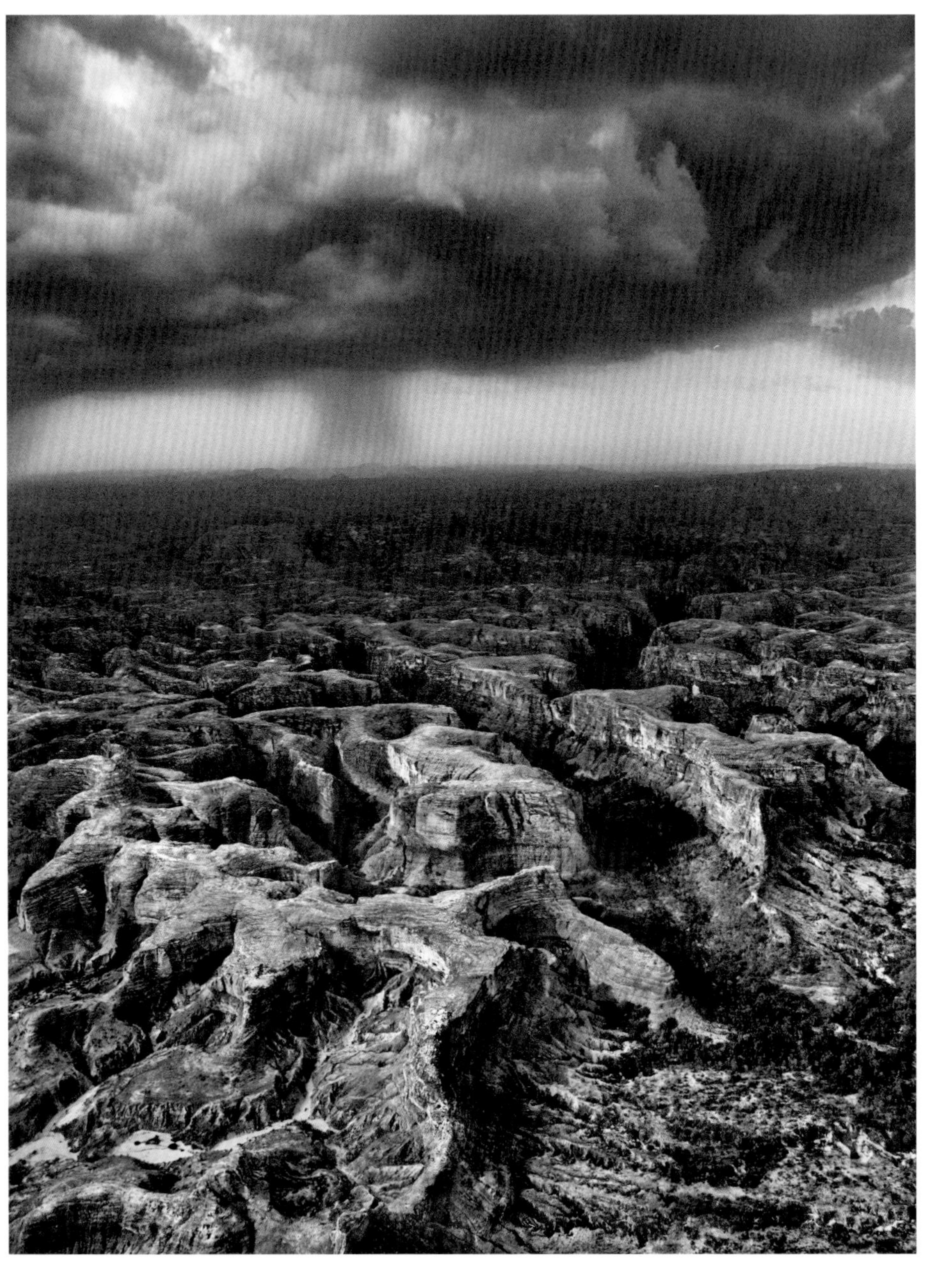

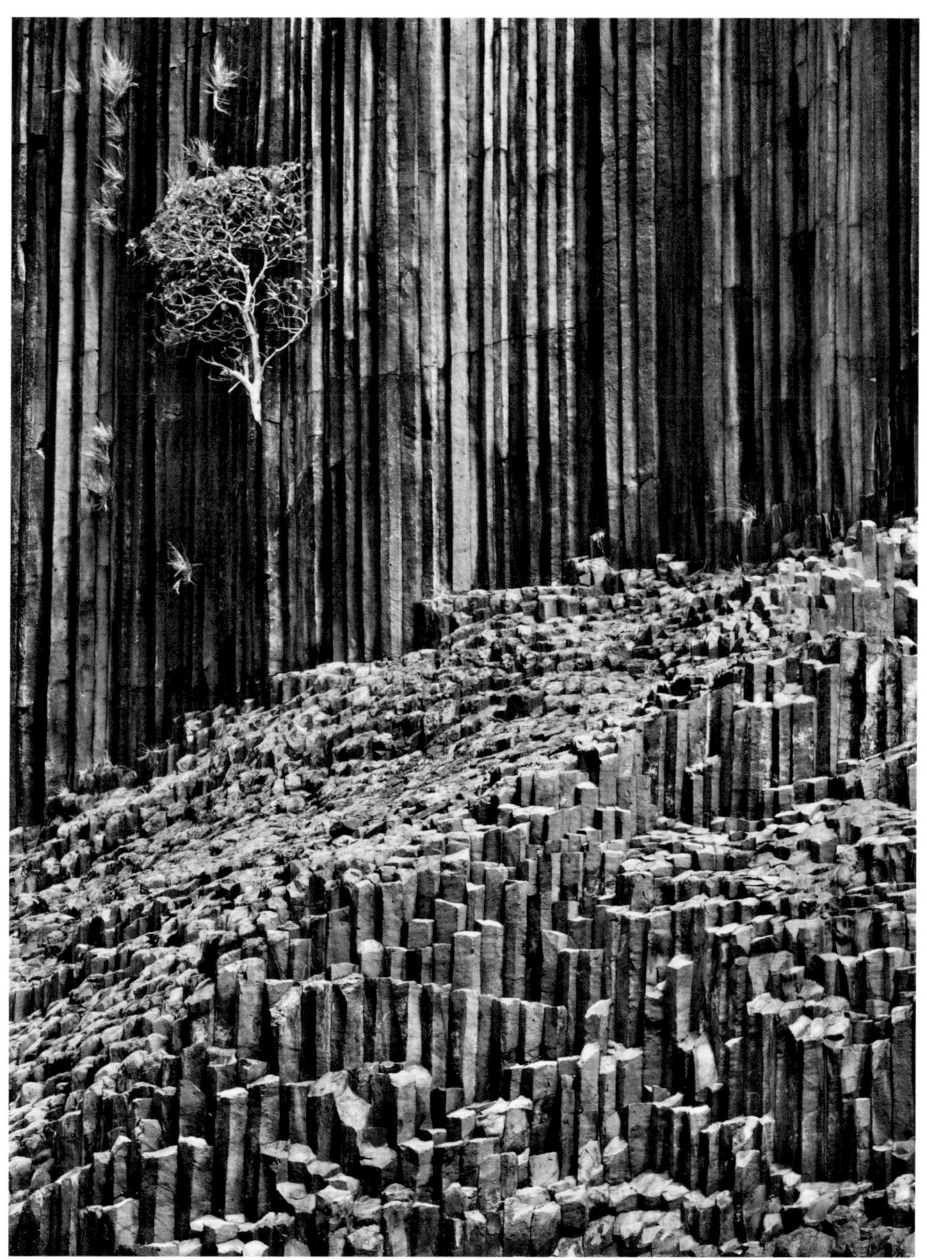

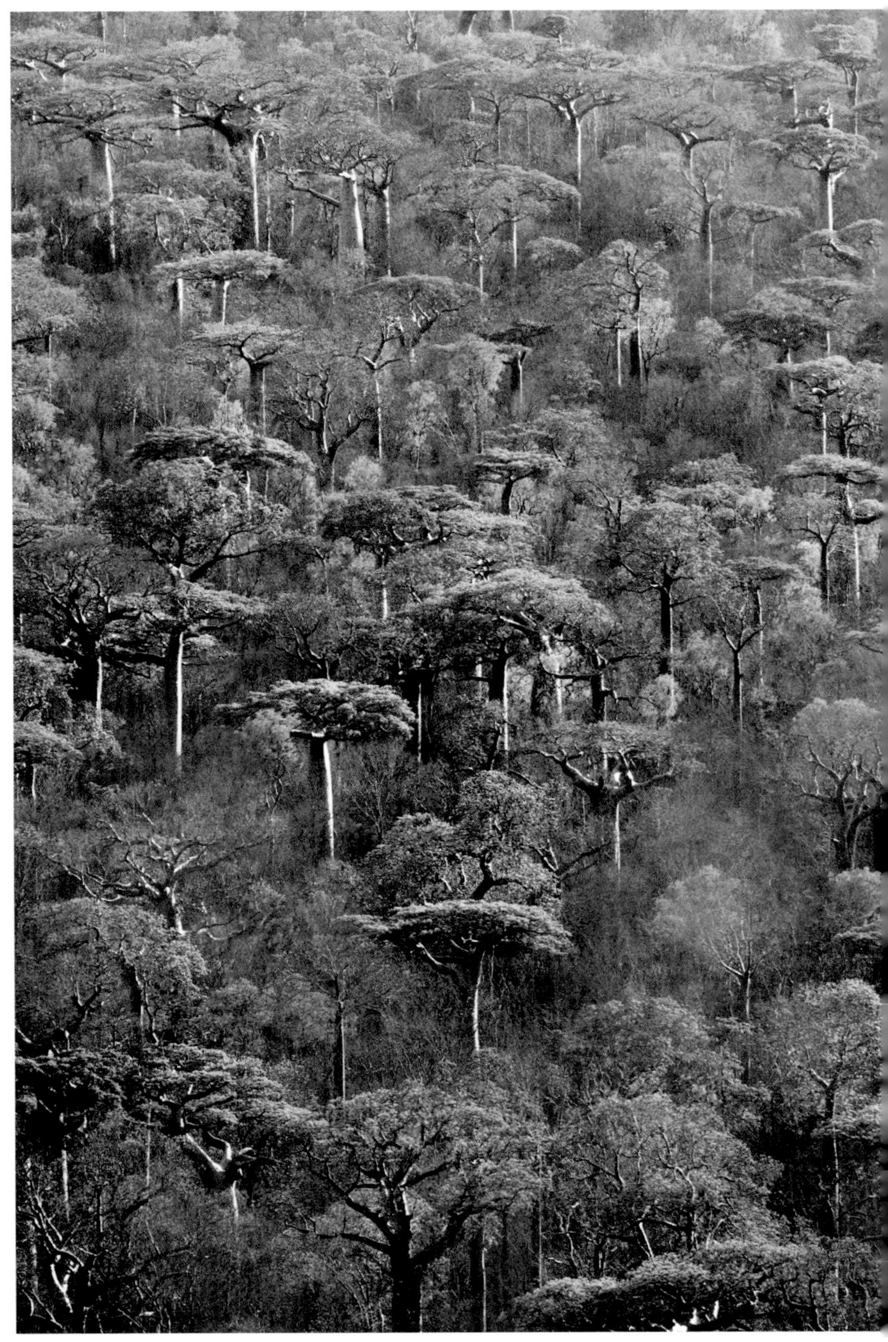

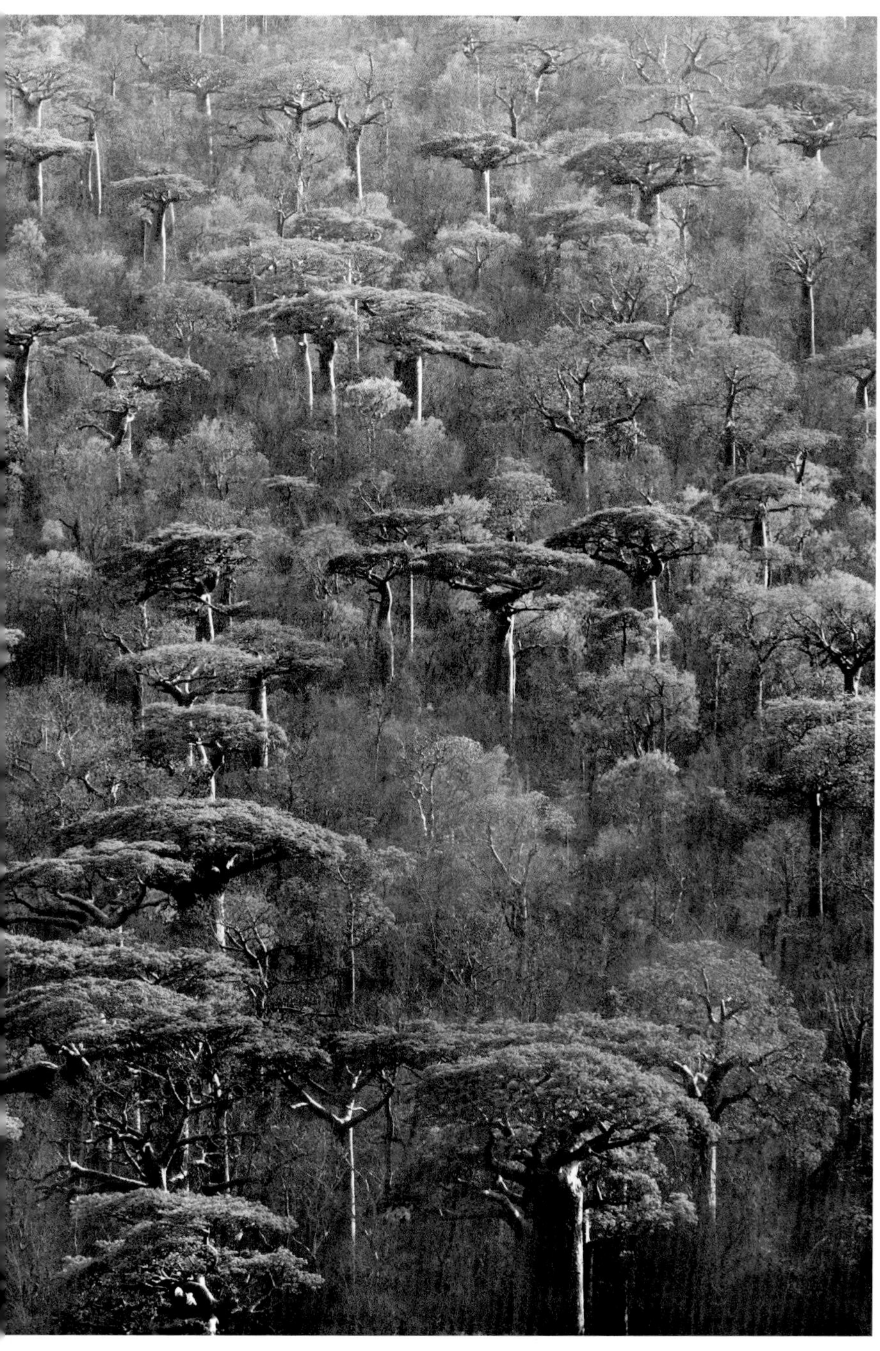

Páginas 64/65: Lago en un cráter en el bosque pluvial del Parque Nacional de la Montaña de Ámbar. Madagascar. Noviembre y diciembre de 2010.

Páginas 66/67: La planta pata de elefante *(Pachypodium rosulatum)* en la cordillera de Makay. Madagascar. Noviembre y diciembre de 2010.

Página 68: Tormenta en la cordillera de Makay. A consecuencia de la erosión durante millones de años, esta magnífica cordillera de arenisca en la región meridional de Madagascar alberga innumerables cañones inaccesibles que constituyen un refugio único para la biodiversidad. Madagascar. Noviembre y diciembre de 2010.

Página 69: Cañones de órgano basálticos en la isla Mitsio. El archipiélago de las islas Mitsio está ubicado frente a la costa noroeste. Madagascar. Noviembre y diciembre de 2010.

Páginas 70/71: Adansonia grandidieri, en ocasiones conocido como baobab de Grandidier, es un árbol de aspecto muy extraño porque su grueso tronco parece desproporcionado respecto de su tupé de ramas, hojas y frutos. Este hinchado tronco, no obstante, puede almacenar una gran cantidad de agua, y garantiza la buena salud del árbol en condiciones de sequía. El baobab también puede encontrarse en el continente africano, aunque el de Grandidier es nativo de Madagascar y el más explotado de los seis tipos de baobab de la isla. Sus semillas y la pulpa de sus frutos, ricos en vitamina C, pueden comerse literalmente del árbol, mientras que sus semillas se prensan para producir aceite para cocinar. Las fibras extraídas de la corteza del árbol también pueden convertirse en una resistente soga sin dañar el árbol por ello. El tronco de un árbol caído suele a su vez utilizarse para fabricar planchas de fibra para cubiertas. Por fortuna, la mayoría de estas actividades plantean pocos riesgos para la supervivencia del baobab, pero aun así hoy en día se lo considera una especie en peligro debido a la invasión de las tierras de cultivo. No menos alarmante ha sido el daño causado por los incendios, la depredación de los granívoros, la competencia con las malas hierbas y un entorno físico que altera la capacidad del baobab para reproducirse. Esta fotografía fue tomada unos 100 kilómetros al nordeste de la cordillera de Makay. Madagascar. Noviembre y diciembre de 2010.

Página 73: Volador (*Gyrocarpus americanus glaber*). Parque Nacional Tsingy de Ankarana. Madagascar. Noviembre y diciembre de 2010.

Páginas 74/75: Baobabs (*Adansonia rubrostipa*) en una isla champiñón de la bahía de Moramba. Madagascar. Noviembre y diciembre de 2010.

Páginas 76/77: Murciélagos frugívoros (*Pteropus rufus*) en un tamarindo (*Tamarindus indica*) en la reserva de Berenty. Esta es una pequeña reserva privada de bosque en galería a lo largo del río Mandrake, ubicada en una espinosa ecorregión forestal semiárida del extremo sur de Madagascar. El zorro volador de Madagascar (*Pteropus rufus*) es nativo de esta isla. Otro nombre común es murciélago frugívoro de Madagascar. Es una de las numerosas especies de megamurciélagos y la mayor que puede encontrarse aquí. Con una envergadura de 100 a 125 centímetros, puede pesar entre 500 y 750 gramos. Su dieta consiste en flores, hojas de higuera y, por descontado, fruta. Debido a la pérdida de su hábitat, hoy en día se lo considera una especie desprotegida. Madagascar. Noviembre y diciembre de 2010.

Página 78: Lémures coronados (*Eulemur fulvus coronatus*) en el Parque Nacional de Ankarana. Madagascar. Noviembre y diciembre de 2010.

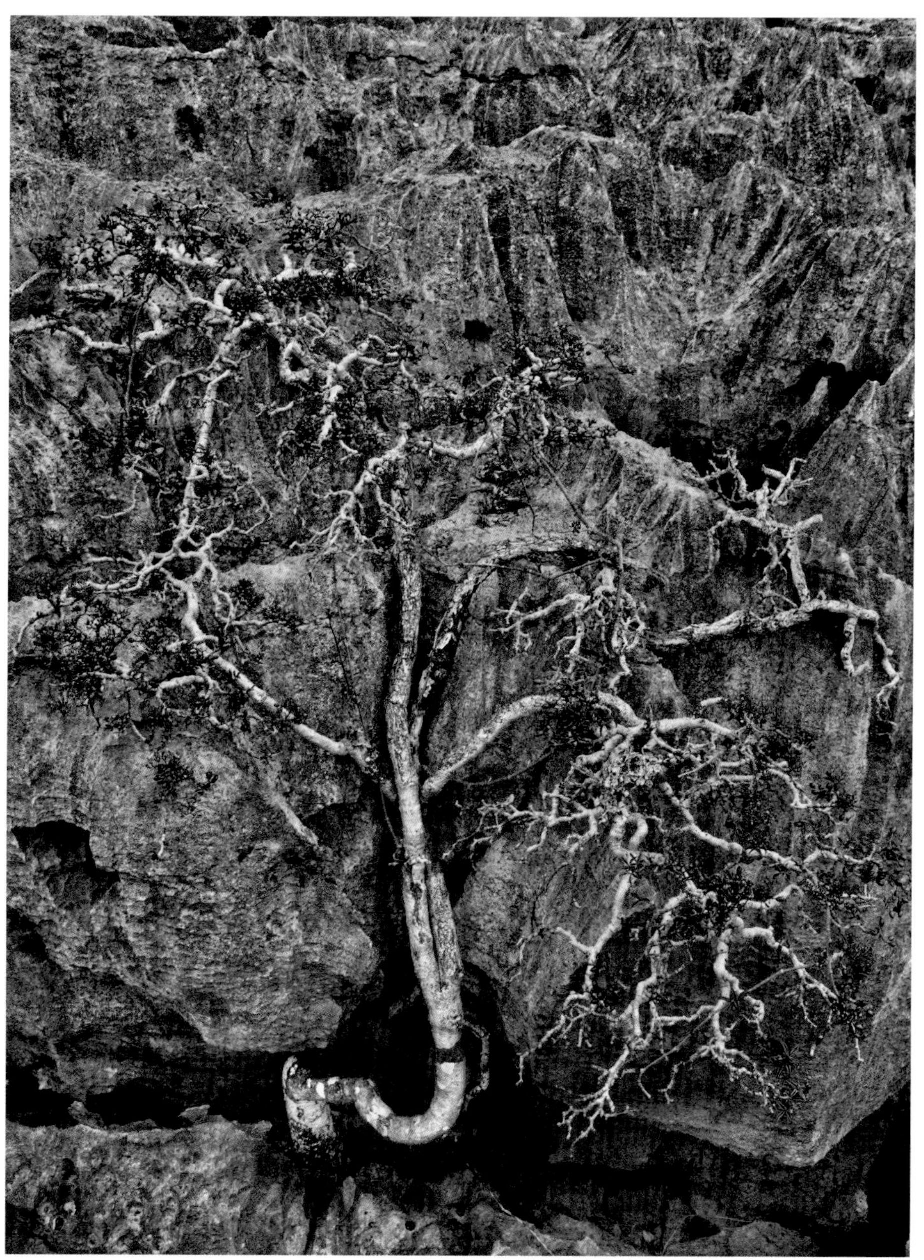

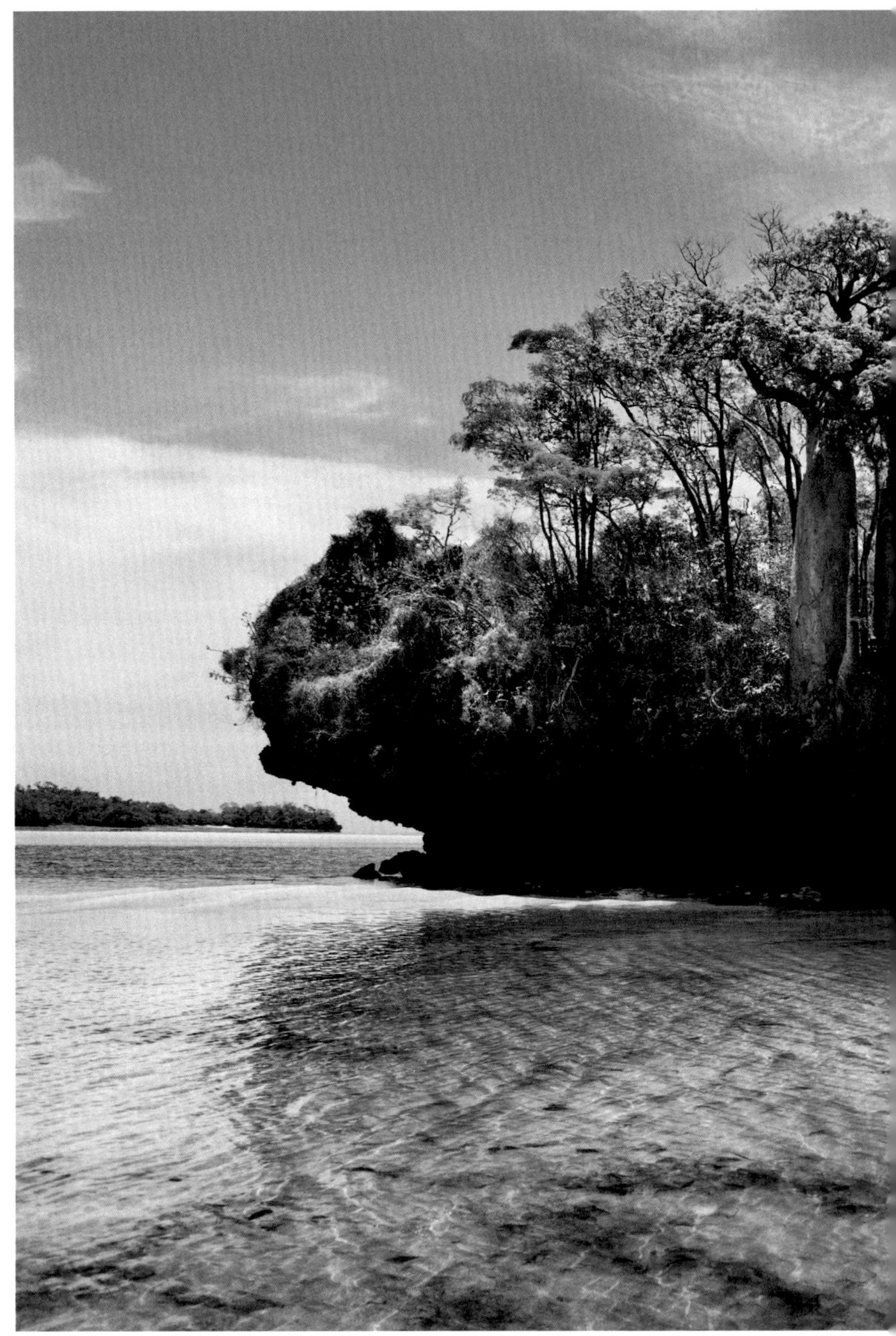

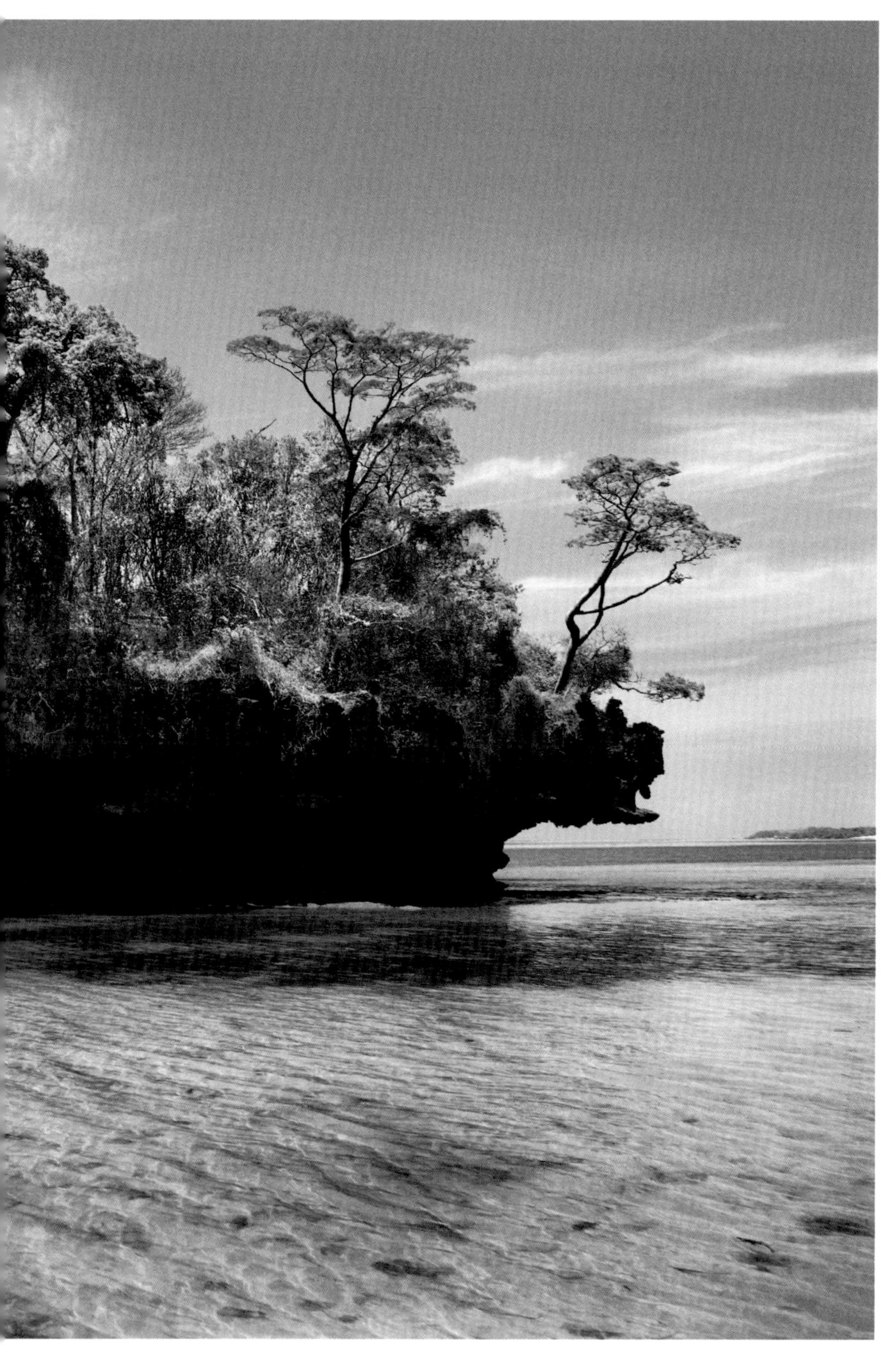

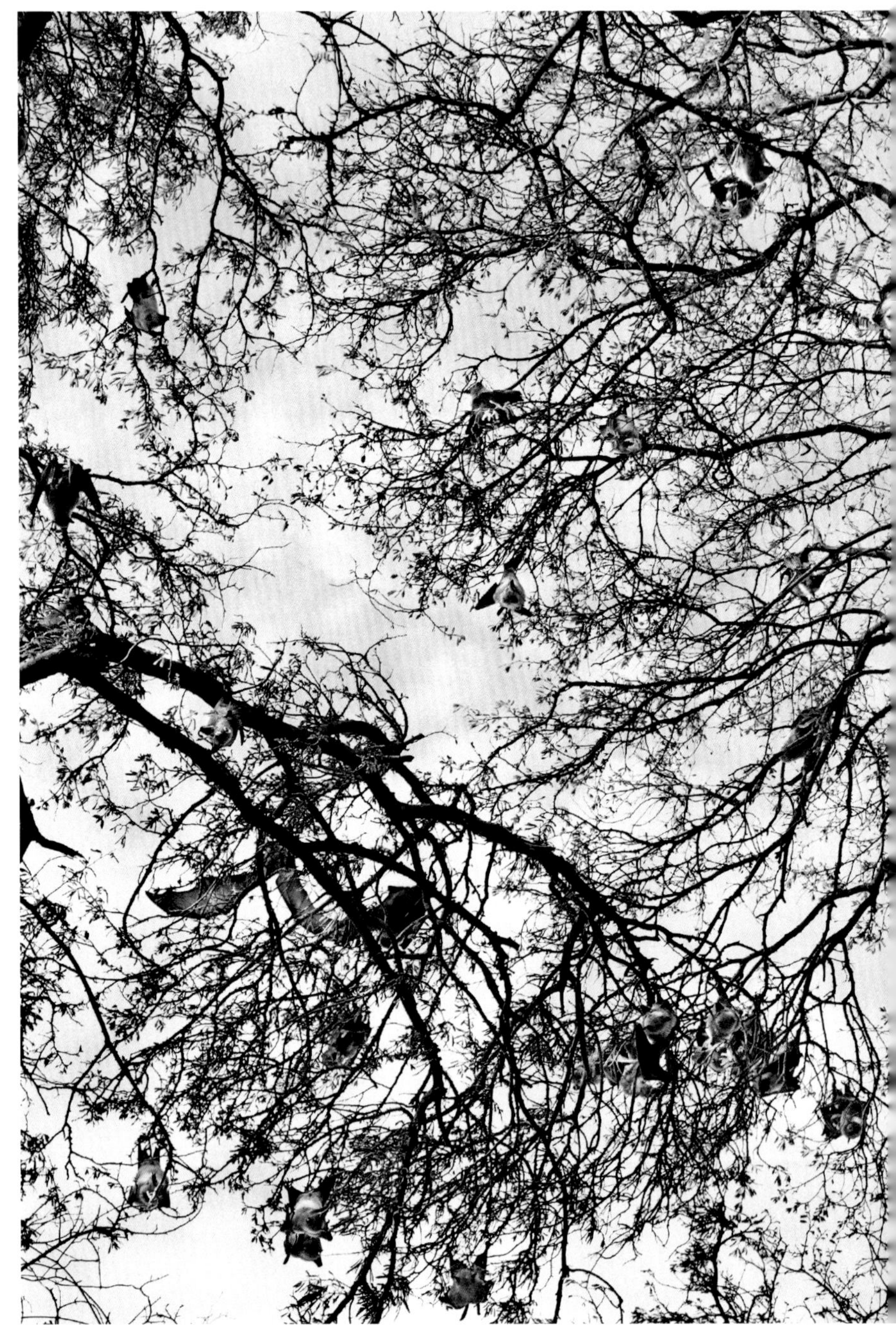

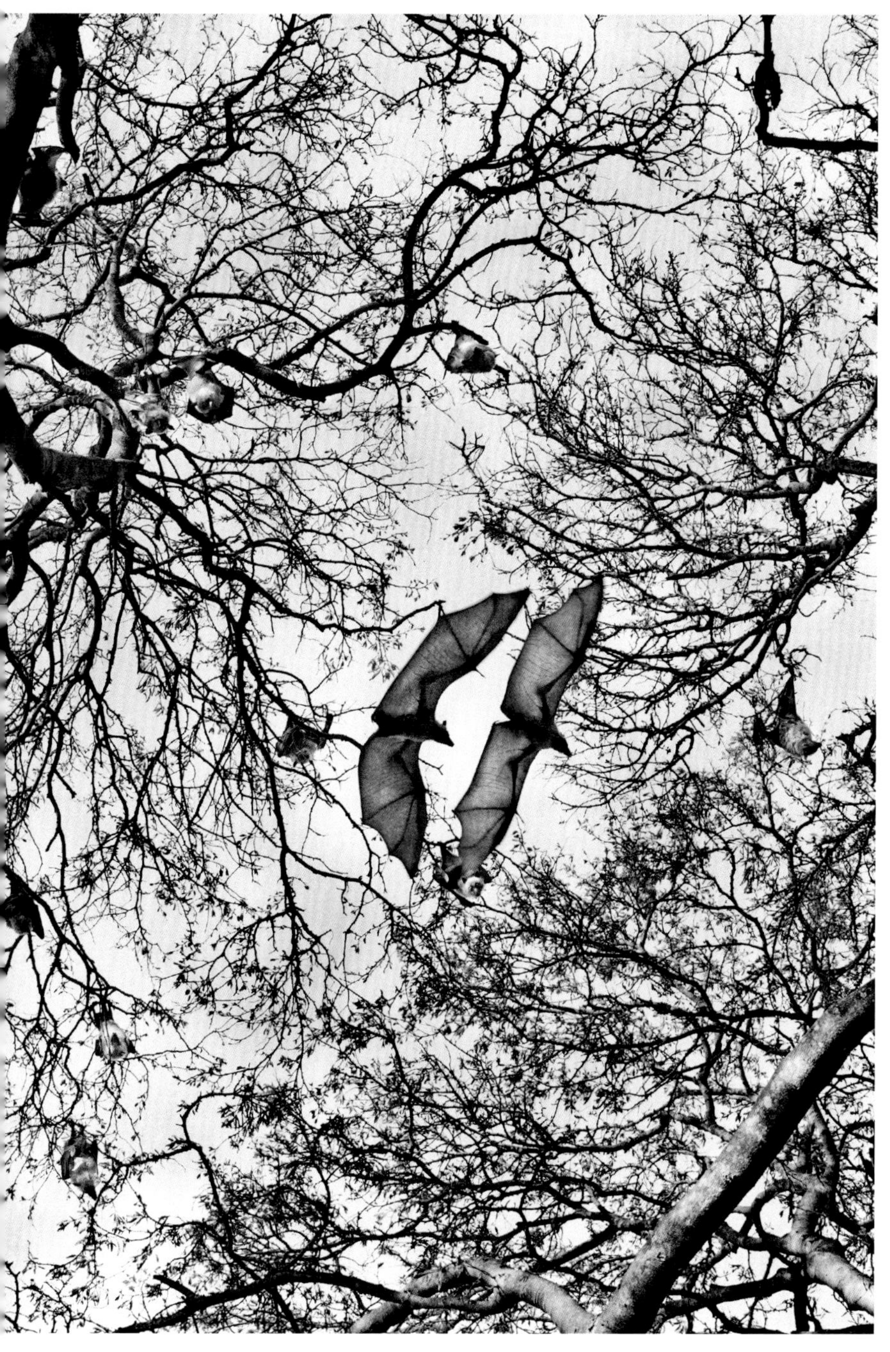

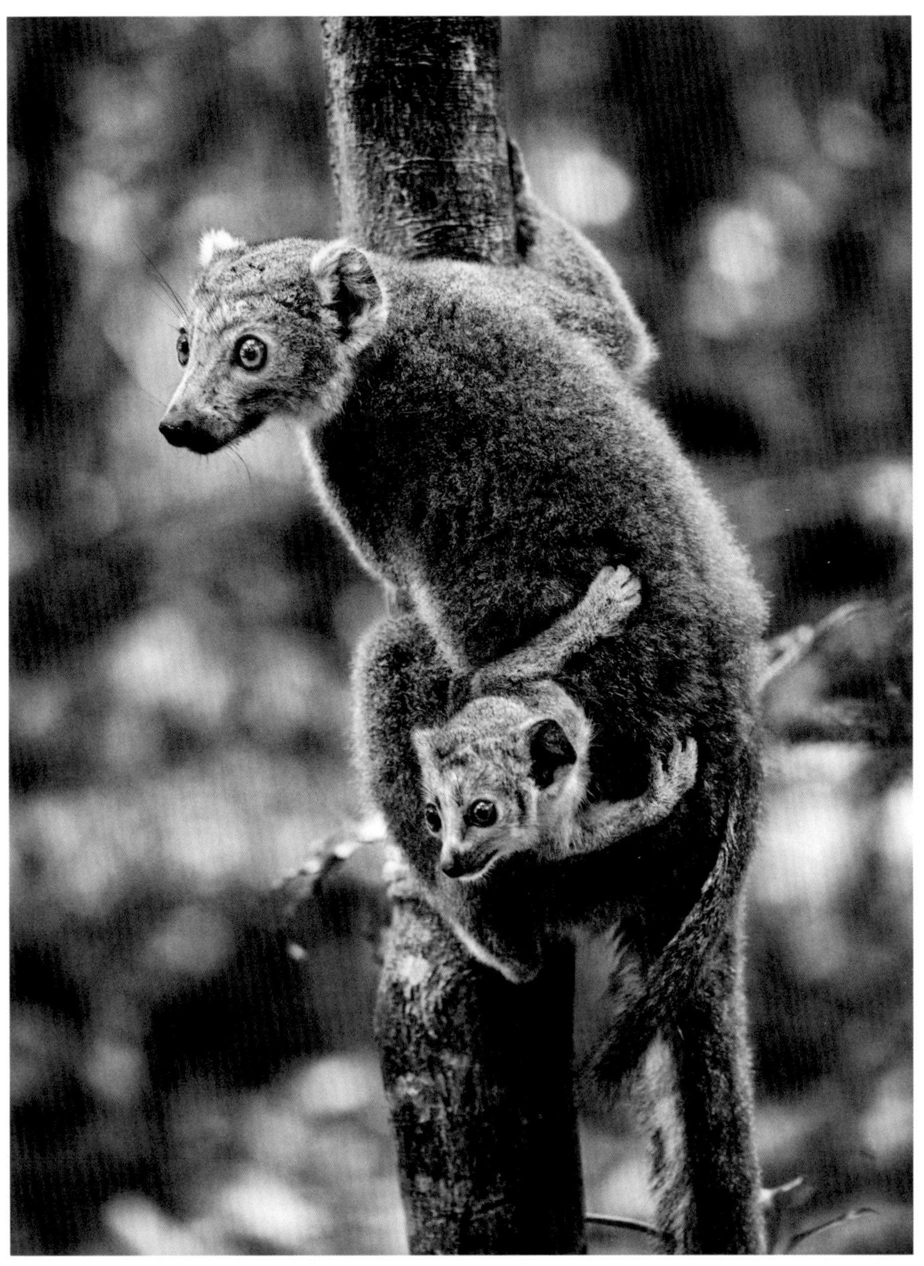

TIERRAS ALTAS DE PAPÚA NUEVA GUINEA

Páginas 80/81
Estas tierras altas son espectaculares y preciosas, con fértiles valles, turbulentos ríos y montañas en dientes de sierra que parecen interminables. Pero son también la región más productiva y con mayor densidad demográfica. Por tanto, resulta aún más sorprendente que no fuera sino hasta la década de 1930 cuando el mundo exterior se encontró cara a cara con las variadas y creativas tribus que allí habitan. Los primeros exploradores europeos en adentrarse en este accidentado interior habían esperado encontrar una embrollada continuidad de montañas. En cambio, se toparon con grandes valles intensamente cultivados y una población de más de un millón de habitantes. Aún más les sorprendió el abismo cultural que les separaba de estas etnias recién contactadas.
Desde entonces, han cambiado muchas cosas. Las cinco provincias de la región —Tierras Altas Orientales (alrededor de Goroka), Simbu (alrededor de Kundiawa), Tierras Altas Occidentales (alrededor del monte Hagen), Enga (alrededor de Wabag) y Tierras Altas Meridionales (alrededor de Mendi)— actualmente cuentan con la red de carreteras más extensa del país y una saneada economía basada en el café, el té, el oro y el cobre. Todas las fotografías presentadas en estas páginas retratan los festivales *singsing* de las tierras altas Cualquier motivo es bueno para celebrar el *singsing*, un festival o baile de celebración, y siempre resulta espectacular poder ver a los habitantes de las tierras altas con su traje tradicional y con la cara pintada, mientras bailan en formación y tocan sus *kundus* (un tambor en forma de reloj de arena con membrana de piel de lagarto). El espectáculo de Enga, el de Hagen y el de Paya son acontecimientos anuales que reúnen a miles de artistas. El arte corporal y la ornamentación personal, llamada *bilas*, resultan especialmente sofisticados. Mientras la etnia sepik y otros pueblos de Papúa Nueva Guinea crean bellos artefactos y tallas, los habitantes de las tierras altas utilizan sus propios cuerpos como rústicos lienzos: se pintan el cuerpo y se disfrazan con plumas, perlas y pieles de animales para representar aves, árboles o espíritus de la montaña. A veces, en un *singsing* se recrea un acontecimiento importante, como puede ser una batalla legendaria.

Página 80: Participante en el festival *singsing* de Paya. Provincia de Tierras Altas Occidentales. Papúa Nueva Guinea. Julio y agosto de 2008.

Página 81: Participante en el festival *singsing* del monte Hagen. Monte Hagen, provincia de Tierras Altas Occidentales. Papúa Nueva Guinea. Julio y agosto de 2008.

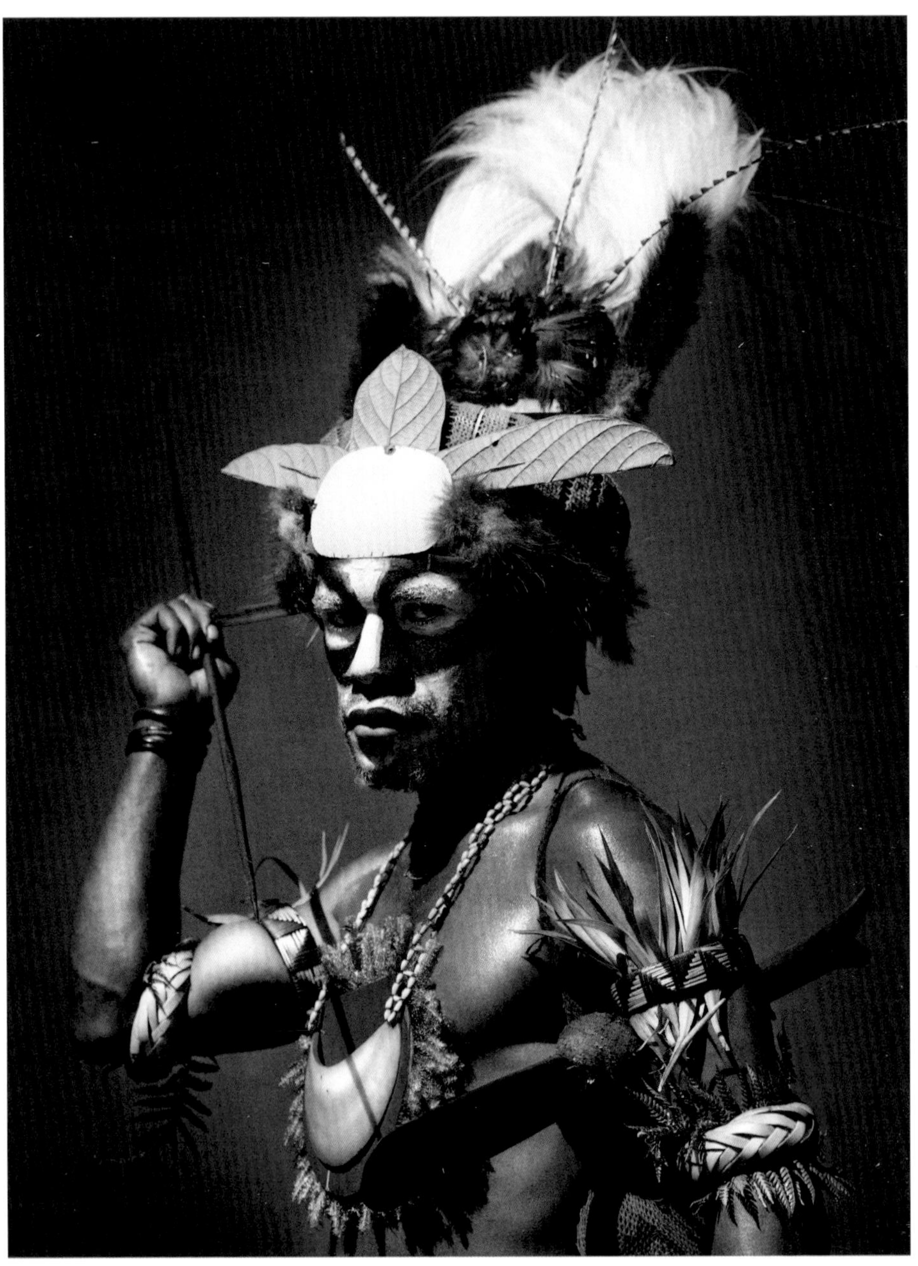

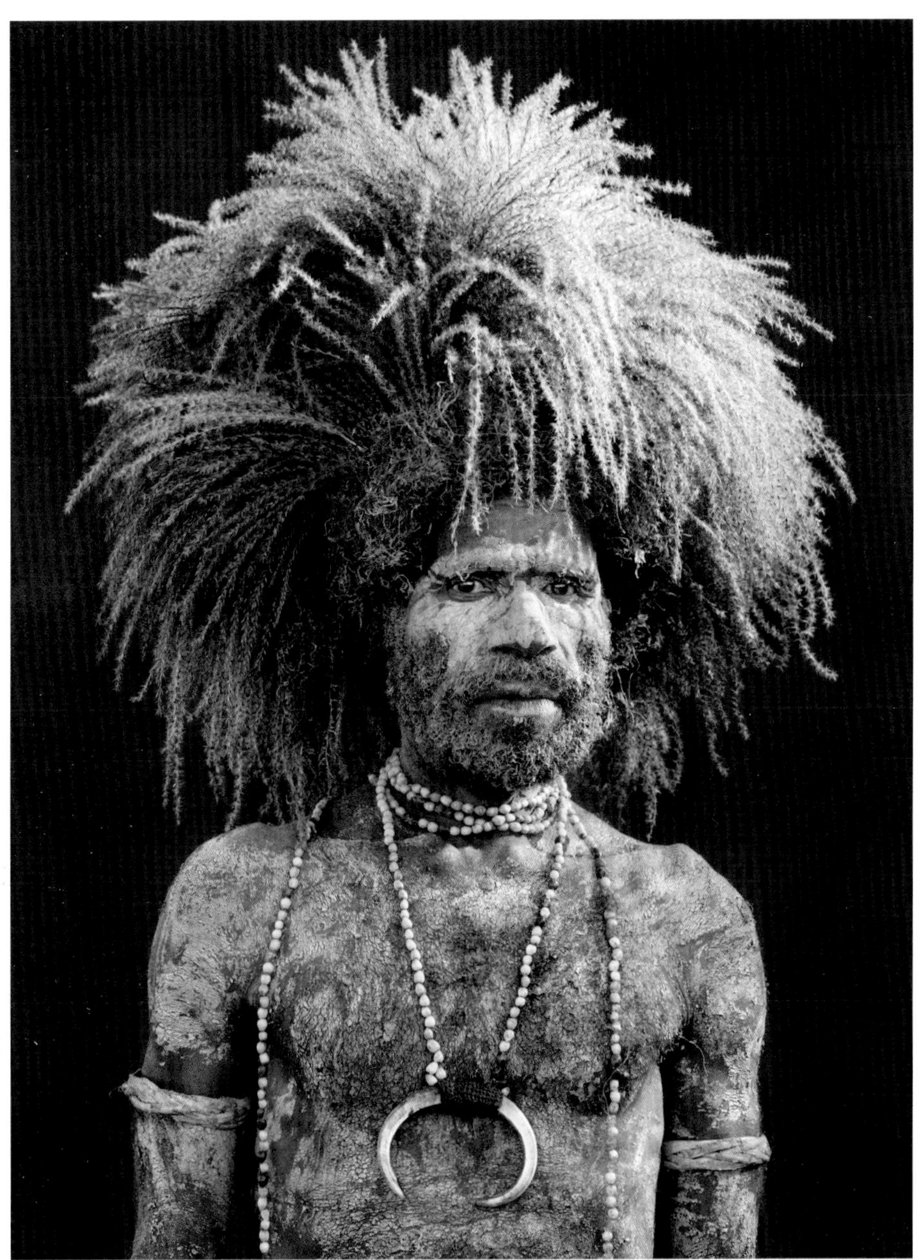

LOS MENTAWAI, INDONESIA

Página 83

Los mentawai (también llamados mentawei y mentawi) son los indígenas de las islas Mentawai, situadas unos 130 kilómetros al oeste de Sumatra. Llevan un estilo de vida seminómada como cazadores y recolectores en los entornos costeros y en los bosques pluviales de las islas. Esta etnia es célebre por su espiritualidad, su arte corporal y su costumbre de afilarse los dientes, práctica que, a su juicio, los embellece. Los mentawai forman parte de los pocos grupos indígenas tradicionales que quedan en Asia. Todavía construyen y fabrican casi todo con productos naturales de los bosques pluviales y su estilo de vida y rituales han cambiado escasamente en miles de años. La lengua mentawai pertenece a la familia lingüística austronesia. Siberut es la isla más grande y septentrional. Allí, la mayoría de los mentawai viven en pequeños asentamientos desperdigados a lo largo de los ríos o cerca de la costa. Se desplazan entre sus asentamientos y unos poblados más pequeños situados a cierta distancia de su tierra ancestral. Allí crían cerdos en la selva y recogen frutos de temporada, como el durián, la jaca y otras especies silvestres. Las gallinas se crían cerca del asentamiento, mientras que las cicas se cultivan en zonas pantanosas de baja altitud, normalmente junto a un río. La harina procedente del sagú que se encuentra en el corazón de la palma y del tubérculo del taro es una parte importante de su dieta.

El Gobierno de Indonesia ha trabajado durante décadas para integrar a los mentawai atrayéndolos a poblaciones controladas por el Gobierno; hoy en día solo un puñado de clanes no integrados viven en la selva. Encabezados por *sikeireis* (chamanes *mentawai*), viven en consonancia con la tradición en largas casas comunales llamadas *umas*. Mientras el mundo moderno se les acerca cada vez más, los clanes tradicionales solo toman de él lo que les interesa: todos los objetos de metal, como hachas y peroles, así como tazas y jarras de plástico han comenzado a ser utilizados por algunos. El Gobierno y determinados grupos religiosos han obligado a los mentawai integrados a llevar ropa moderna, pero en las tradicionales *umas*, los hombres normalmente solo visten taparrabos de corteza y las mujeres sus vestidos tradicionales. Les encanta colocarse coloridos collares y pulseras, además de flores tropicales en el cabello. Los chamanes y sus esposas llevan el cuerpo totalmente tatuado.

Página 83: Cortan en tiras la corteza de un árbol de *baiko* derribado, las sumergen en agua y las aporrean largamente con un mazo sin romperlas. La finalidad es machacar las fibras para ablandar la corteza. Tras secarlas al sol, las tiñen de rojo con la savia de otro árbol y los hombres las llevan alrededor de las caderas; este taparrabos se llama *kabit*. Isla de Siberut. Sumatra Occidental. Indonesia. Marzo y abril de 2008.

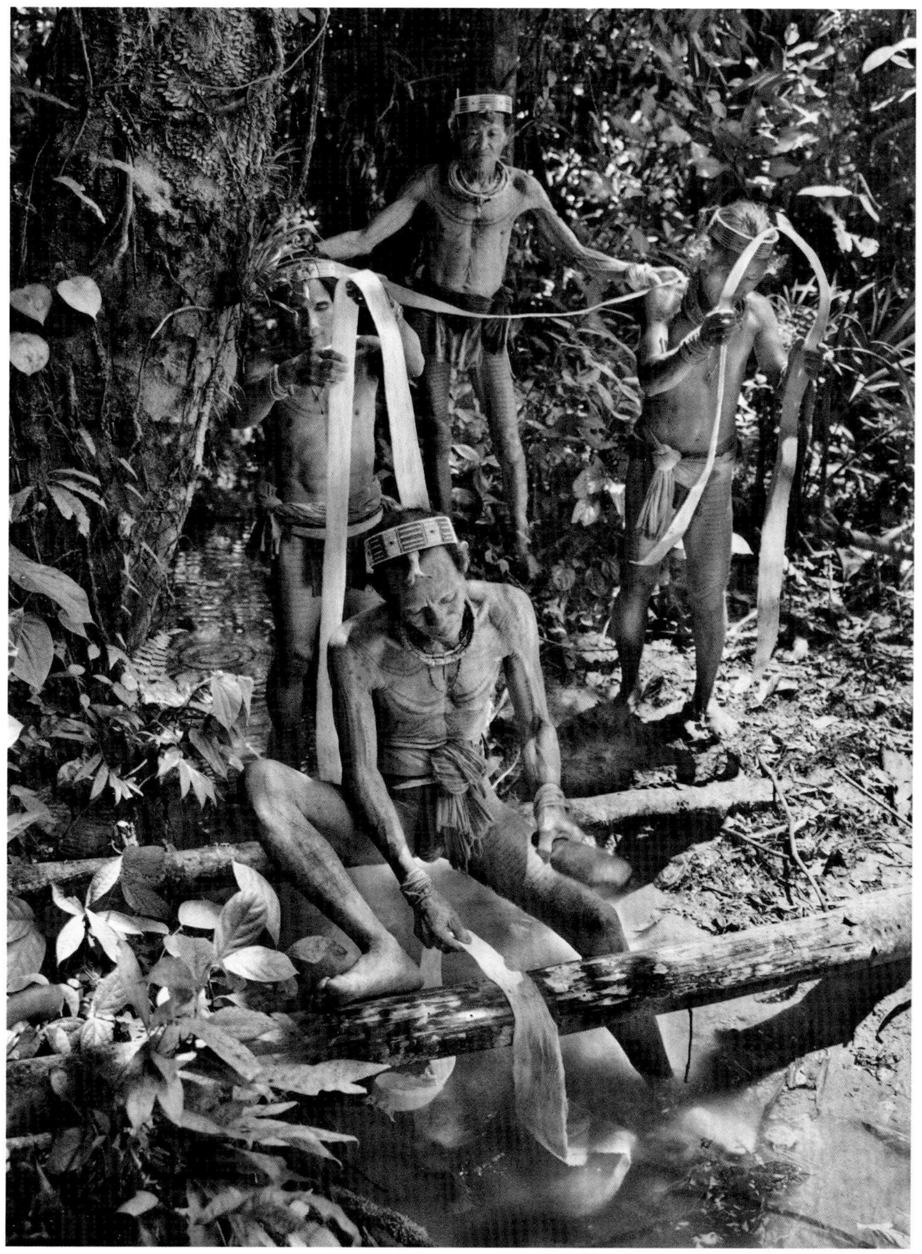

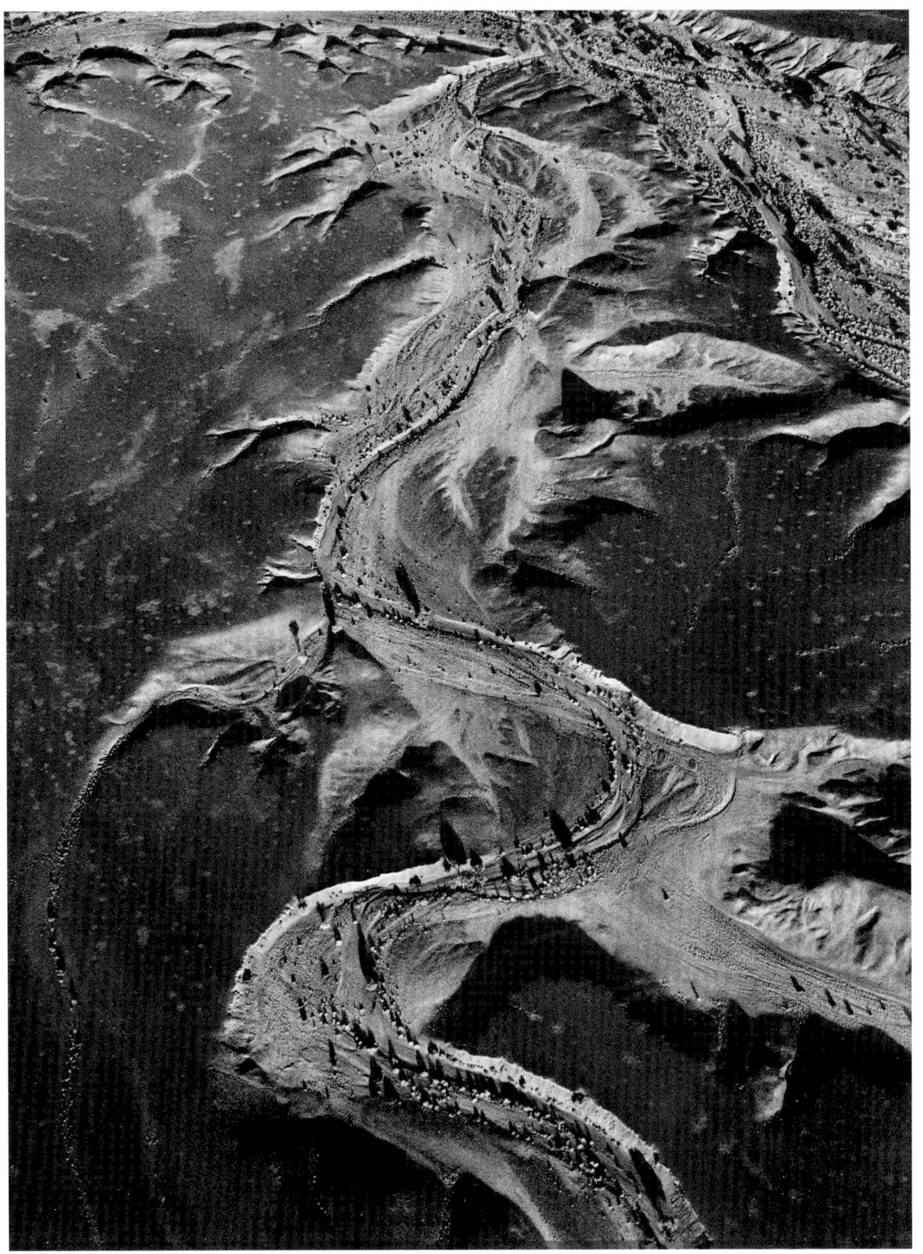

ÁFRICA

Desde mi primera visita a Níger en 1973, siempre he sentido un profundo apego por África. Incluso cuando los encargos suponían afrontar crisis de hambrunas, de sequías o bélicas, no dejaba escapar una ocasión para regresar. Con *Génesis*, sin embargo, viví una experiencia mucho más feliz, la de documentar un África aparentemente eterna, formada por tribus ancestrales, majestuosos paisajes y una flora y una fauna imponentes. El continente puede ser extenso y variado, pero sus numerosos ecosistemas siguen siendo significativamente africanos.

El Sáhara, que incluye 10 países y abarca un tercio de todo el continente, sirve de imponente puerta de entrada a África. Las imágenes de interminables extensiones de dunas pueden resultar familiares, pero cada tormenta de arena mueve y da nueva forma a sus contornos, de modo muy parecido a un arenero gigante en el que jugueteara un niño. Mis viajes a los desiertos del sudoeste de Libia y el sudeste de Argelia también estuvieron llenos de sorpresas. Me topé con impactantes oasis y profundos barrancos por donde un día fluyeron ríos. Además, hallamos pruebas de asentamientos humanos que se remontaban a 16 000 años atrás en forma de arte rupestre que representa la fauna y la flora de la época, entre ellos, elefantes, rinocerontes, antílopes, jirafas y cocodrilos. En el otro extremo del continente, el desierto del Namib, que tiene fama de ser el más antiguo del mundo, cubre gran parte de Namibia, con dunas de arena que alcanzan los 300 metros de altura y se extienden a lo largo de todo el litoral. Al dirigirnos hacia el norte por Damaraland, descubrimos rinocerontes negros poco comunes, pero nos parecieron demasiado amenazadores como para fotografiarlos de cerca. Incluso los elefantes tienen mal humor, como comprobamos el día en que un macho nervioso nos embistió. Todavía más al norte, nos topamos con los himba, un numeroso grupo nómada de pastores de ganado y de cabras. Los hombres llevan poca ropa, pero las mujeres se cubren con una mezcla de mantequilla, ceniza y polvo de mineral de hierro, un pigmento ocre que les tiñe la piel de un inconfundible tono rojizo.

El ganado es un rasgo distintivo de muchas sabanas africanas. Para los dinka de Sudán del Sur, es un símbolo de riqueza y poder. En la temporada de lluvias, los miembros de esta tribu seminómada cultivan maíz, sorgo y otros cereales, y montan campamentos de ganado para sus rebaños. Esta es la época en la que el Nilo se desborda y crea pequeños lagos que se convierten en ricos pastos durante la temporada de sequía. Después, los dinka conducen a su ganado durante cientos de kilómetros a lo largo de estas zonas de alimentación y construyen pequeñas aldeas con corrales donde los rebaños se cobijan por la noche. También queman boñigas de vaca y, con sus cenizas, embadurnan el ganado y su propio cuerpo como protección contra los insectos. Una tradición no ha sobrevivido: debido a las frecuentes guerras en la región, hoy en día los rifles automáticos han sustituido a los arcos y flechas. Las tribus pastoras de ganado del sur de Etiopía están más aisladas. Ellos suelen ir desnudos y se adornan para las ceremonias, mientras muchas mujeres llevan platos de cerámica en el labio inferior.

Algunos pueblos tradicionales han sufrido abusos a manos de los comerciantes, los misioneros y los funcionarios del Gobierno. Para dejar espacio a los mineros de diamantes, el Gobierno de Botsuana ha desplazado a los bosquimanos del desierto de Kalahari de sus ancestrales tierras. Pasamos algún tiempo en el distrito de Ghanzi con una pequeña comunidad reubicada que mantiene viva su milenaria cultura gracias a los grupos de turistas. Por una módica suma, hacen una demostración de cómo cazan pequeños animales, sacan agua de la arena mediante una caña y encienden una hoguera frotando ramitas. Sin embargo, como no pueden volver a casa, un número creciente de bosquimanos viven actualmente en la pobreza en las zonas urbanas.

Encontramos tradiciones más sólidas durante una excursión de 55 días a través del norte de Etiopía. Partimos de Lalibela, una antigua ciudad cristiana famosa por sus iglesias talladas en la roca volcánica en el siglo XII. En las montañas de Abuna-Josef, a 4200 metros sobre el nivel del mar, los servicios cristianos se celebran en iglesias cueva construidas en el seno de las laderas, mientras todavía se utilizan biblias centenarias escritas en pieles de animales. Estos pueblos montañeses son consumados agricultores, cultivan cereales en antiguas terrazas y crían ganado lechero en las elevadas laderas. Más allá de ellos se extiende la región habitada durante mucho tiempo por los judíos etíopes, los falashas, aunque actualmente la mayoría han emigrado a Israel. Por último, en el Parque Nacional de Simen, encontramos especies que nunca había visto antes, incluidos el gelada, el lobo etíope y la cabra montesa de Etiopía.

Incluso en un continente que es sinónimo de fauna salvaje, quizá ningún otro animal africano sea visto con mayor asombro que el gorila de montaña. Solo sobreviven unos 800 en una pequeña zona a caballo entre el Congo, Uganda y Ruanda. Tres grupos viven en las laderas boscosas del parque de volcanes de Virunga, a distancia prudencial de los dos volcanes que escupen lava. Me acerqué lo suficiente a grupos familiares para identificar al macho dominante por el pelaje plateado de su espalda. Estos mansos animales, algunos con un peso de hasta 250 kilos, prestan poca atención a los seres humanos y emplean gran parte de su tiempo cuidando a sus familias y alimentándose.

En cuanto a la variedad de fauna salvaje, pocos lugares igualan al delta del Okavango en Botsuana, donde el río Okavango, «el río que nunca se encuentra con el mar», vierte su agua en la tierra. Cuando el delta se inunda y la vegetación florece, atrae a unas 400 especies de aves, así como a las grandes fieras de África, desde elefantes, hipopótamos, rinocerontes y búfalos hasta leones, leopardos, guepardos, cebras y hienas. Más tarde, en Zambia, vimos el mismo despliegue espectacular desde la tranquilidad de un globo aerostático. La naturaleza apenas notó que la estábamos observando.

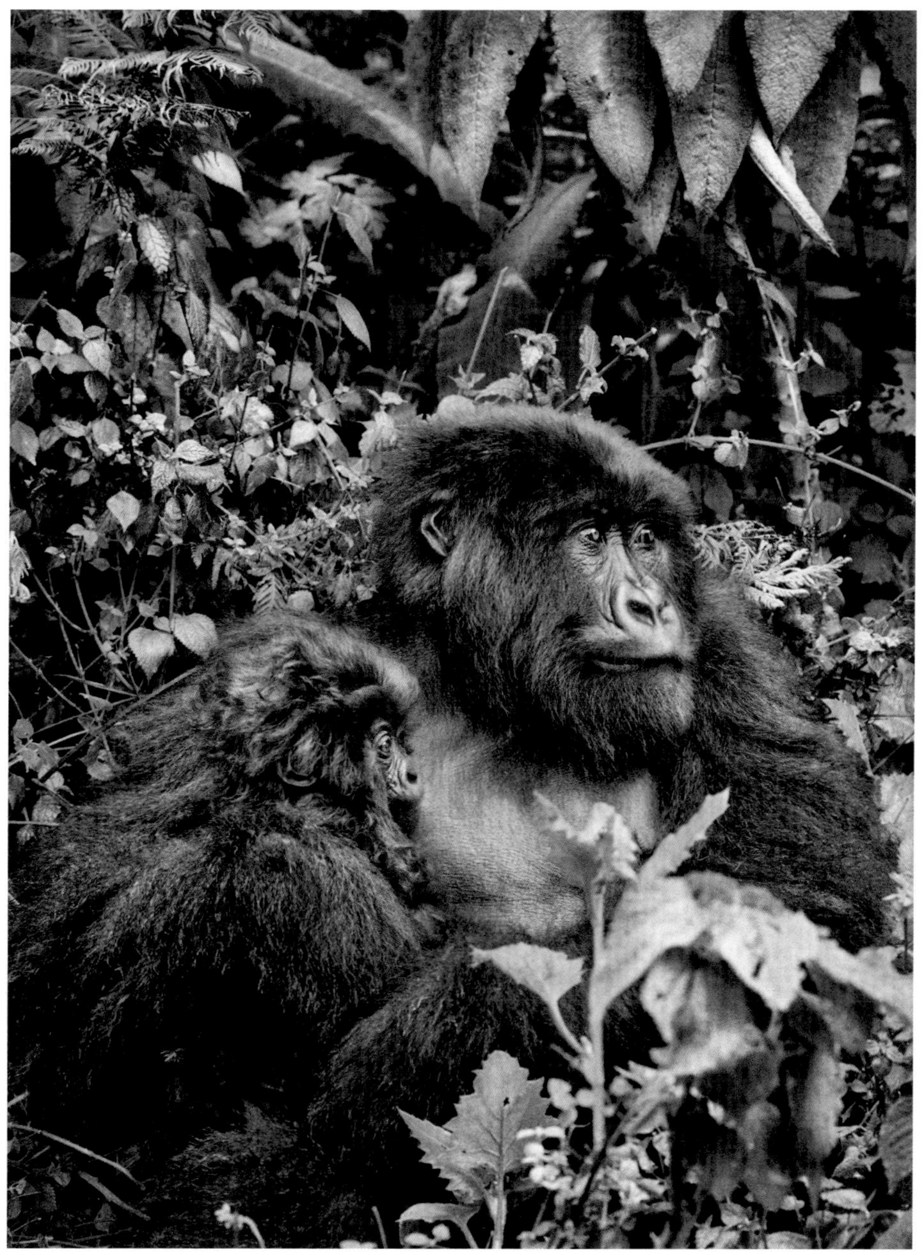

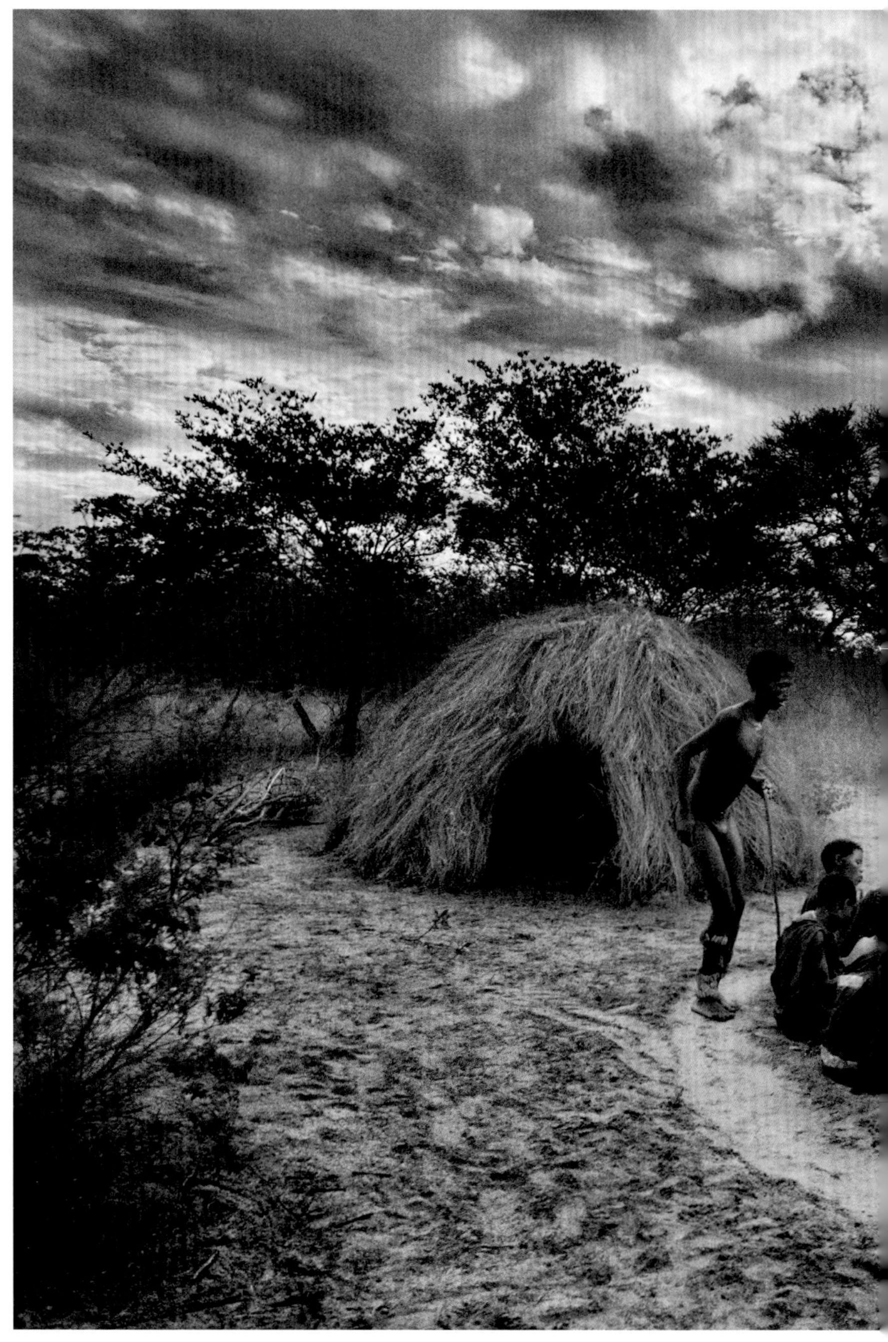

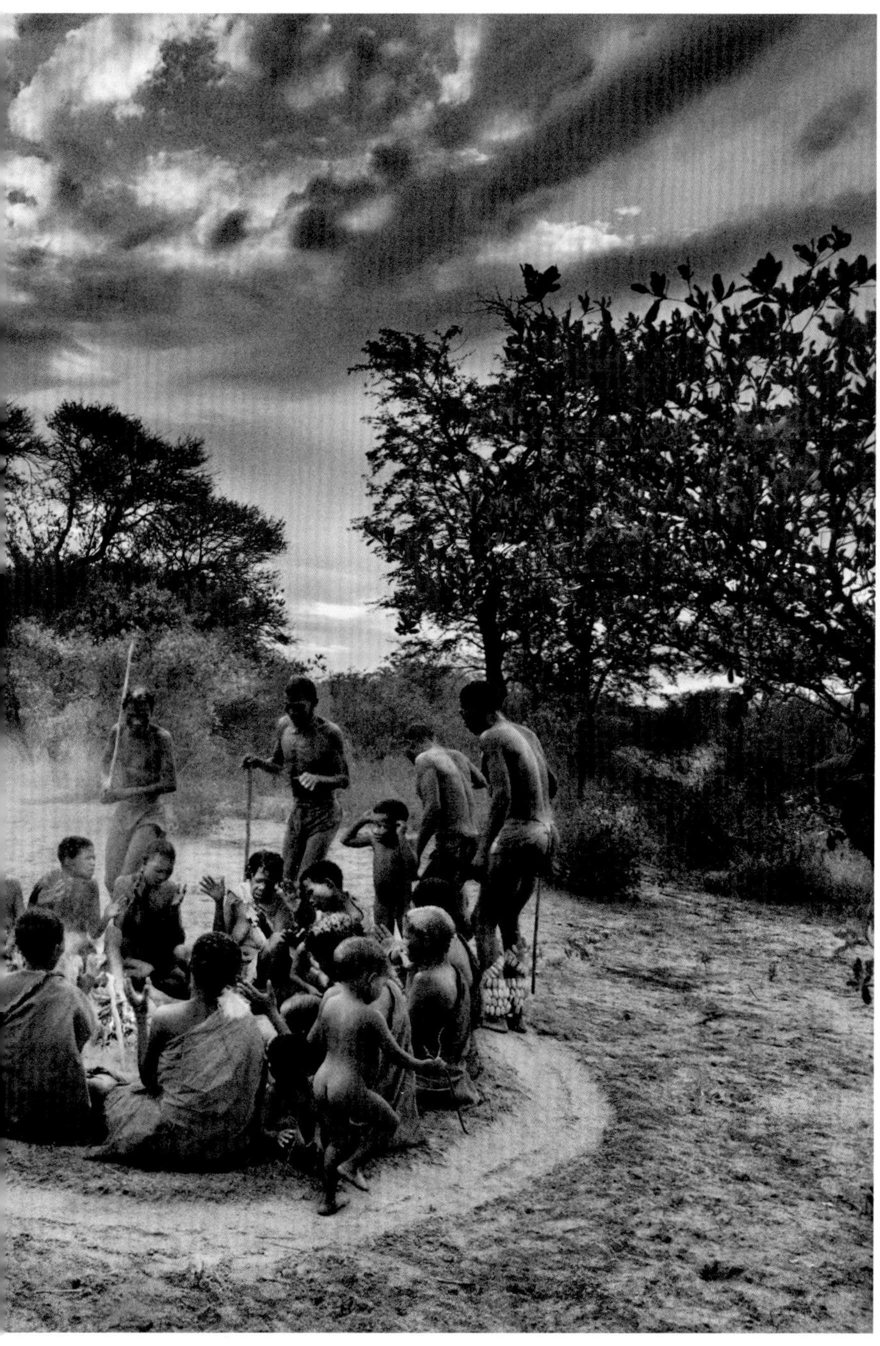

Página 84: En Namibia occidental, la erosión del agua ha modificado los paisajes, especialmente después de que las tormentas provoquen inundaciones que socavan el suelo y forman barrancos y cauces fluviales cada vez más profundos. No obstante, como la lluvia intensa escasea hoy día, el aspecto lunar de la zona se remonta a tiempos pasados más húmedos. Parque Nacional de Namib-Naukluft. Namibia. Octubre y noviembre de 2005.

Página 87: El gorila de montaña (*Gorilla beringei beringei*) es la más rara de las tres especies de gorilas, con solo unos 800 individuos, aproximadamente la mitad de los cuales se encuentran en la región volcánica de Virunga y el resto en la Selva Impenetrable de Bwindi (Uganda). Habida cuenta de su formidable tamaño —los machos adultos llegan a pesar hasta 250 kilos—, los gorilas son animales pacíficos, que prefieren la vida familiar a cualquier otra actividad más arriesgada. En esta fotografía, un gorila hembra manifiesta la típica ternura por su pequeño. Los grupos familiares de machos jóvenes, hembras y sus crías son dirigidos por un macho dominante de espalda plateada, así llamados por el color gris con el que se tiñe su espalda una vez alcanza la madurez. Los jóvenes de espalda plateada abandonan el grupo con frecuencia, y optan por una vida solitaria hasta que están en condiciones de atraer a hembras de un grupo diferente para formar una familia. Las hembras, a veces, se trasladan entre los grupos y así se evita la endogamia. Los gorilas son vegetarianos, con una dieta que incluye brotes de bambú, *Vallisneria americana*, cardos, ortigas, galios, una hortaliza de hoja llamada *Vernonia* y diversas raíces y plantas trepadoras.
A menos que un zoológico haya logrado criar a estos gorilas, todos los que vemos en cautiverio están ahí como consecuencia de una infamia. Como los gorilas adultos resultan difíciles de capturar, el objetivo son sus crías, pero estas solo pueden ser atrapadas si primero se mata a sus padres. Cuando el padre asesinado es el líder de espalda plateada del grupo, toda la familia se desmorona y muchos gorilas acaban muriendo de soledad. Parque Nacional de Virunga. Ruanda. Mayo y junio de 2004.

LA ETNIA SAN

Páginas 88/89 a 91
El desierto del Kalahari, en Botsuana, puede parecer árido y hostil, pero es el paraíso para los san (o bosquimanos), que se cuentan entre los primeros habitantes de África. Durante un periodo de 40 000 años, han demostrado ser maestros en supervivencia. Con sus amplios horizontes, el Kalahari presenta espectaculares formaciones de nubes durante el día, sobre todo en la temporada de lluvias. Por la noche el cielo brilla con las constelaciones más fabulosas, y todas ellas tienen su propio nombre en lengua bosquimana. Por desgracia, esta inmensa cuna natural, hogar de uno de los apenas 14 «ancestrales grupos demográficos» a partir de los que evolucionó el hombre moderno, ya no es territorio exclusivo de la etnia san. En varias oleadas de desalojos, desde 1997 hasta 2002, el Gobierno de Botsuana los fue trasladando de su tierra ancestral a abarrotados campos de reasentamiento. Son lugares realmente tristes. Como casi no existe vida silvestre cerca, los san dependen del Gobierno para obtener alimentos y agua. Despojados de su sistema de vida ancestral, los hombres san caen en depresión debido al tedio. El Gobierno de Botsuana afirma que trasladó a los san para fomentar su desarrollo. Sin embargo, los san no están muy convencidos. ¿Por qué no fomentaron su desarrollo donde siempre habían vivido? Sus abogados han recusado el desalojo, pero hasta la fecha ningún tribunal ha autorizado su regreso. Mientras tanto, los bosquimanos requieren de una autorización para entrar en sus anteriores reservas de animales y, aun así, corren peligro de enfrentarse a detenciones o torturas.
La verdad es que el Gobierno quería quitárselos de en medio para que las importantes reservas de diamantes del Kalahari pudiesen explotarse sin el engorro de tener que negociar con las comunidades san tradicionales. No obstante, unos cuantos pequeños grupos de san aún conservan su forma de vida tradicional: animadas por algunas asociaciones sin ánimo de lucro, varias grandes fincas de propiedad privada han permitido que los bosquimanos reanuden sus prácticas de cazadores y recolectores; a cambio, invitan a los forasteros a observar cómo cazan, hacen hogueras, cocinan y construyen sus chozas. Estas fotografías las realizamos durante el tiempo que compartimos con unos 20 bosquimanos san en la región de Ghanzi (Botsuana), en la tierra de la finca de Trail Blazer. Muestran cómo, a pesar de haber perdido su tierra y con su cultura intacta, están preparados para continuar tal como lo hacían en su amado Kalahari.

Páginas 88/89: La danza de trance o curación es el ritual místico más importante de los bosquimanos. Las mujeres cantan y baten palmas siguiendo el ritmo y los hombres bailan en círculo a su alrededor. Durante esta danza, los curanderos imponen sus manos sobre todos los presentes para extraer las «flechas de la enfermedad». Se llenan cáscaras de semillas secas con piedritas y, cuando se las ata a las piernas de los curanderos, producen un fuerte repiqueteo mientras estos bailan. El frenesí de su trance, según creen los bosquimanos, señala su entrada en el mundo de los espíritus. Botsuana. Enero de 2008.

Página 91: El desierto del Kalahari, en Botsuana. Enero de 2008.

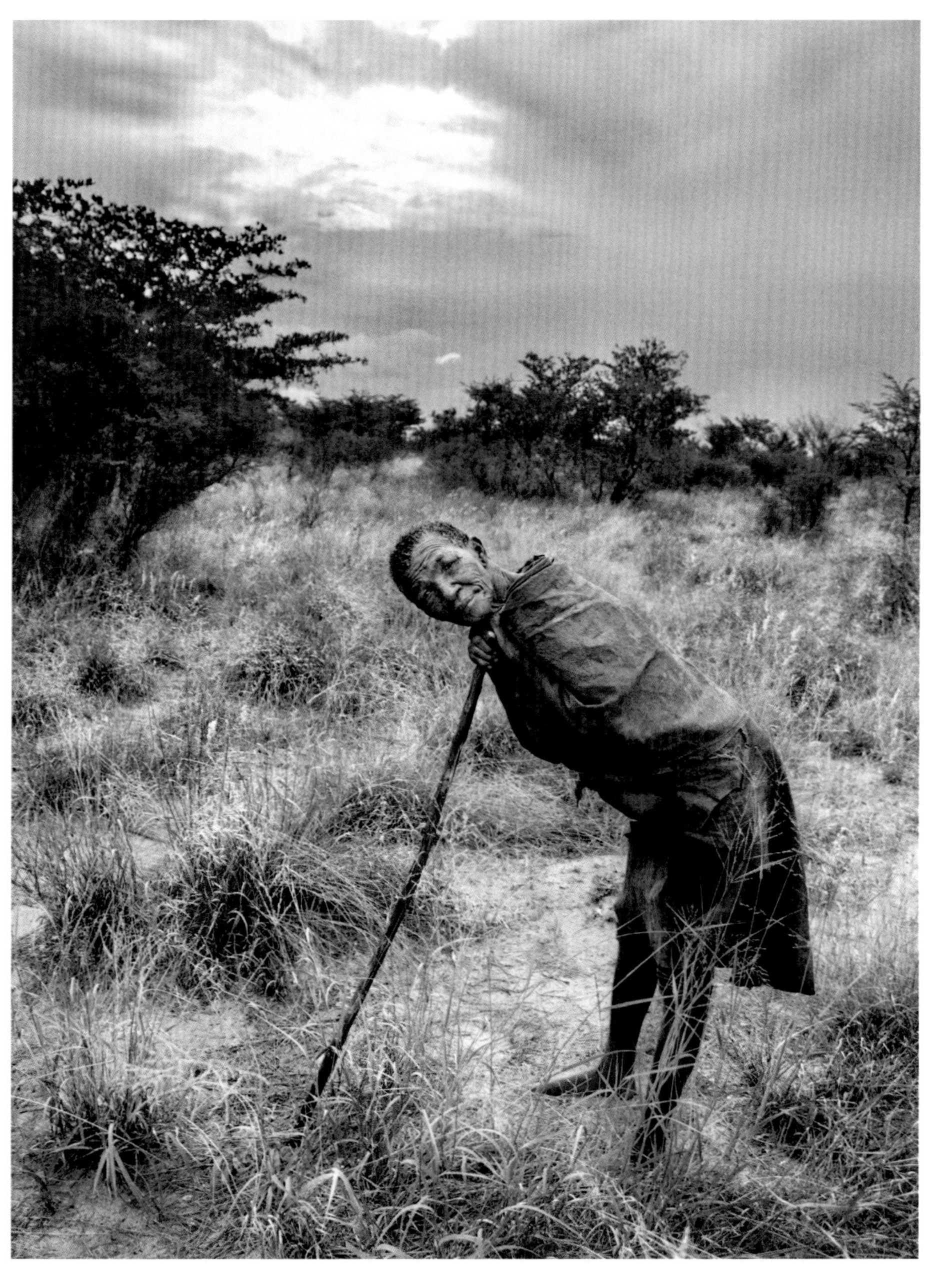

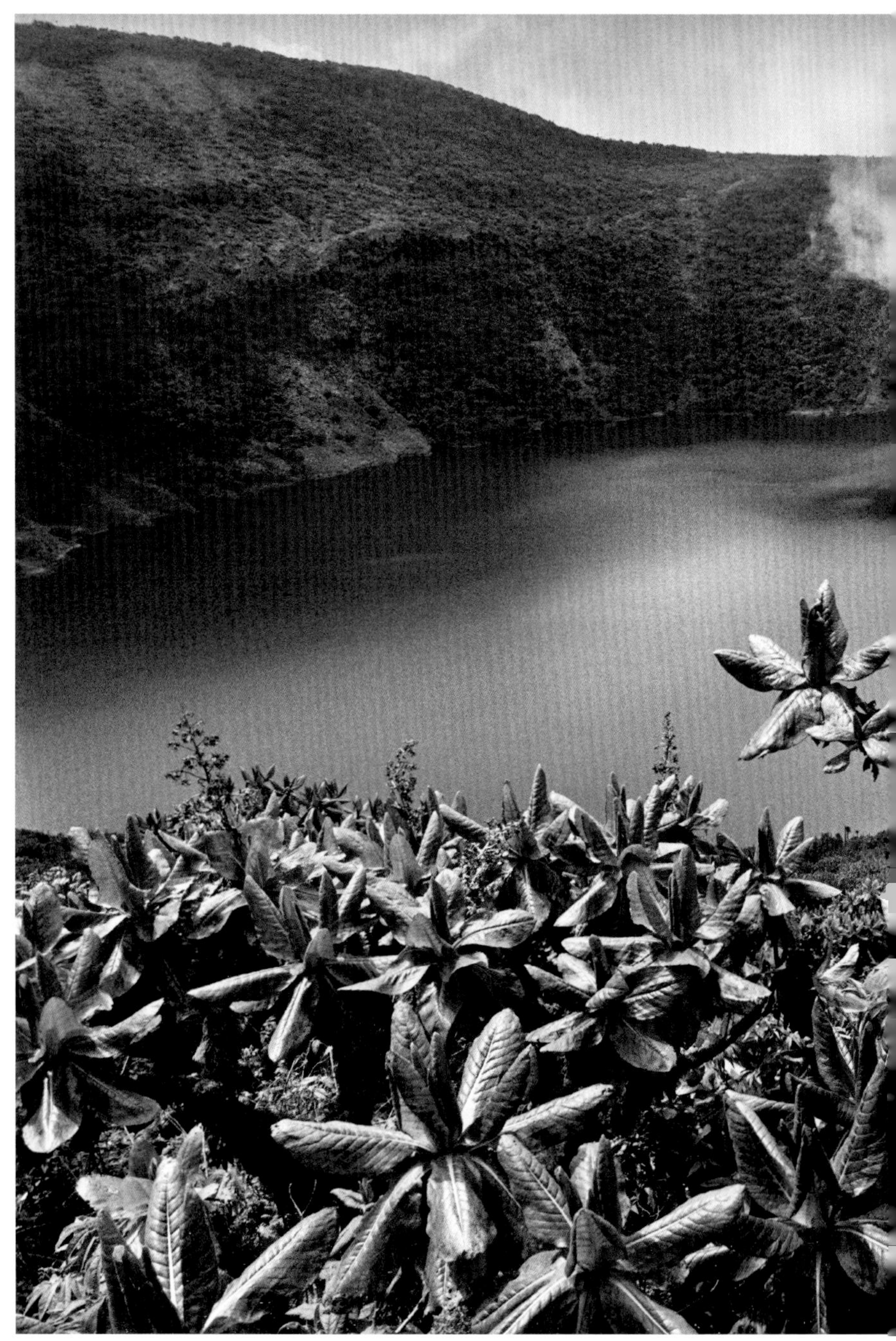

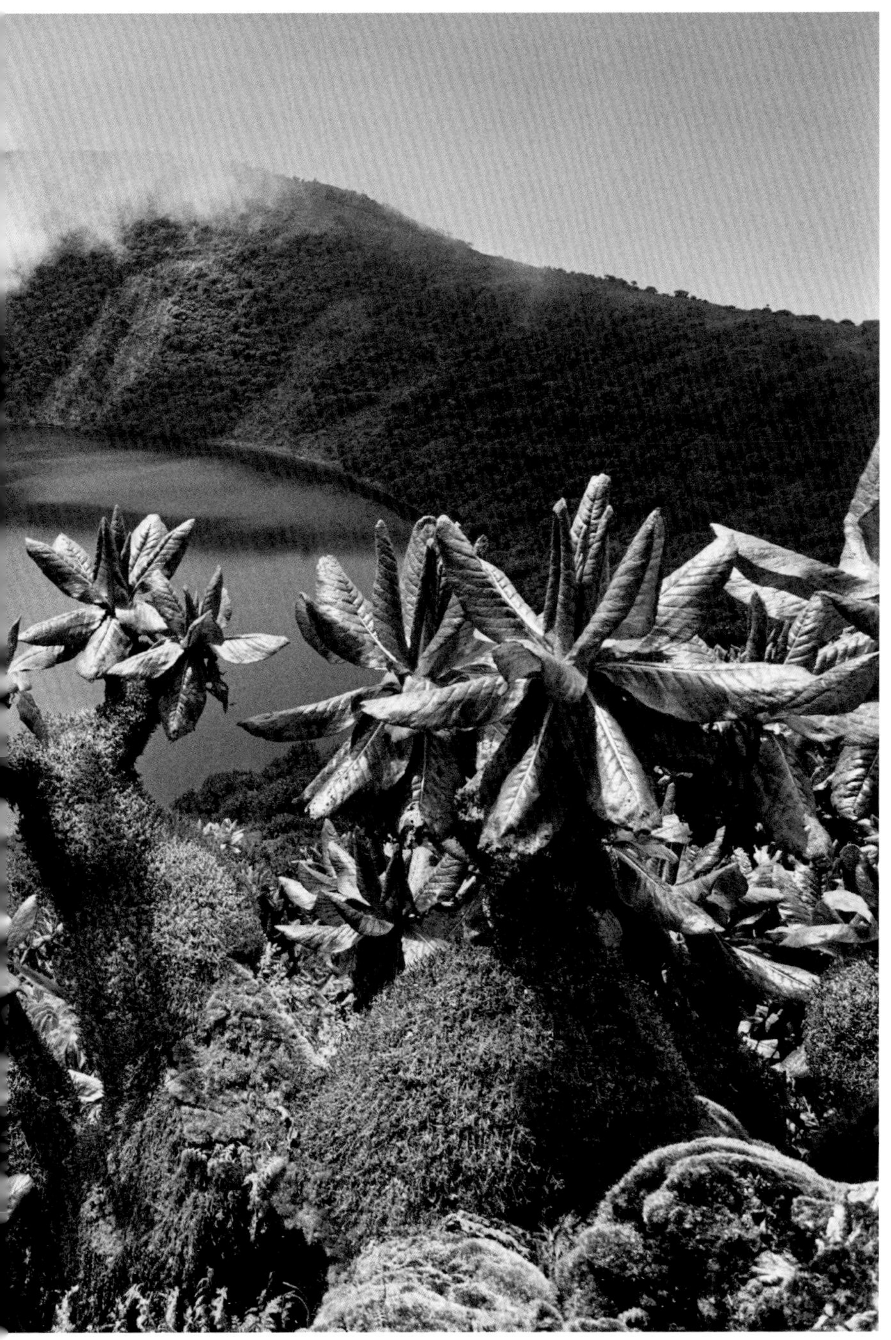

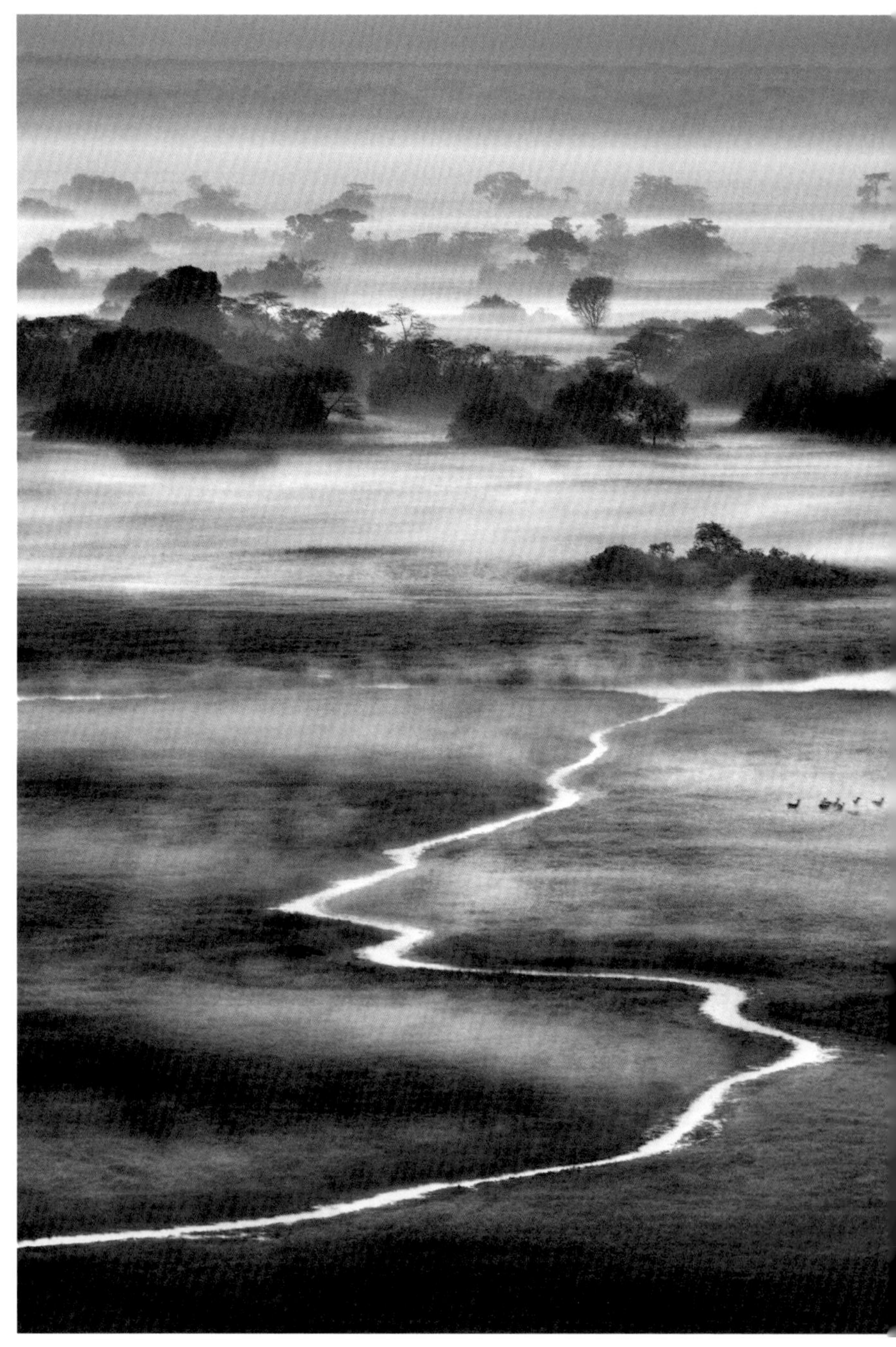

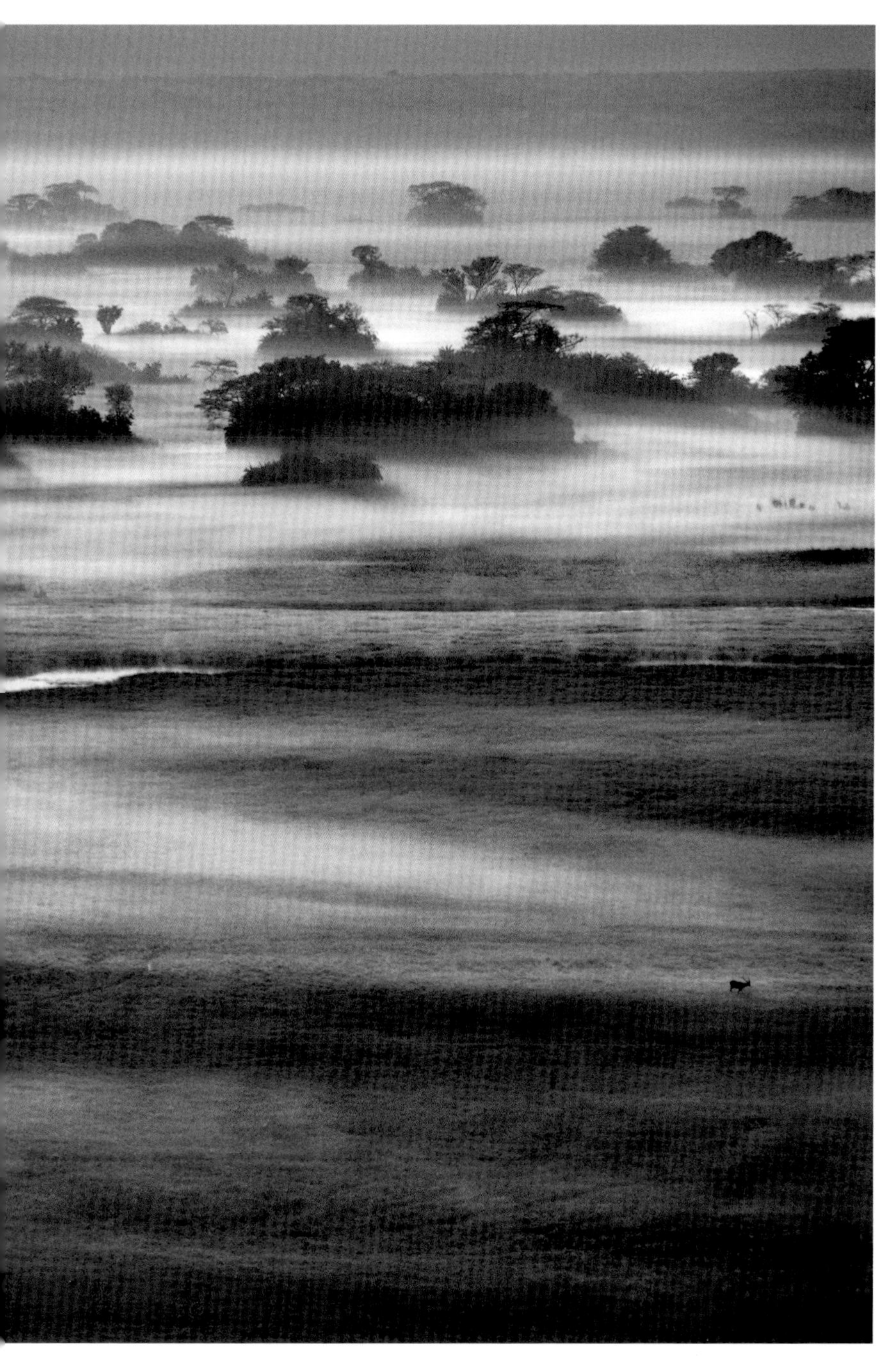

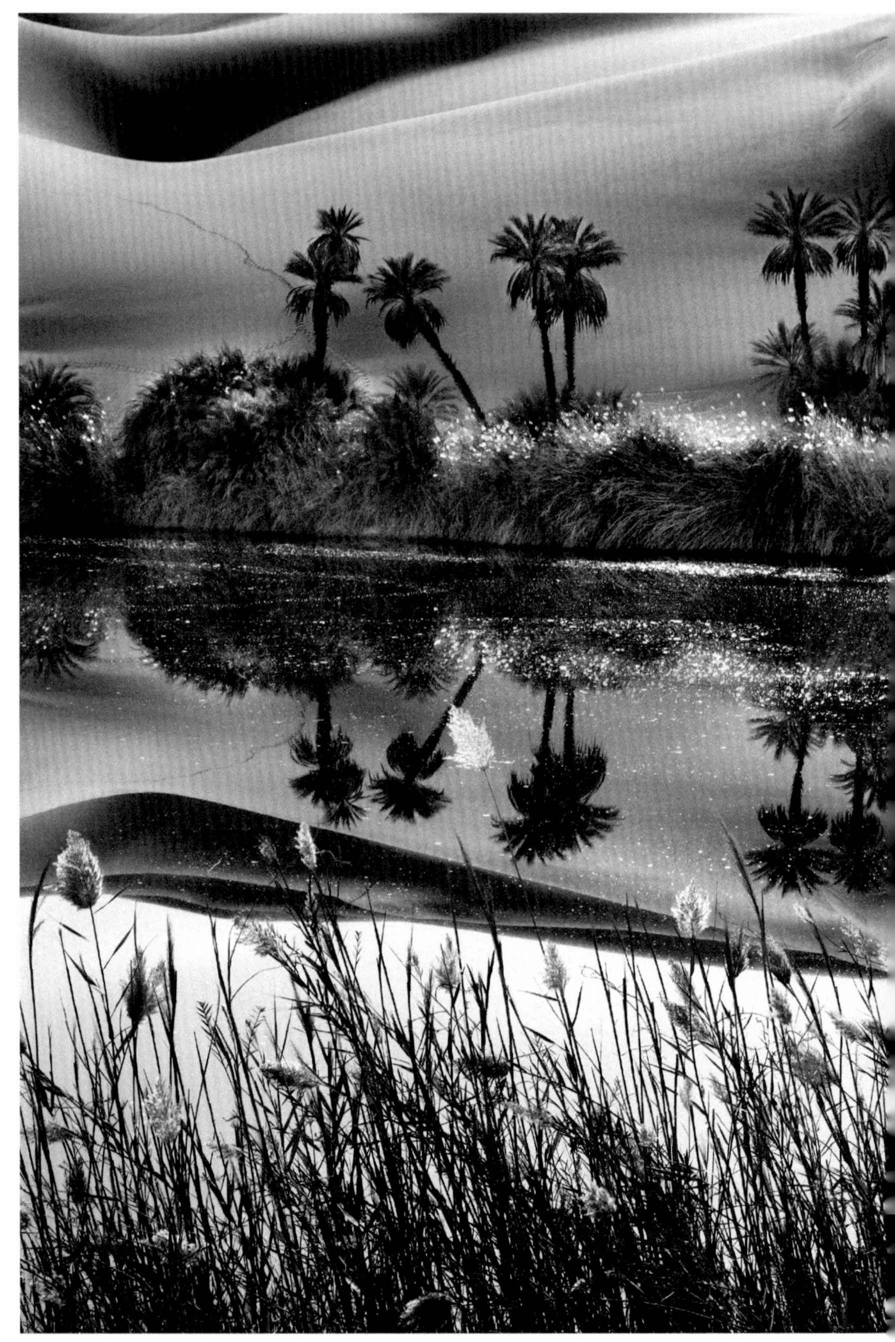

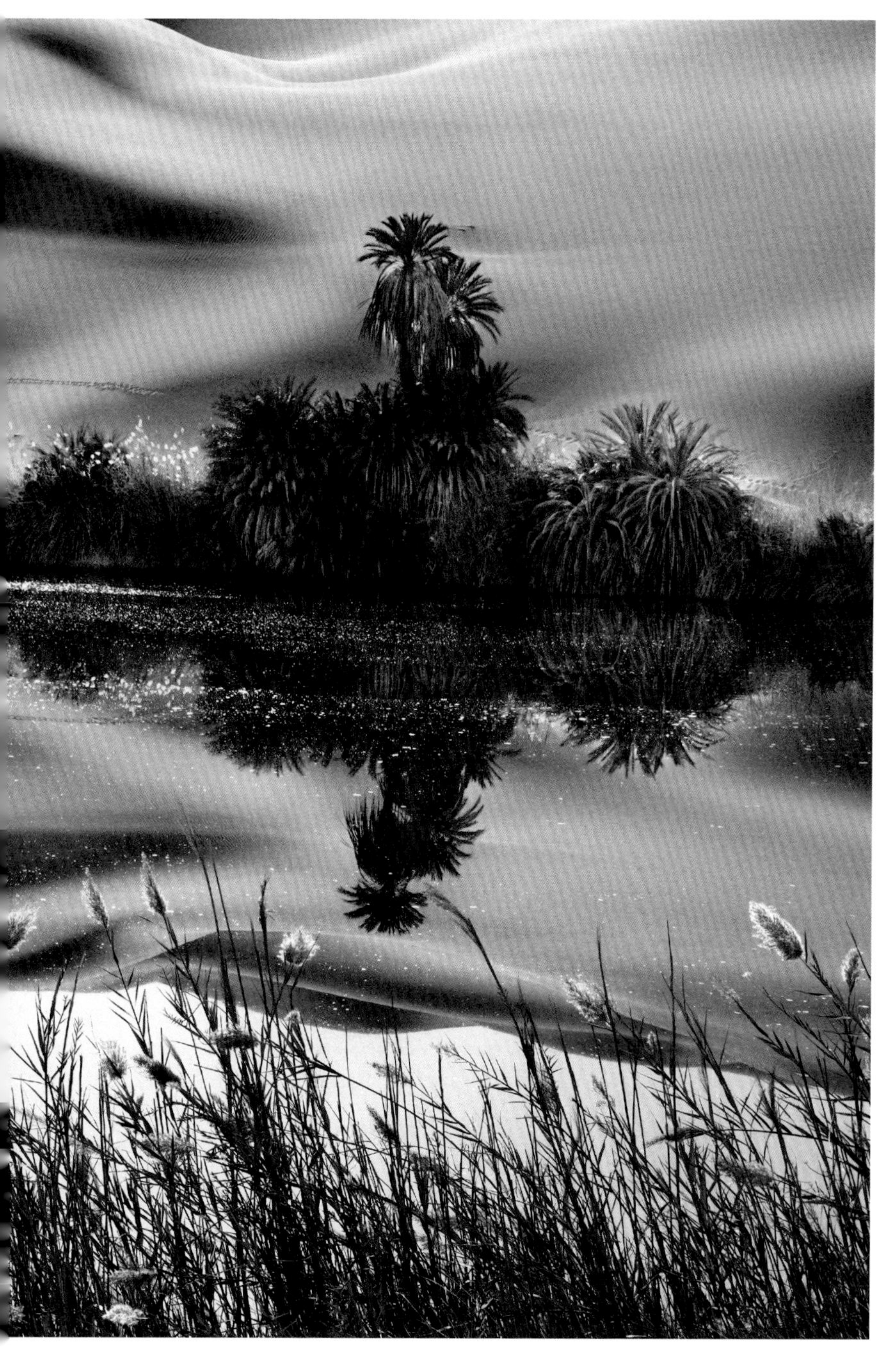

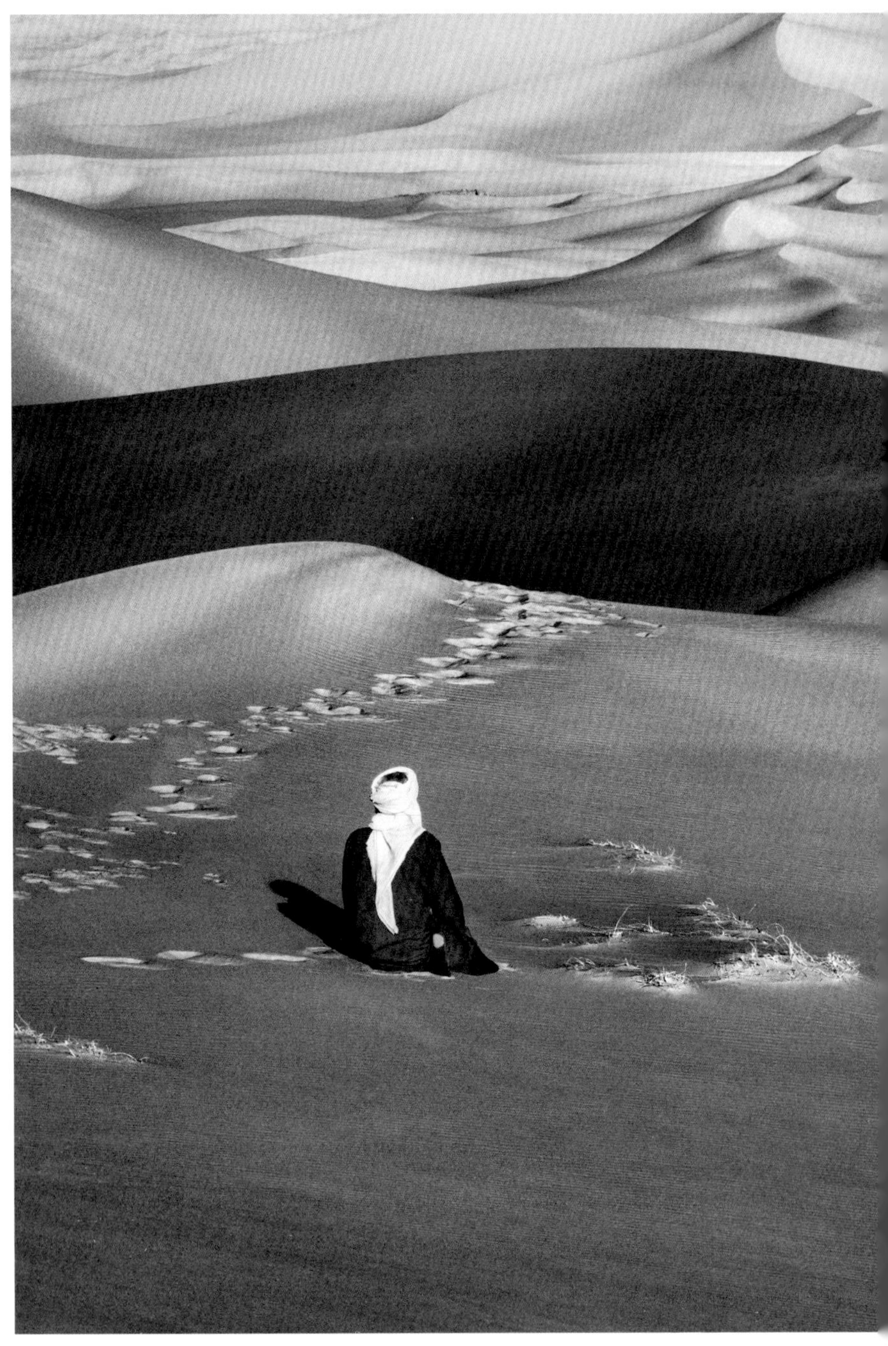

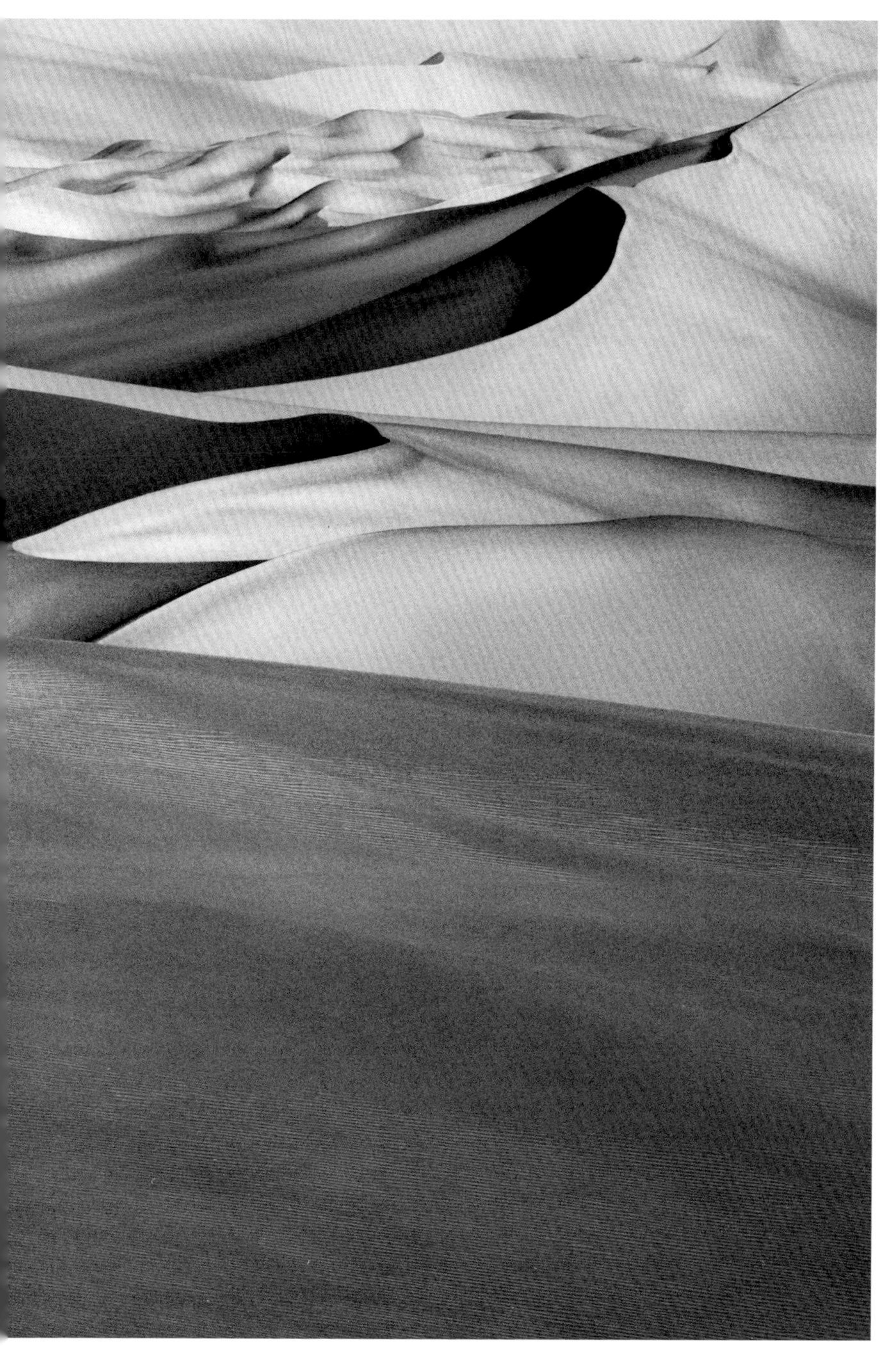

Páginas 92/93: El lago del cráter del volcán Bisoke, de 3711 metros de altura, se extiende entre Ruanda y la República Democrática del Congo. Unos dendrosenecios (*Dendrosenecio erici-rosenii*), visibles en segundo plano, cubren casi por entero la parte superior de la montaña. Ruanda. Mayo y junio de 2004.

Páginas 94/95: Las noches a veces son frías durante el invierno zambiano. Al amanecer, el agua de los lagos y riachuelos, aún tibia por efecto del sol del día anterior, se evapora, se condensa y forma extraños y bellos bancos de niebla. Visto desde un globo en el Parque Nacional de Kafue, a las 5.30 de la mañana. Julio y agosto de 2010.

Páginas 96/97: El Erg Ubari es una gran extensión de dunas que abarca unos 80 000 kilómetros cuadrados. Carece de agua dulce, pero contiene unos cuantos lagos salados concentrados en una zona conocida en árabe como «Ramla d'el Daouda», lo que significa «duna de los que comen gusanos». Hay más de 20 lagos de este tipo, aunque la mayoría se han secado tras la intensa extracción de agua subterránea para nuevos proyectos agrícolas. Libia. Enero y febrero de 2009.

Páginas 98/99: Grandes dunas en Maor, Tadrart. Al sur de Djanet. Argelia. Enero y febrero de 2009.

DINKAS DE SUDÁN DEL SUR

Paginas 101 a 105

Sudán del Sur tiene una mayor diversidad étnica que el norte de Sudán. Tres grupos tribales suman aproximadamente un 30 % de los habitantes de la región: los dinka, con una población de más de un millón de personas, seguidos por los nuer y los shilluk. Pero hay otros grupos importantes, como la etnia hamar, la toposa, la anuak, la murle, la bar, la moro-madi, la louko, la luo, la acholi, la lango, la didinga, la ber y la mondari. La mayoría de estas comunidades se conocen como etnias nilóticas porque sus lenguas tienen sus orígenes en antiguas lenguas nilo-saharianas y porque viven en la región del Alto Nilo. Sin embargo, algunos grupos se han desplazado al sur para encontrar pastos para su ganado y han adoptado distintas identidades, como los masái en Kenia y los tutsi en Ruanda y Burundi.

Estas fotografías muestran a unos dinka en sus campamentos ganaderos, en la región situada entre Rumbeck y Bor. Durante la temporada de lluvias, viven en poblados y cultivan cereales, como mijo, sorgo y maíz, mientras su ganado pace en ricos pastos. No obstante, durante la temporada de sequía, cuando el pasto desaparece de esta región semiárida, los dinka abandonan los poblados y se ponen en camino en busca de pastos frescos con todo su ganado, que a veces cuenta con más de 5000 cabezas. Acarrean pocas pertenencias pero llevan todo el cereal que necesitarán durante los largos meses de sequía. Cuando encuentran una zona con agua y pastura, montan sus campamentos ganaderos. Durante el día, los animales pueden caminar varios kilómetros para pacer y beber, mientras que por la noche se les conduce de vuelta a los campos.

Las vidas de los dinka son inseparables de las de su ganado. Cada mañana, utilizan la orina de las vacas para lavarse la cara, pero también la añaden a la leche fresca como conservante. Además recogen el estiércol de vaca que, una vez secado al sol, se quema por la noche para ahuyentar a los mosquitos atraídos por el ganado. Después cubren a sus animales y a sí mismos con las cenizas, lo que esteriliza las mordeduras de insectos y parásitos.

Página 101: En la población de Ger, la representación simbólica de unos cuernos está tallada en la pared interior de una casa tradicional. Sudán del Sur. Febrero y marzo de 2006.

Páginas 102/103: Campamento ganadero de Amak al final del día, cuando la manada ha regresado para pasar la noche. Este es el momento de mayor actividad en el campamento. En esta fotografía pueden verse varias pilas de boñigas ardiendo; el humo aleja los insectos del campamento. Sudán del Sur. Febrero y marzo de 2006.

Páginas 104/105: Campamento ganadero de Kei. Los dinka eligen los mejores toros para el apareamiento y los identifican dando una forma distintiva a los cuernos de los animales a medida que crecen. Sudán del Sur. Febrero y marzo de 2006.

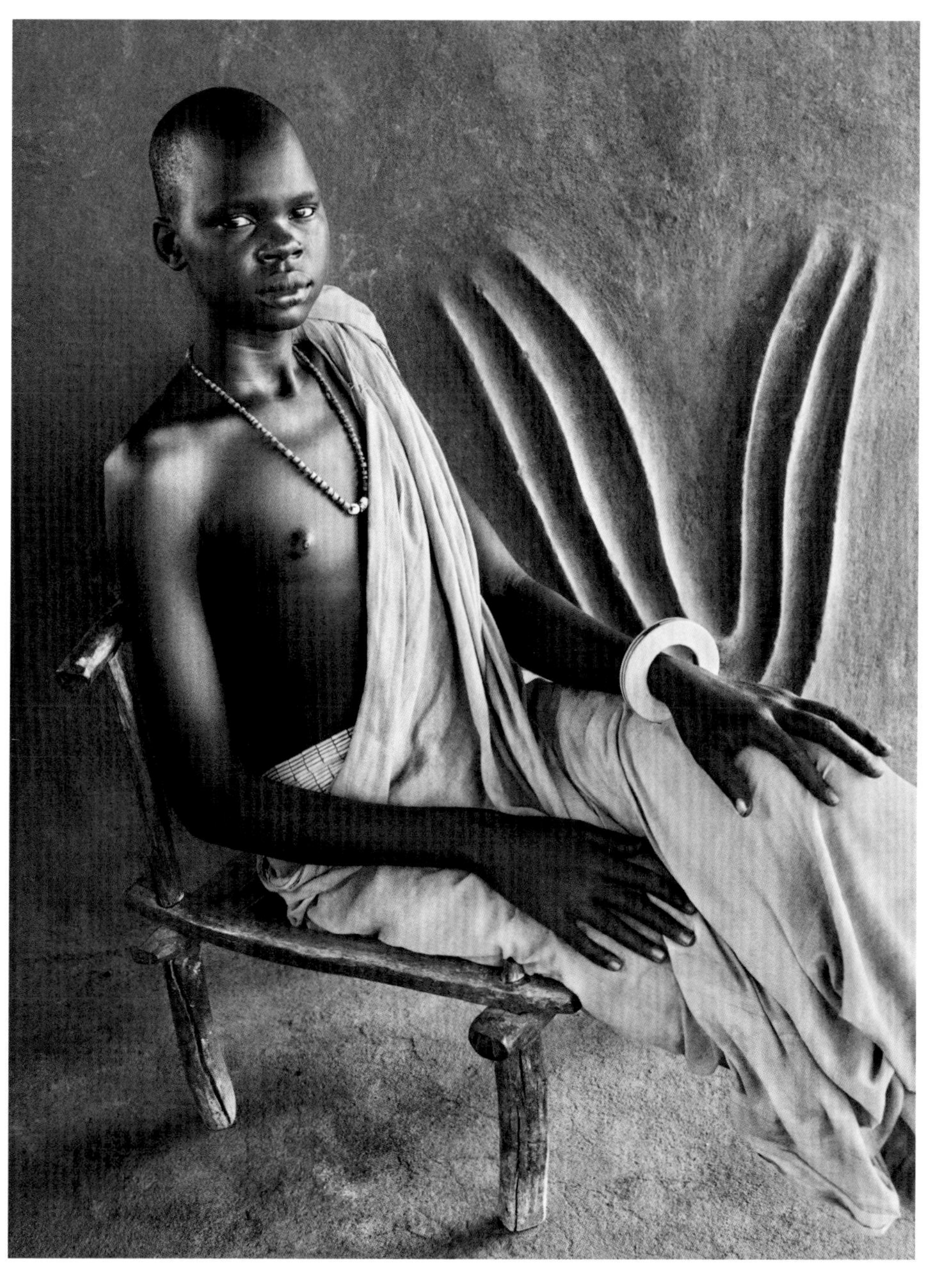

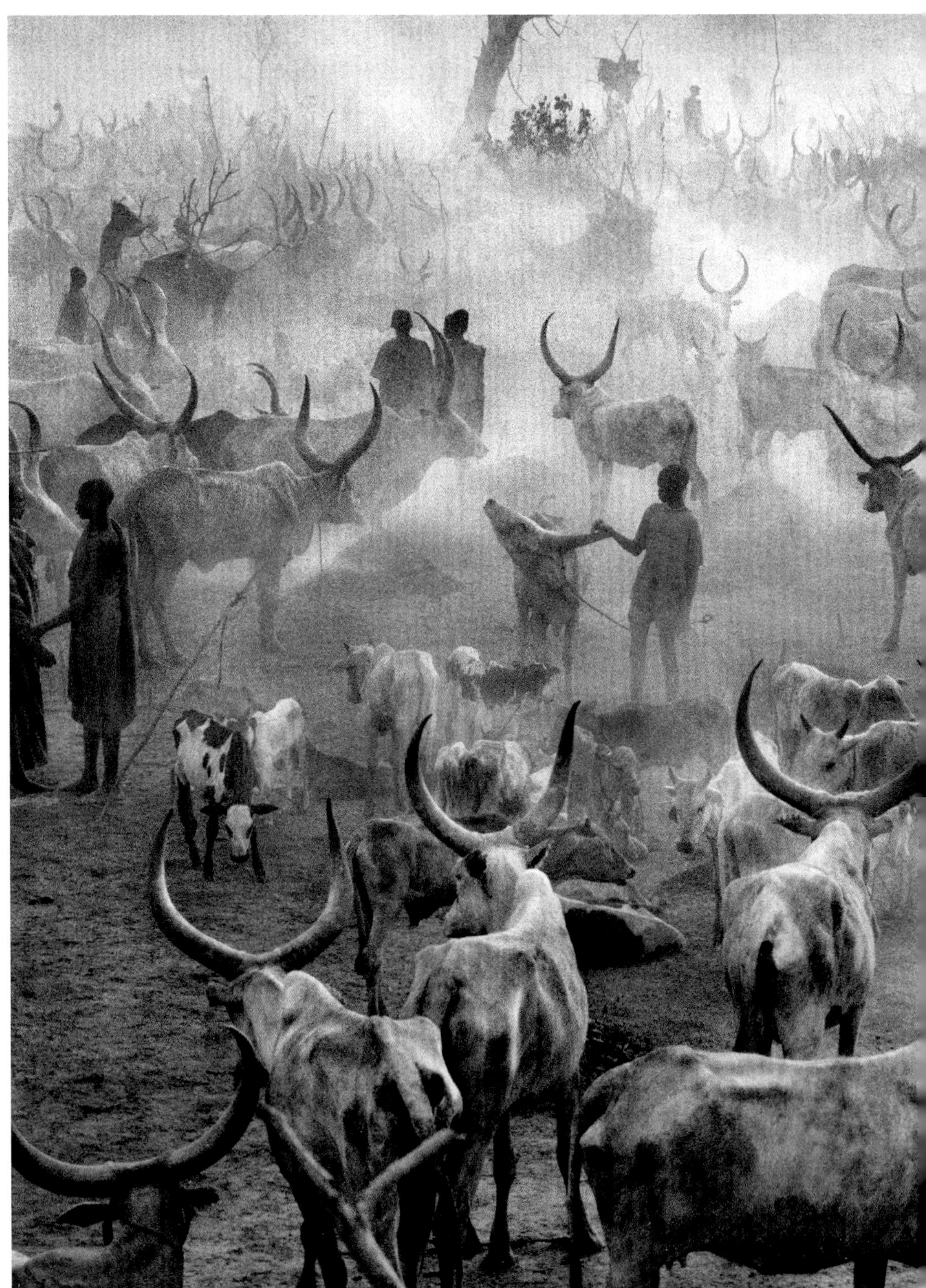

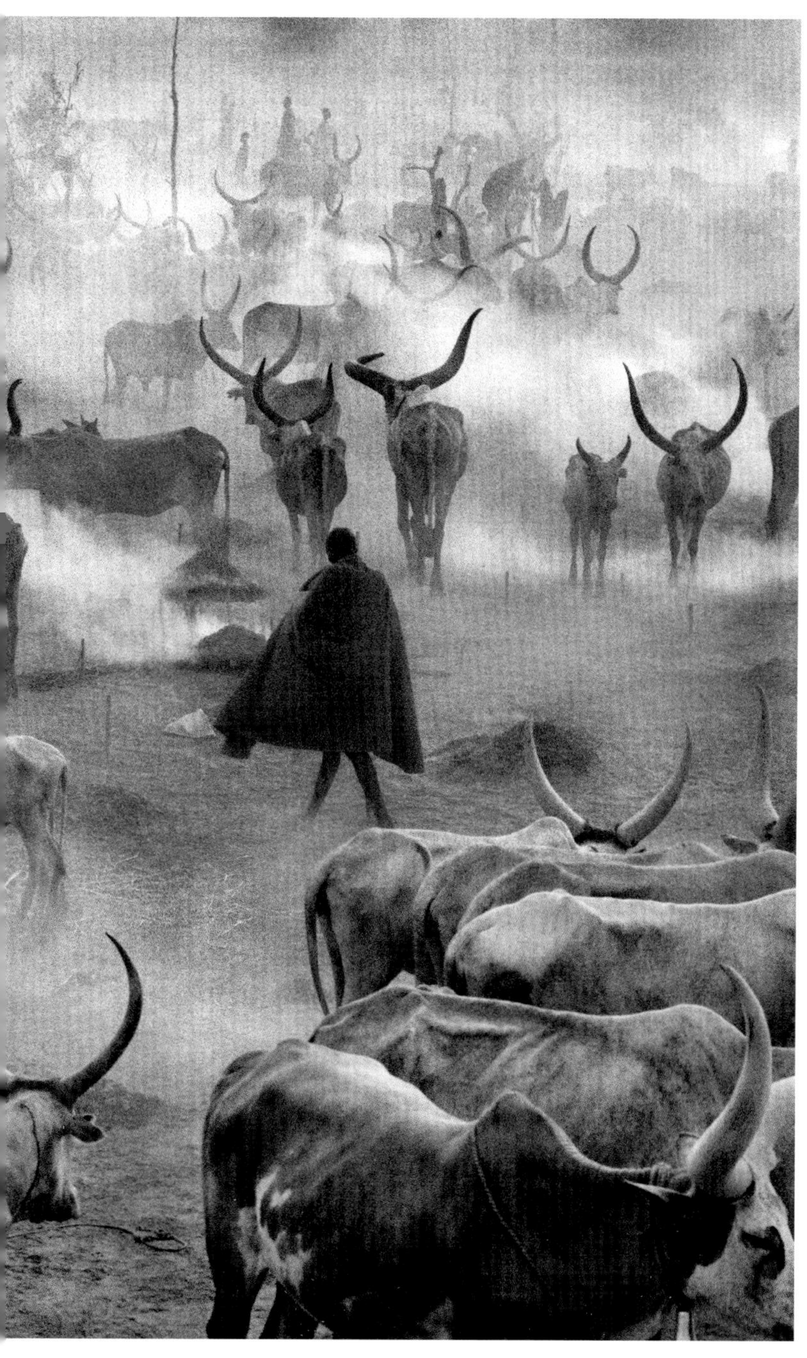

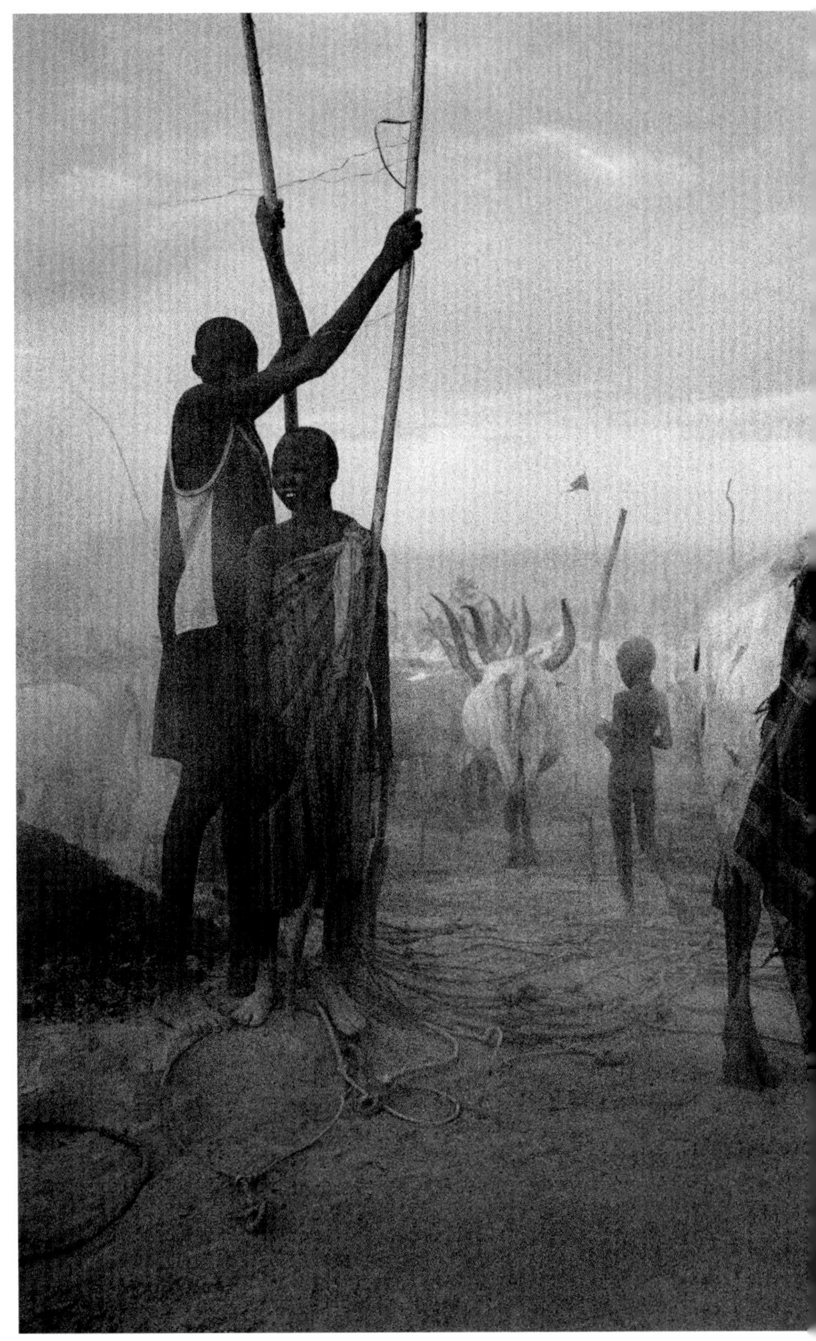

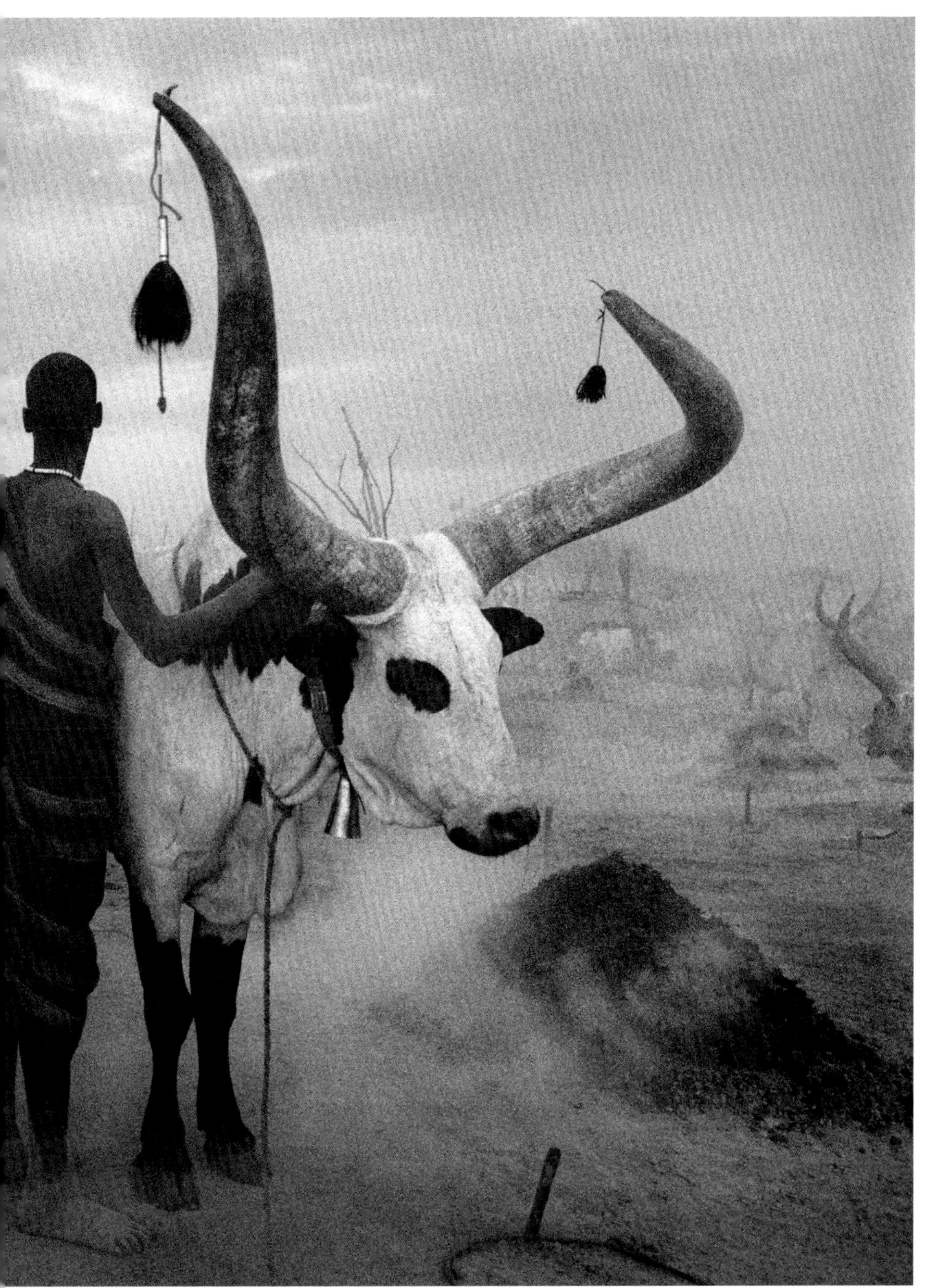

LOS HIMBA

Páginas 107 a 109
Los himba de Kaokoland (Namibia) son pastores seminómadas de ganado que viven en pequeños grupos y dependen de encontrar agua y pastos para sus reses. Están dispersos por todo el norte de Kaokoland, donde la proximidad del río Kunene hace que sean aceptables las condiciones de vida tanto de los seres humanos como del ganado. Los himba han tenido una historia complicada. Conocidos como los herero en el siglo XVI, emigraron de la provincia de Moçamedes (Angola) hacia el río Kunene. Llamaron *okaoko* a la tierra situada a su izquierda, término del que derivaron Kaokoveld y, posteriormente, Kaokoland. Más tarde, cuando el principal grupo herero emigró al centro y al este de Namibia, un grupo más pequeño permaneció en la árida y montañosa Kaokoland. A mediados del siglo XIX, estos herero fueron víctimas de las bandas de ladrones de ganado, cayendo en la pobreza extrema. Los herero del sur comenzaron a llamarlos *tjimba-herero*, que significa «herero miserables». Muchos tjimba huyeron a Angola cruzando el río Kunene para buscar refugio en la tribu ngambwe, que dio en llamarlos *ovaHimba* («mendigos»). Con el tiempo, recuperaron sus manadas de vacas y, cuando regresaron por fin a Kaokoland, se quedaron con el nombre de himbas.

Página 107: Grupo de himbas en Orutanda compuesto casi exclusivamente por mujeres, puesto que sus hombres se habían marchado con su ganado en busca de agua y pastos. Kaokoland. Namibia. Octubre y noviembre de 2005.

Páginas 108/109: Un grupo de himbas en Omuramba, cerca de las montañas Zebra en Kaokoland. Namibia. Octubre y noviembre de 2005.

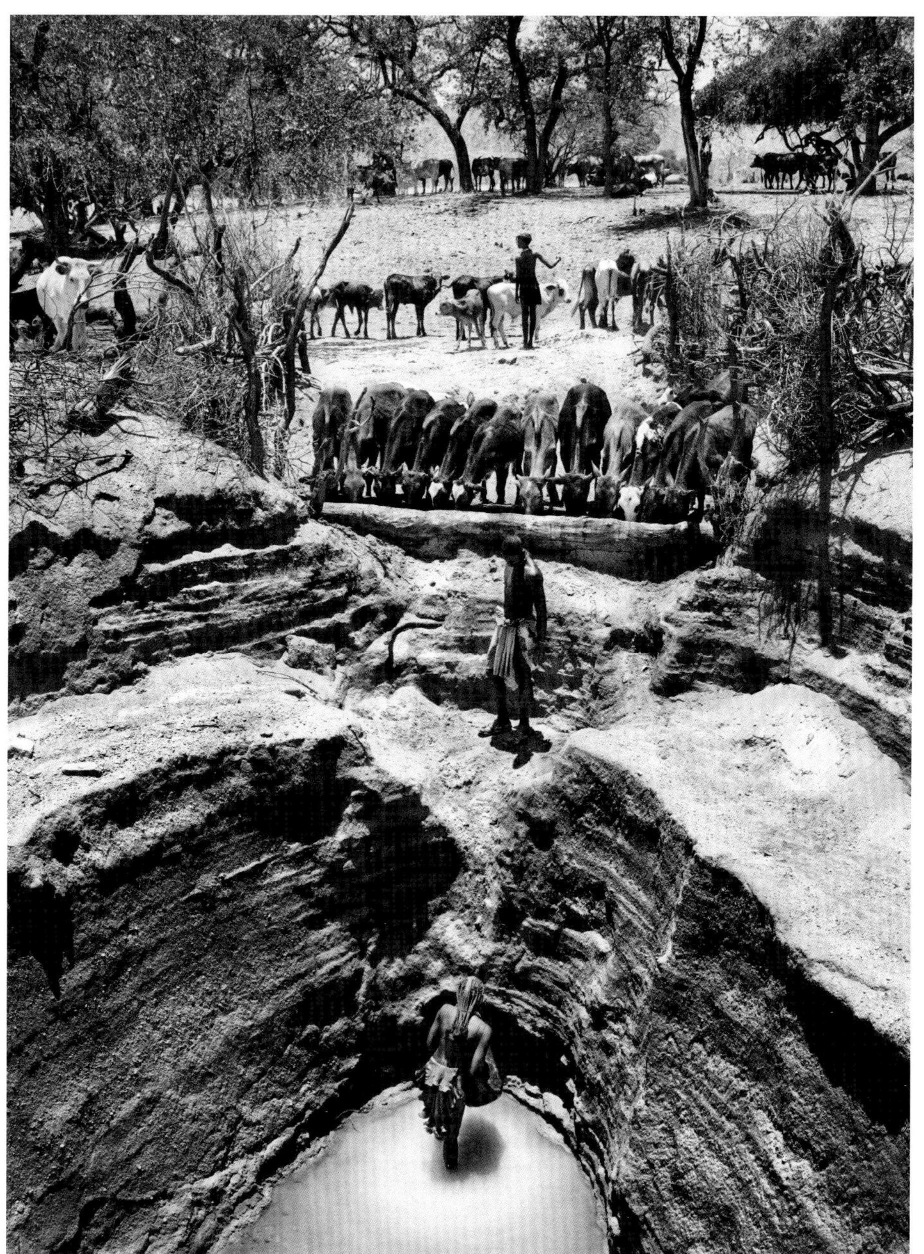

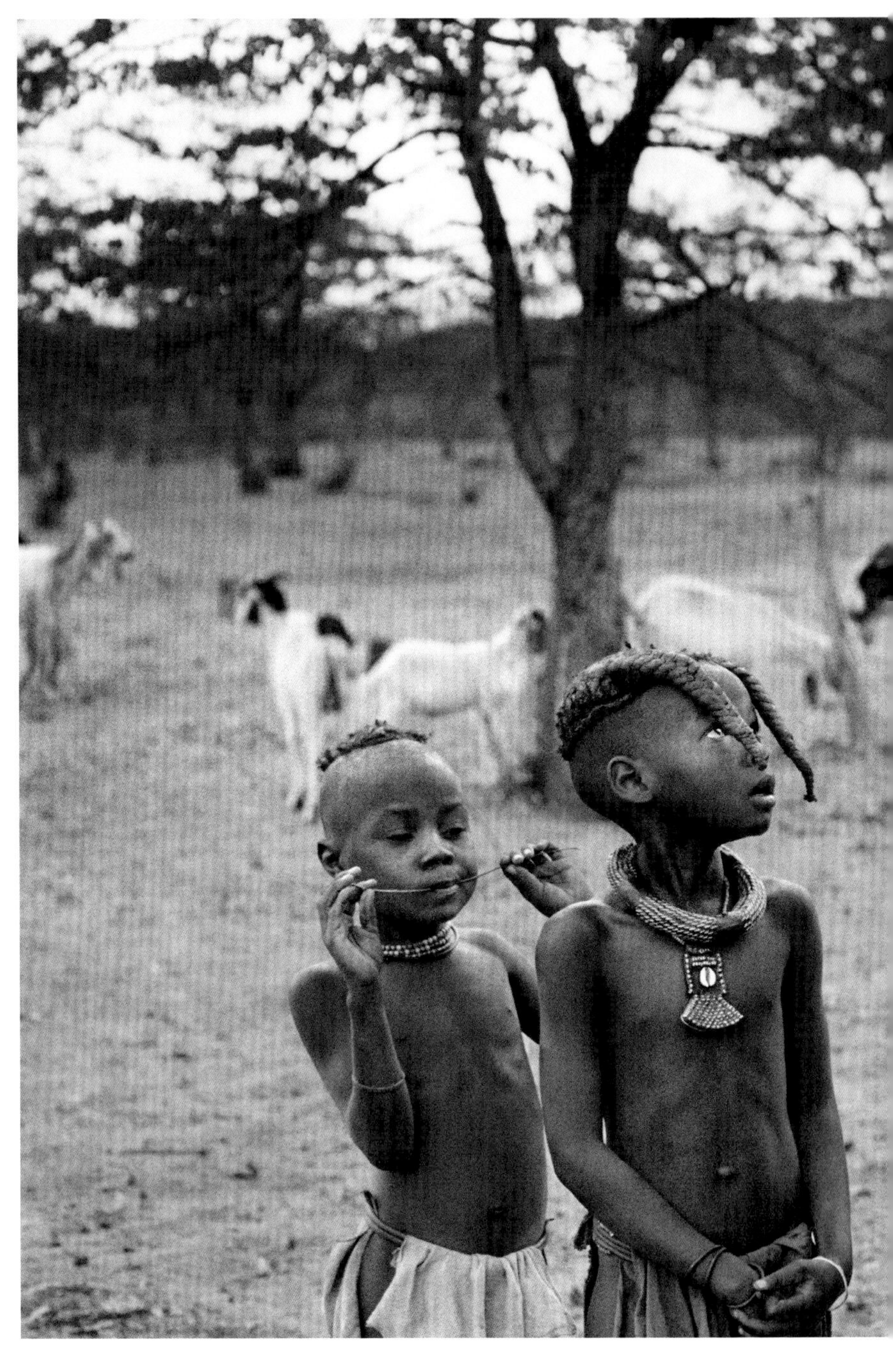

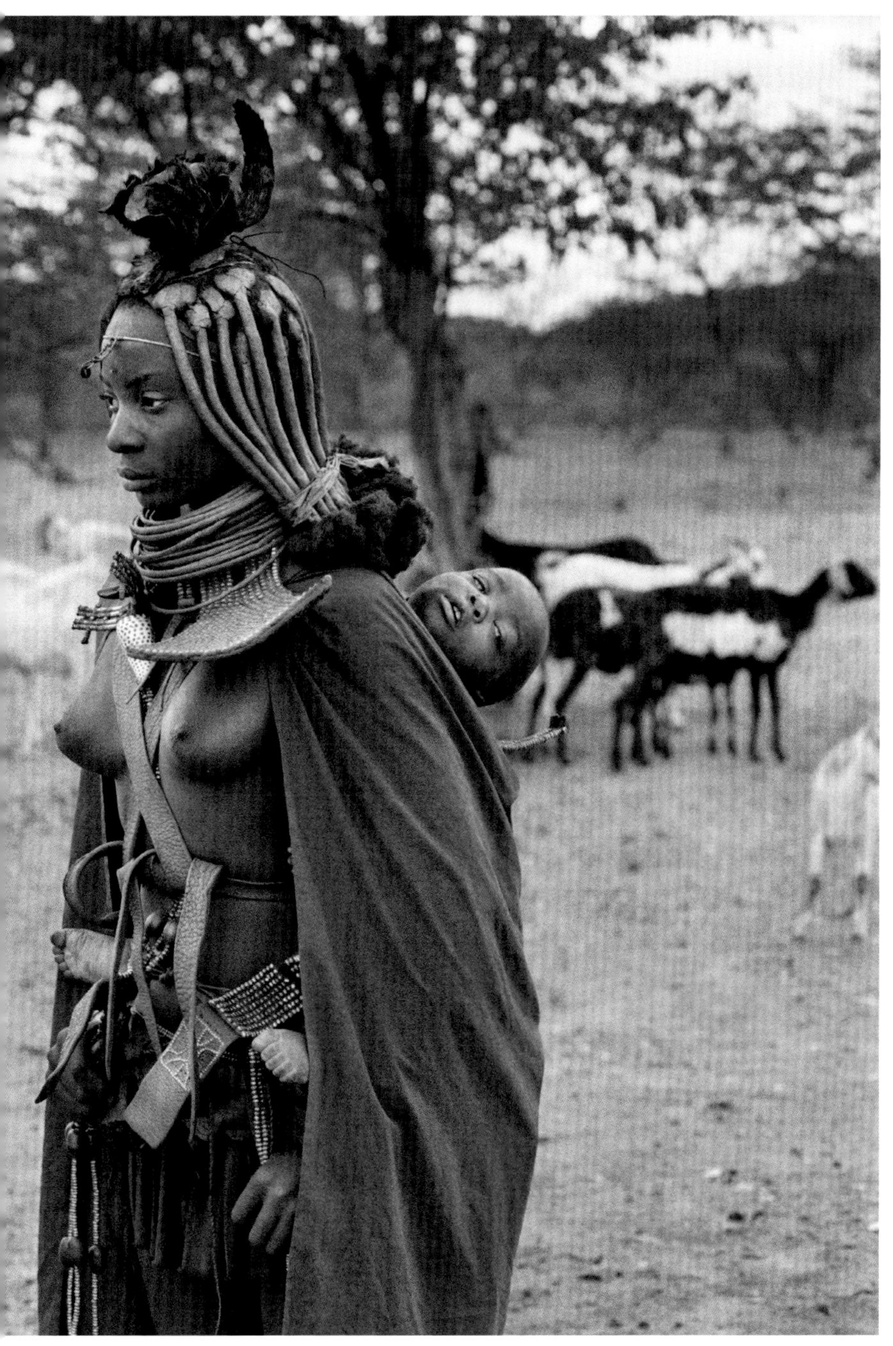

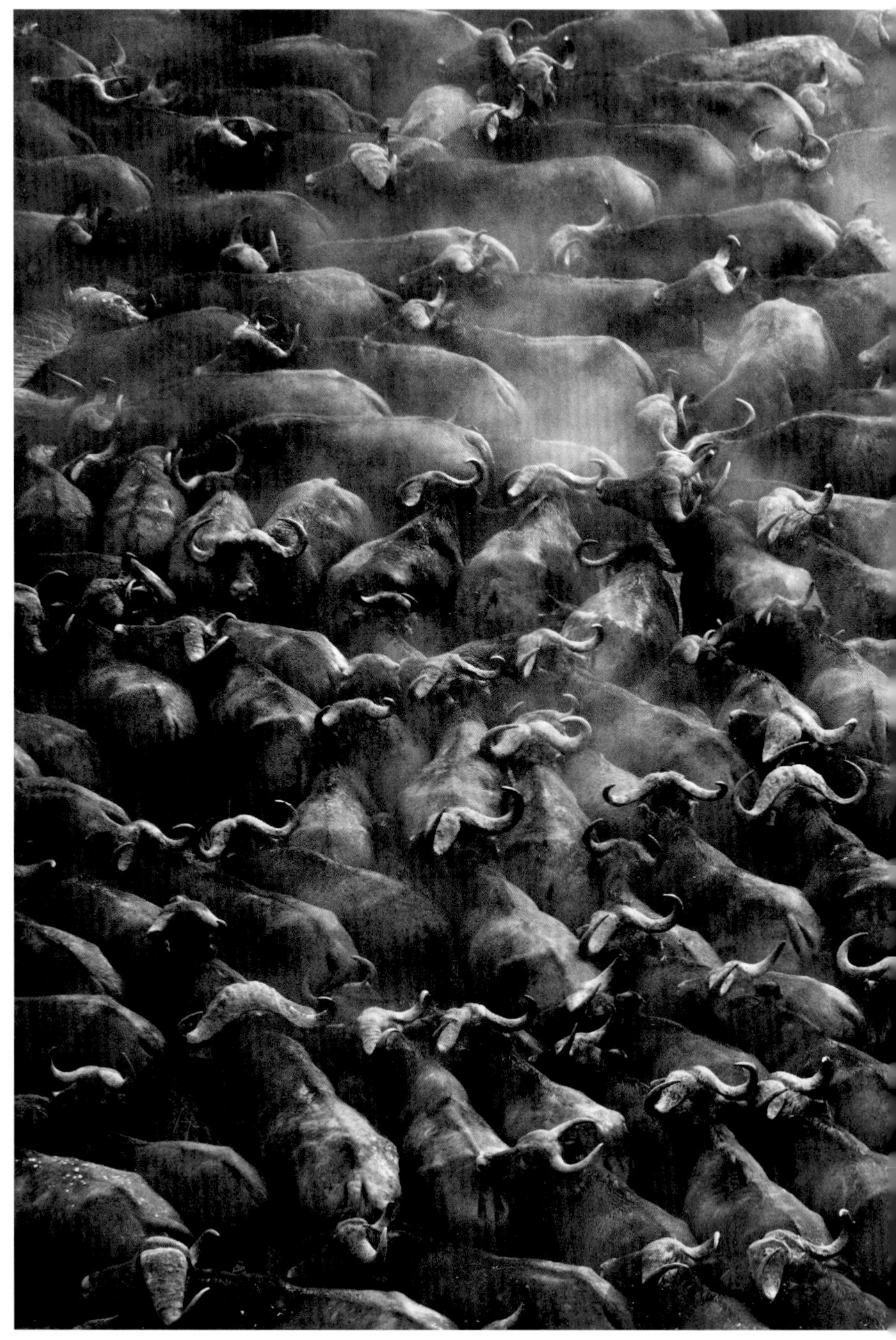

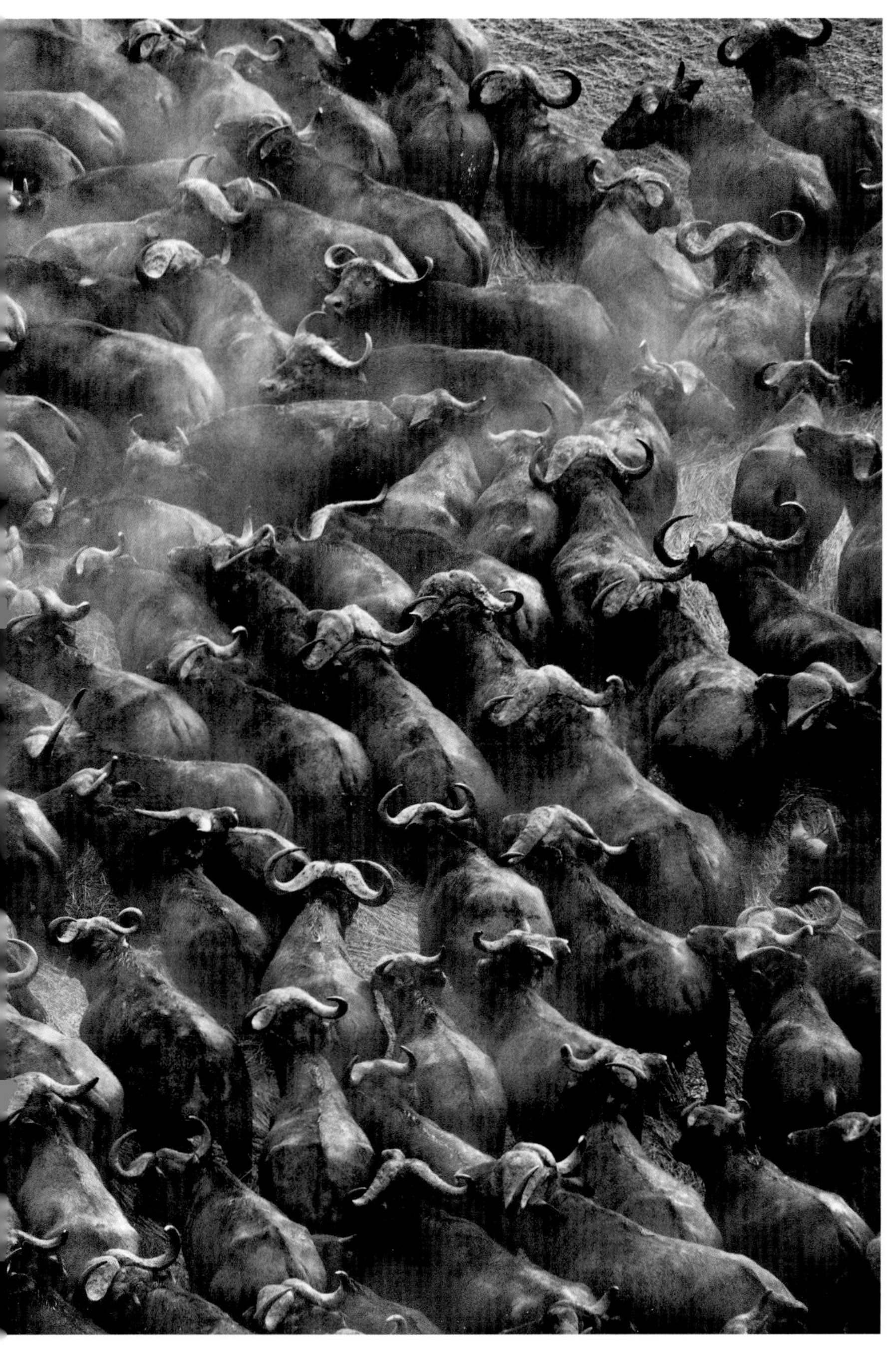

Páginas 110/111 y 113: Los animales se asustan cuando escuchan un helicóptero volando por encima de ellos, lo cual es comprensible, pero en globo pudimos acercarnos a esta manada de búfalos (*Syncerus caffer*) sin inquietarlos. Los globos, no obstante, plantean otros problemas. Es crucial volar a primera hora de la mañana, antes de que las espirales de aire caliente que surgen del suelo causen peligrosas turbulencias. También existe el riesgo de que el viento pueda hacer que el globo se desvíe de su rumbo. Parque Nacional de Kafue. Zambia. Julio y agosto de 2010.

Páginas 114/115: Los elefantes africanos de sabana (*Loxodonta africana*) son tanto diurnos como nocturnos y forman manadas desde tan solo seis animales hasta nada menos que 200, con una hembra como líder. Río Chobe. Botsuana. Junio y julio de 2007.

Páginas 116/117: El león (*Panthera leo*) es el más grande de la familia de los félidos africanos: los machos pesan entre 180 y 240 kilos y las hembras entre 120 y 180 kilos. Los cachorros nacen en cualquier época del año tras un periodo de gestación que dura unos 110 días. En esta fotografía vemos a dos hermanos descansando tras una noche de caza para prepararse para la siguiente cacería nocturna. Los machos jóvenes son expulsados del grupo por el macho líder cuando son lo bastante fuertes como para crear su propio grupo. Parque Nacional de Kafue. Zambia. Julio y agosto de 2010.

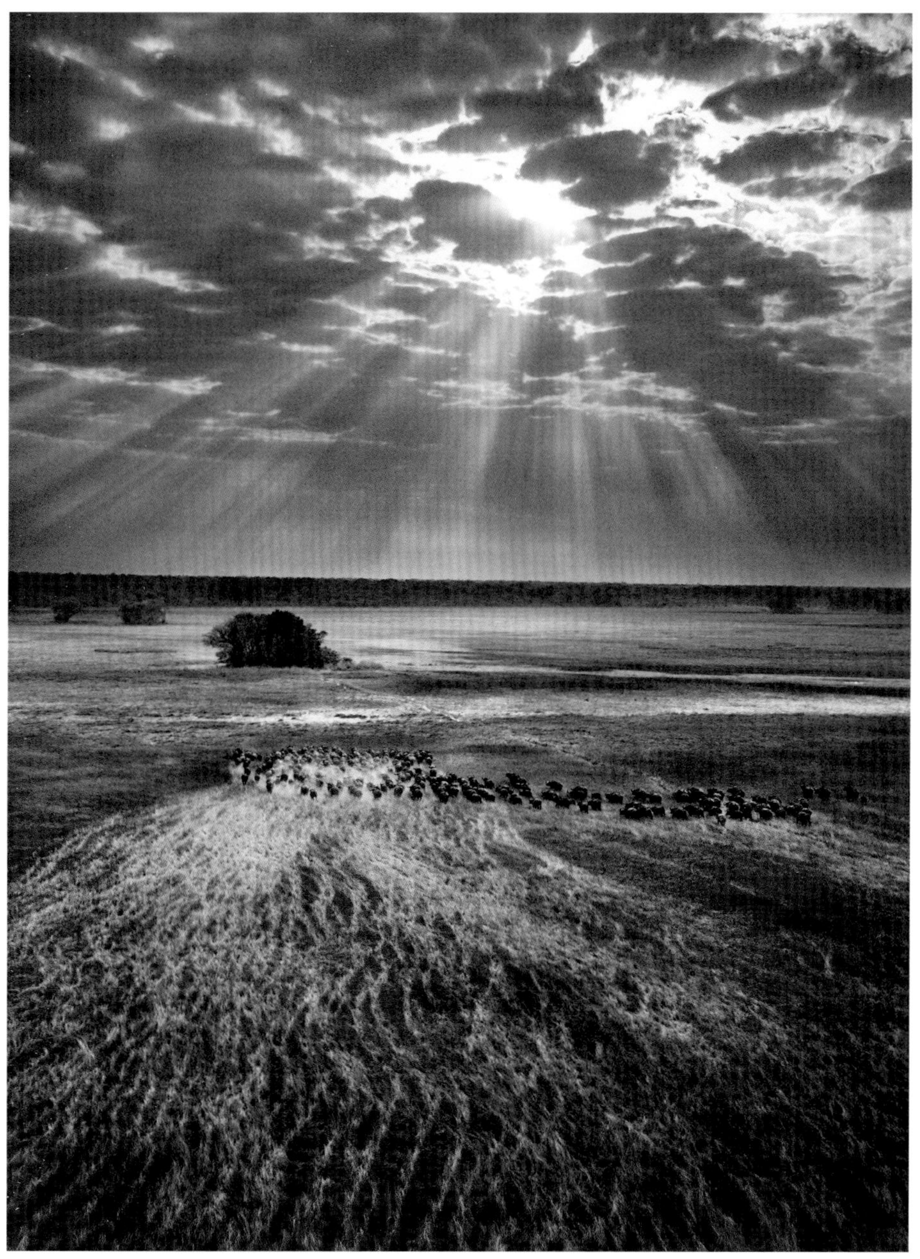

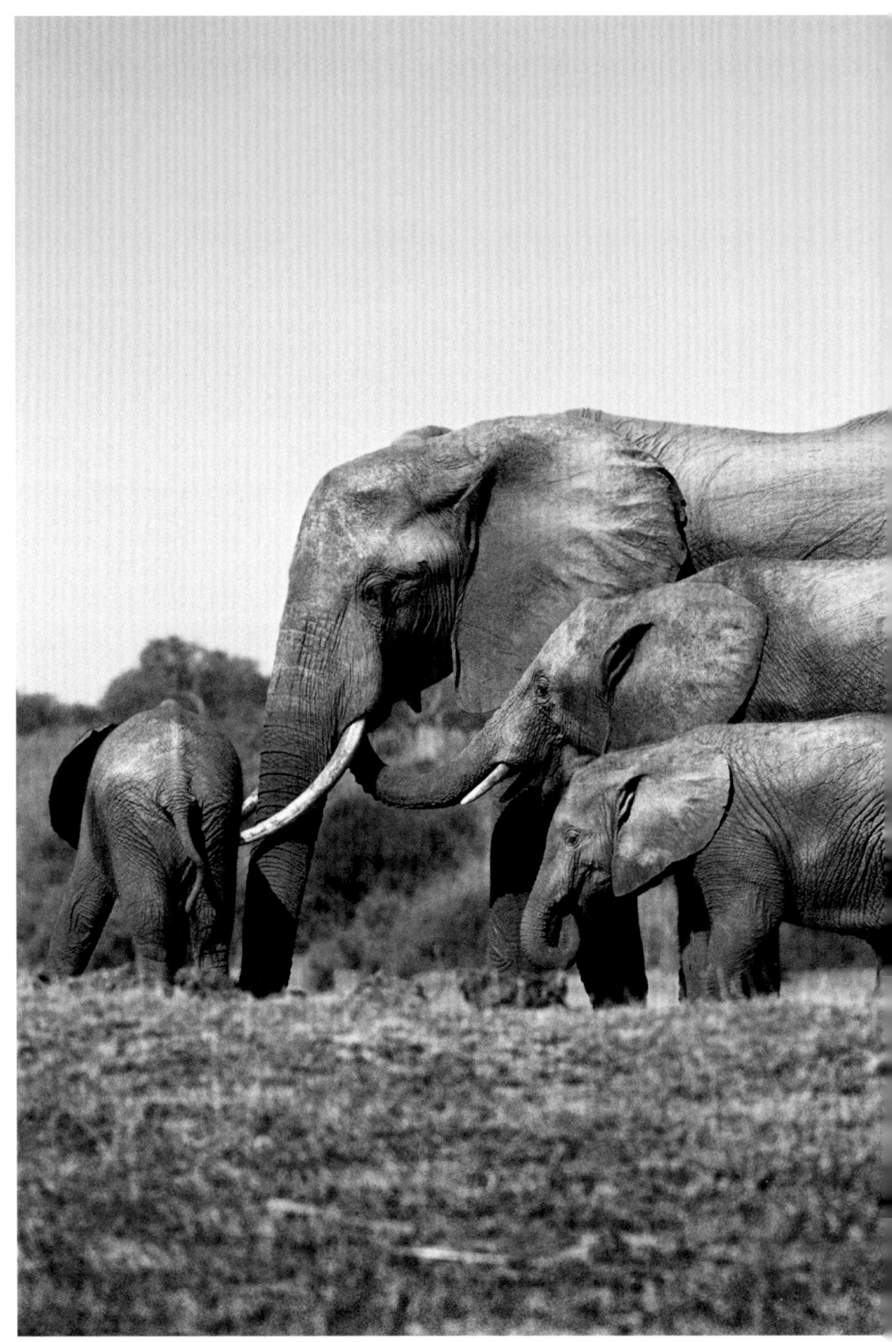

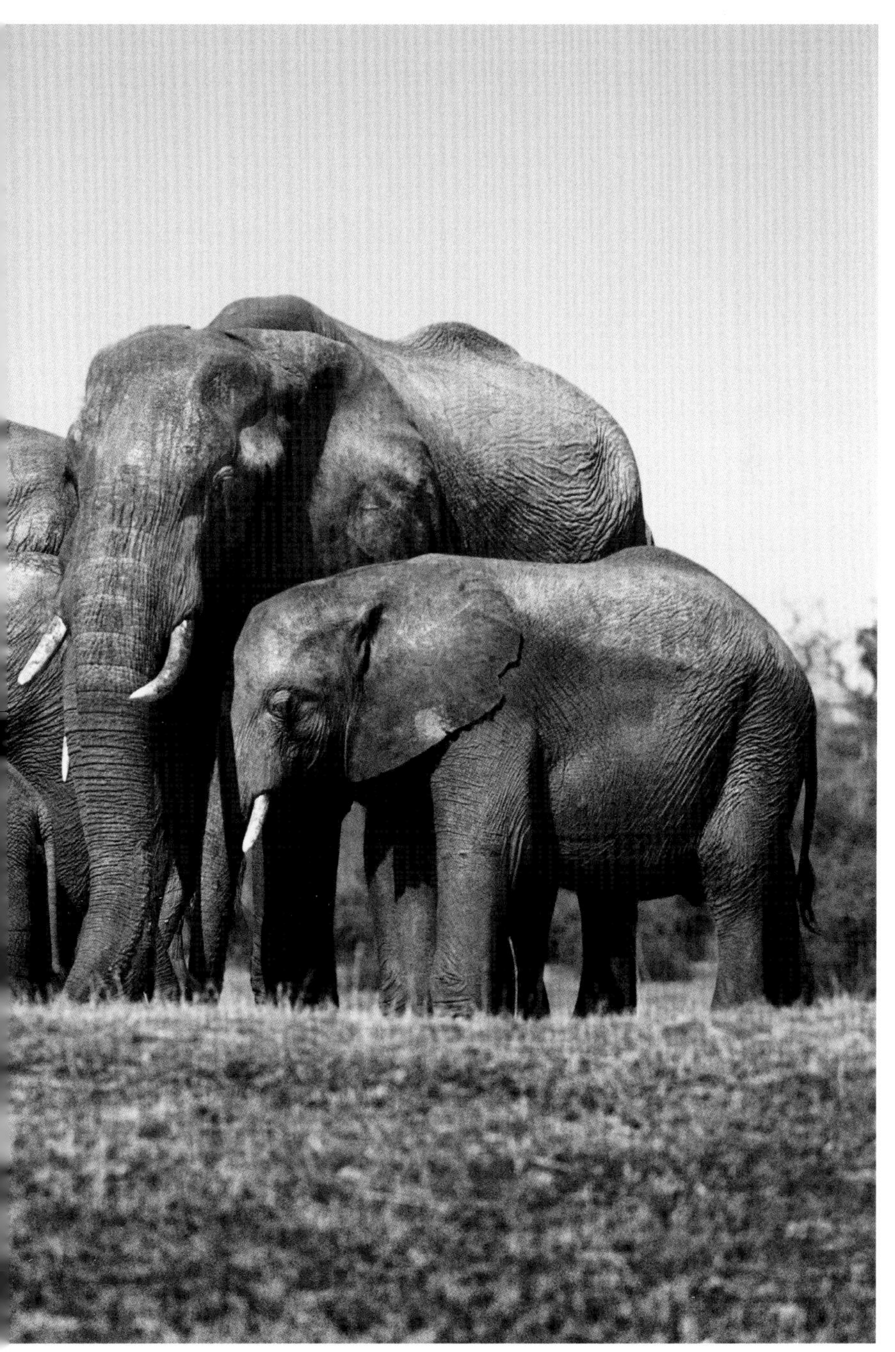

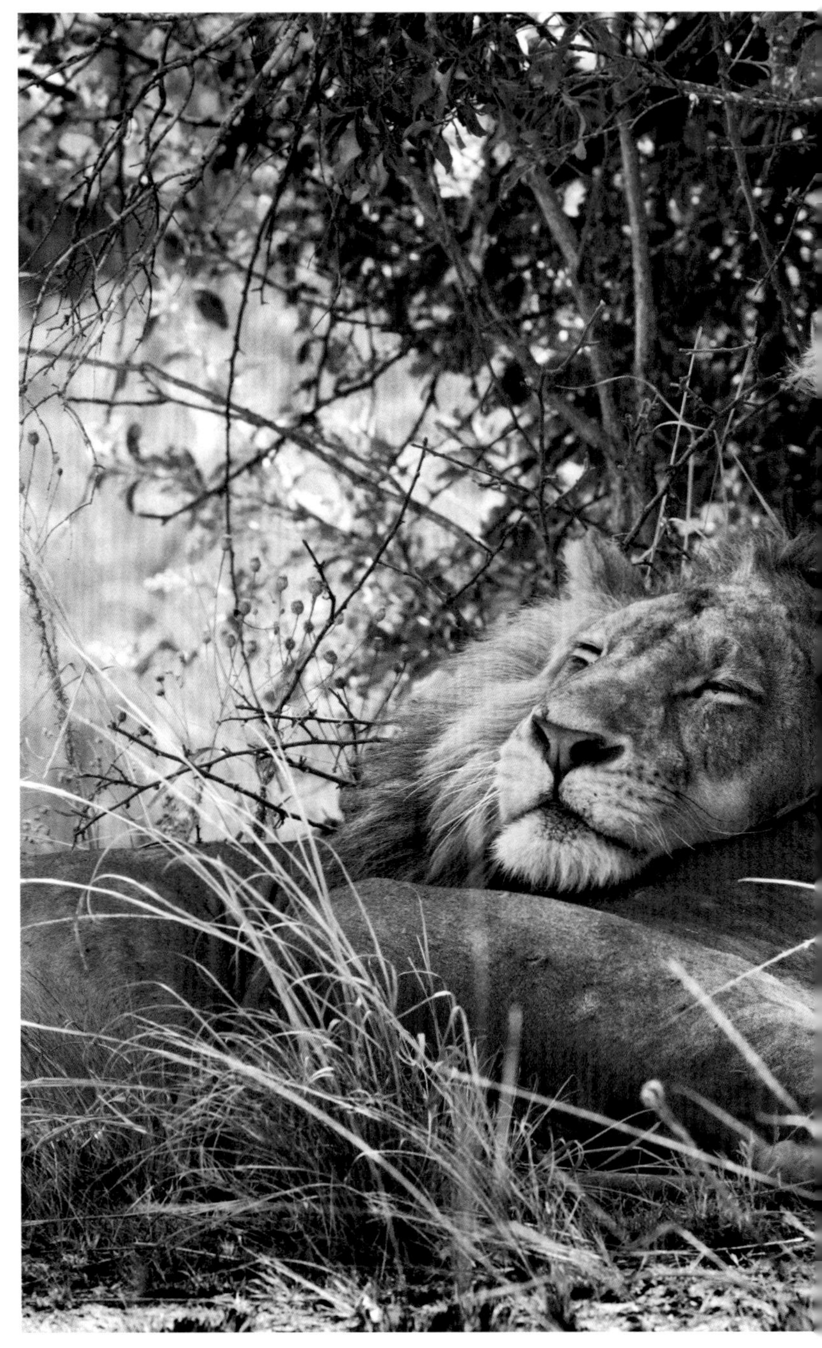

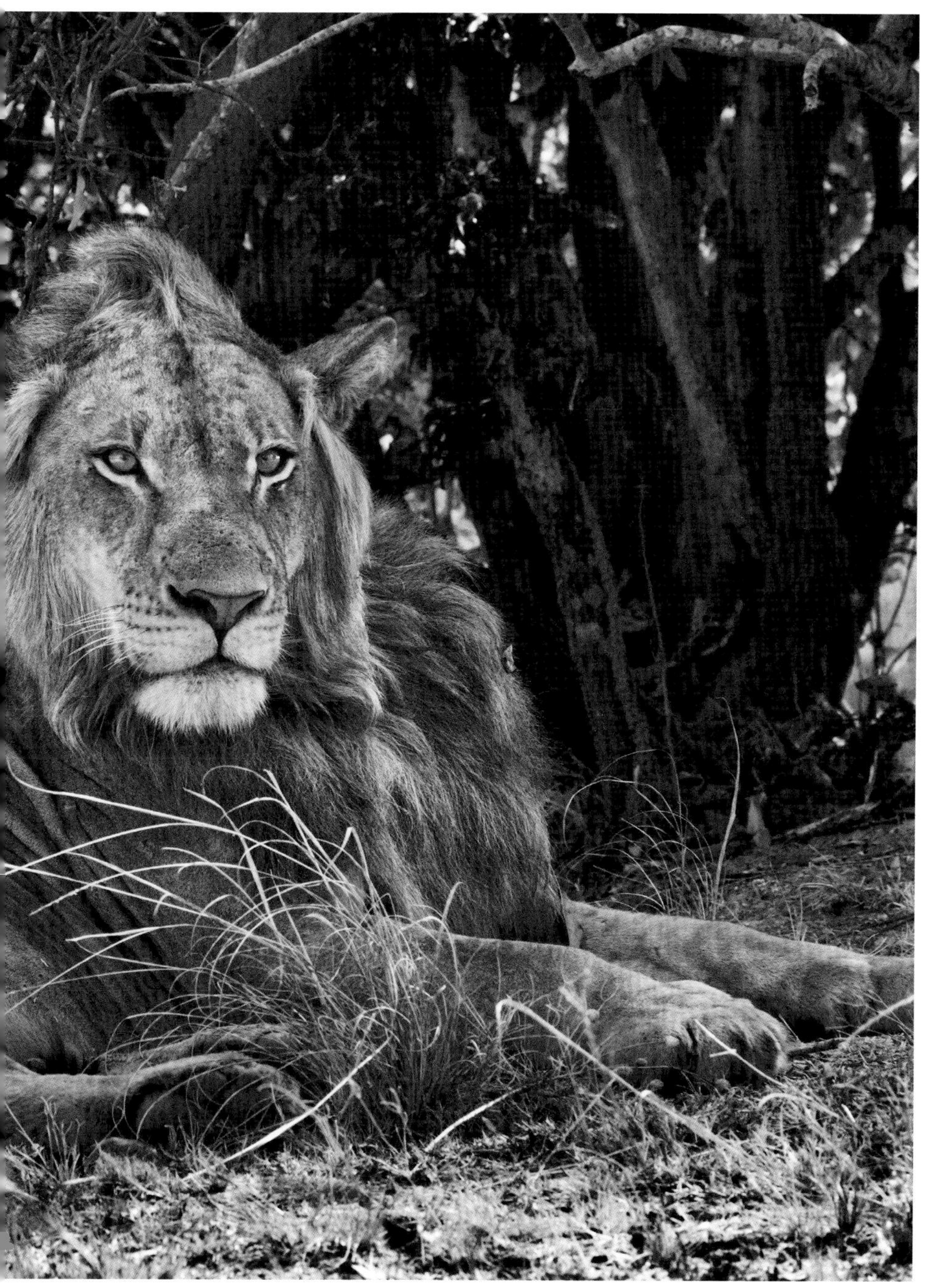

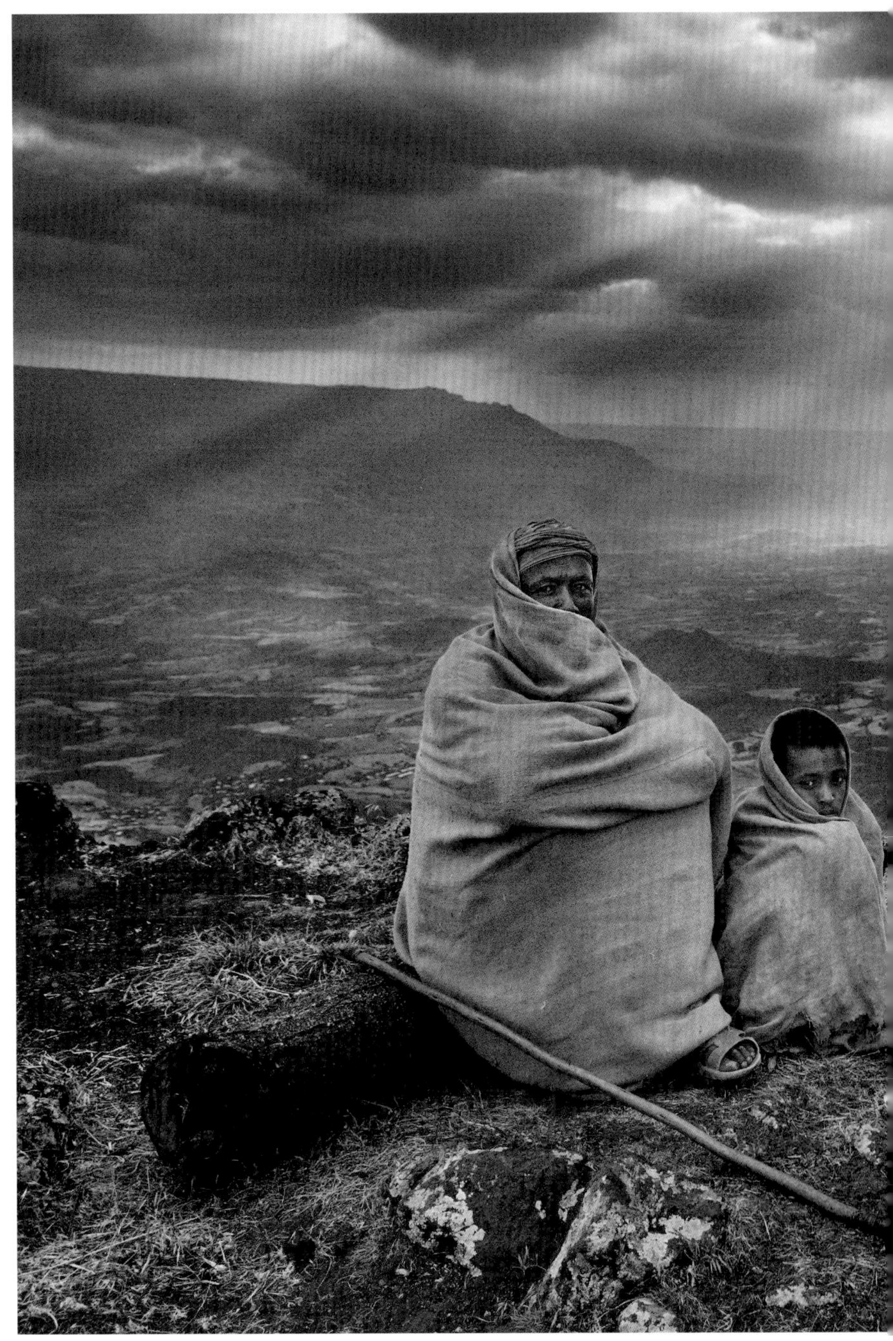

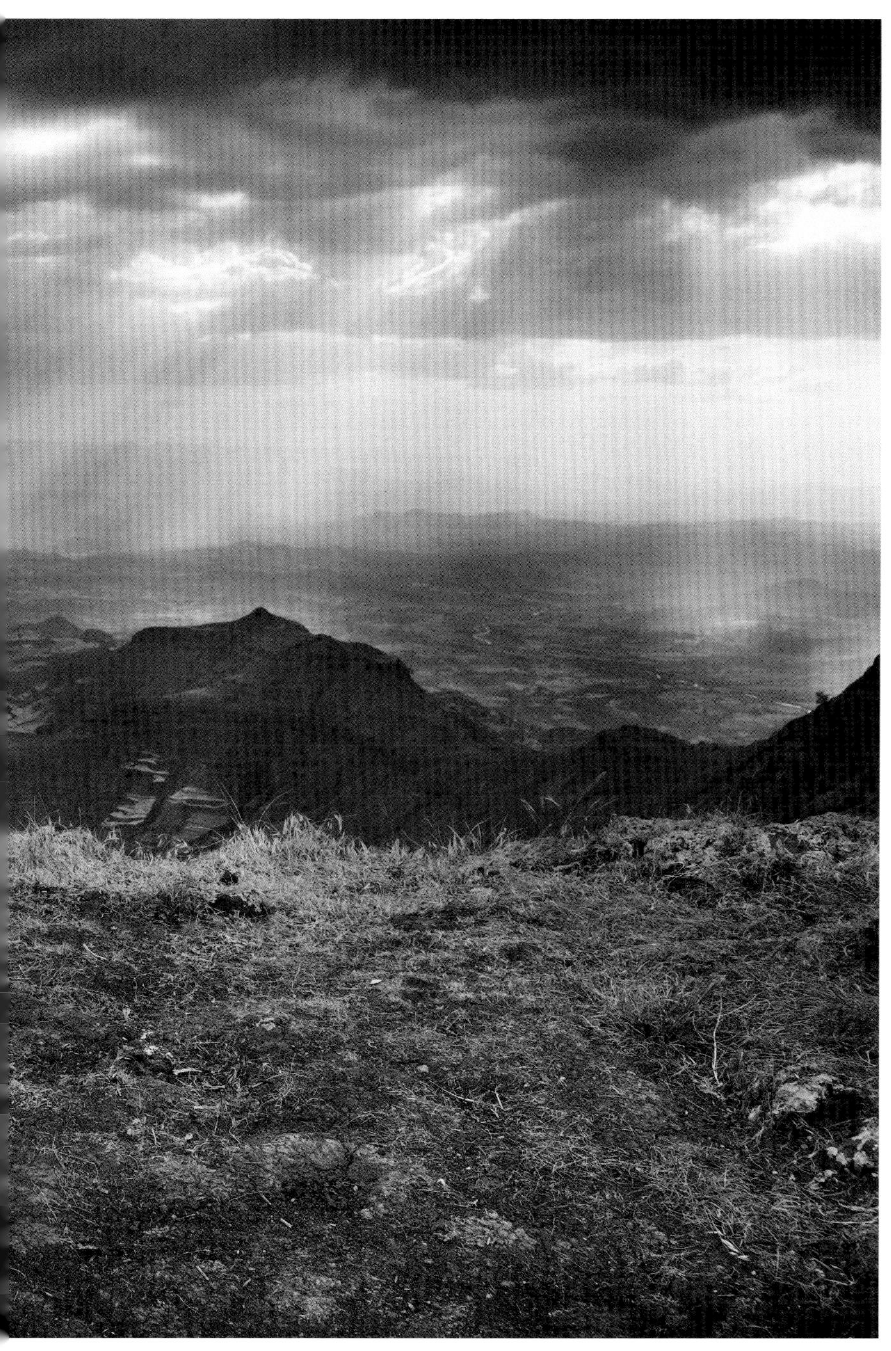

VIAJE POR EL ANTIGUO TESTAMENTO

Páginas 118 a 123

La Etiopía moderna ha sido azotada por la inestabilidad política, las guerras y las hambrunas engendradas por las sequías, pero también es un país que conserva los vestigios de una de las civilizaciones más antiguas del mundo. Este viaje me llevó a través de una región extraordinariamente remota del norte de Etiopía donde, en muchos sentidos, el tiempo se ha detenido. Allí se pueden hallar algunas de las comunidades cristianas más antiguas del mundo, cuya vida, prácticas agrícolas y forma de culto han cambiado poco en siglos. Además, es una zona de escarpadas montañas cortadas en imponentes cañones por ríos que transportaban la tierra para llevar fertilidad al lejano valle del Nilo, muy al norte. La región es tan inaccesible que solo se puede llegar a pie. Como era de esperar, fue muy complicada la logística necesaria para lo que se convirtió en una excursión de 55 días por más de 800 kilómetros. Para transportar todo lo necesario para trabajar, comer y dormir, arrendé 15 burros, cada uno acompañado por su amo. Durante las escaladas más difíciles, los amos llevaban parte de la carga de los burros para proteger su más preciada posesión. Aun así, cinco burros murieron de agotamiento y, claro está, compensamos a sus amos por la pérdida.

Nuestro viaje comenzó en Lalibela, una de las poblaciones cristianas más antiguas de Etiopía, famosa por sus 11 iglesias ortodoxas talladas en la roja roca volcánica en el siglo XII. De allí, nos dirigimos hacia el nordeste, y tardamos una semana en llegar al altiplano del Abune Yosef, a 4200 metros sobre el nivel del mar. Por el camino, atravesamos poblados cristianos donde un agujero en la ladera de un cerro señalaba la entrada a una iglesia-cueva. Algunas antiguas tradiciones cristianas sobreviven: los miércoles y los viernes, los creyentes se niegan a consumir ningún producto de origen animal, como la leche o la carne. Sus biblias y documentos religiosos están escritos en pieles de animales. Los sacerdotes del lugar pueden casarse y trabajan en el campo, pero disfrutan del privilegio de ser miembros del consejo de la iglesia.

A medida que viajábamos hacia el oeste, las montañas retrasaban nuestra progresión, ya que se hicieron necesarias largas caminatas para bajar y subir por empinadas pendientes a fin de avanzar tan solo unos pocos kilómetros en el mapa. Pero seguíamos topándonos con comunidades agrícolas que cultivaban cereales en antiguas terrazas y criaban ganado que las proveía de leche para elaborar yogur y queso; allí, por lo menos, no vimos indicio alguno de que pasasen hambre. En algunas zonas, los diseños de mosaico de los campos cultivados se extendían hasta donde alcanzaba la vista. Debido a que sobrevivían muchas lenguas y numerosos dialectos en una zona relativamente pequeña, consecuencia del aislamiento impuesto por el terreno montañoso, teníamos que cambiar de guías cada dos o tres poblados. Cuando era posible, también solíamos pasar dos o tres días en los poblados para tener tiempo de explorar las zonas aledañas, y para que nos aceptasen los aldeanos. Además, puesto que algunos días caminábamos hasta 35 kilómetros, agradecíamos el descanso. La mayoría de las familias vivían en cabañas redondas, con paredes hechas de madera y adobe. Su dormitorio estaba en un entrepiso de madera, directamente encima de sus animales, cuyo calor corporal aportaba una grata calidez a una altitud de 3000 metros sobre el nivel del mar.

Finalmente, nuestro viaje nos condujo a la región habitada durante mucho tiempo por los judíos etíopes, conocidos como falashas o, de manera más oficial, Beta Israel. Las raíces de esta comunidad siguen siendo un misterio, aunque la leyenda cuenta que sus miembros descienden de Melenik I, al parecer, hijo del rey Salomón y de la reina de Saba. En las décadas de 1980 y 1990, casi el 85% de los 140000 falasha emigraron a Israel, pero las tradiciones y los valores judeocristianos siguen vigentes en los hogares y las escuelas. Los etíopes del lugar también vigilan los cementerios judíos. Por fin, llegamos al Parque Nacional de Simien, una zona intacta que alberga muchas especies raras, como el gelada, el lobo etíope y la cabra montesa de Etiopía, única de esta región. Allí, como durante gran parte del viaje, el mundo desarrollado pertenecía a otra época.

Páginas 118/119: Vistas del valle que se extiende desde Lalibela hasta Makina Lideta Maryan. Desde este punto, a más de 3000 metros sobre el nivel del mar, miles de campos cultivados en el valle de abajo parecen una colcha hecha con retales. Sin carreteras que las conecten con el mundo moderno, las gentes de esta zona viven como lo hicieron sus antepasados en tiempos bíblicos. Etiopía. Octubre y noviembre de 2008.

Página 121: Parque Nacional de Simien. Con el paso de los años, la enorme erosión de la meseta etíope ha creado uno de los más espectaculares paisajes del mundo, con picos montañosos irregulares, profundos valles y abruptos precipicios de unos 1500 metros. Allí, la altitud media es de 4000 metros. Etiopía. Octubre y noviembre de 2008.

Páginas 122/123: Este poblado situado en la base del Abune Yosef está a una altitud de 3953 metros. Las noches son muy frías. La gente guarda el ganado dentro de sus casas por la noche para protegerlo de las temperaturas bajo cero. Etiopía. Octubre y noviembre de 2008.

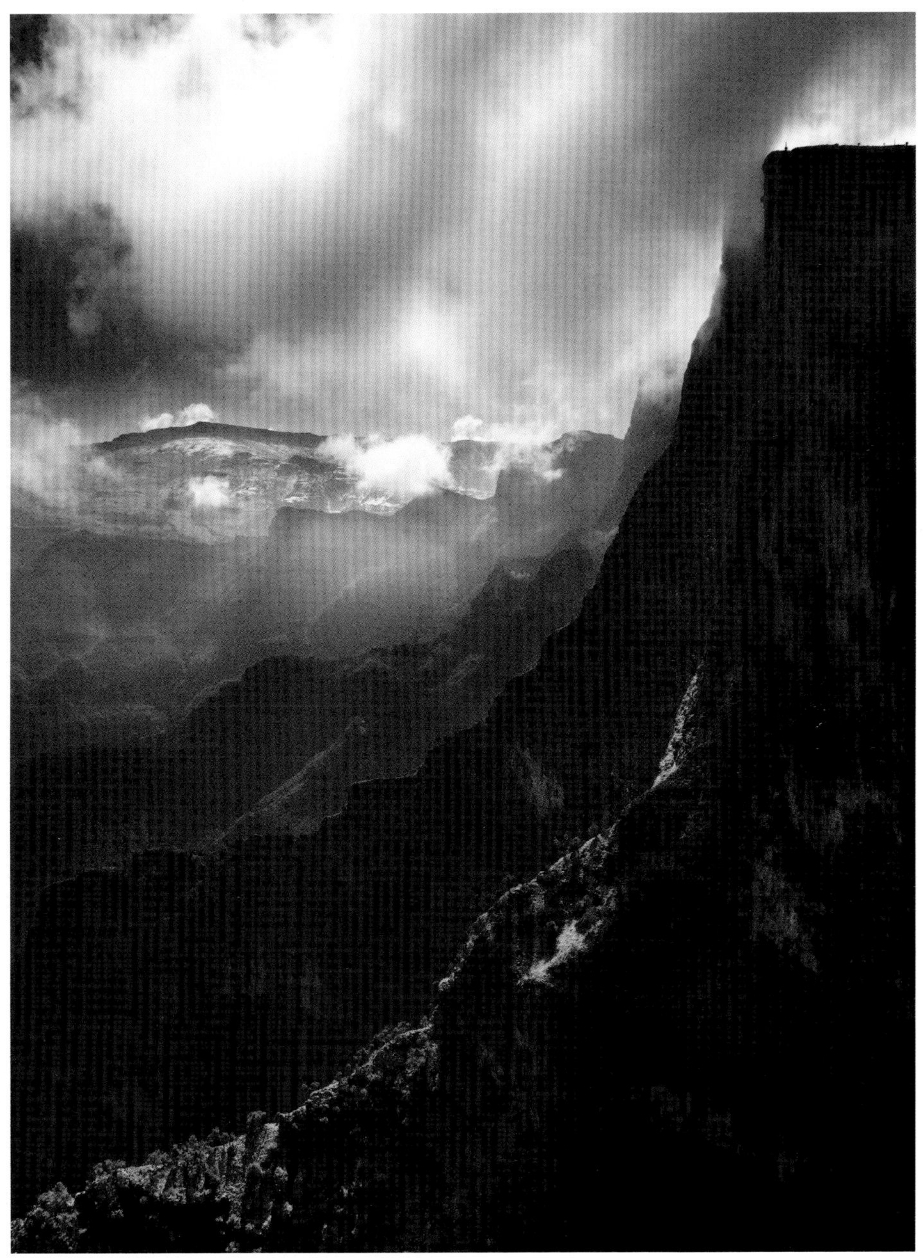

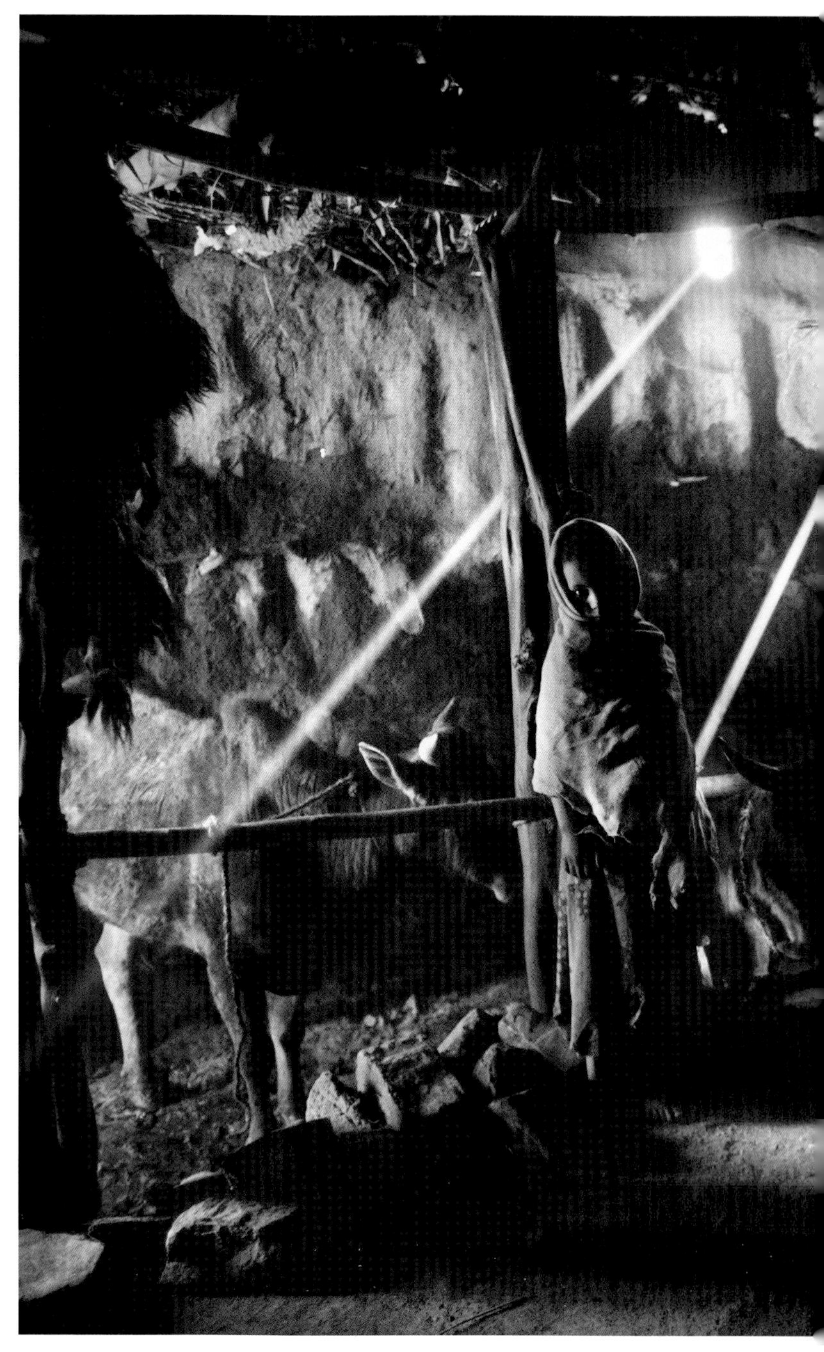

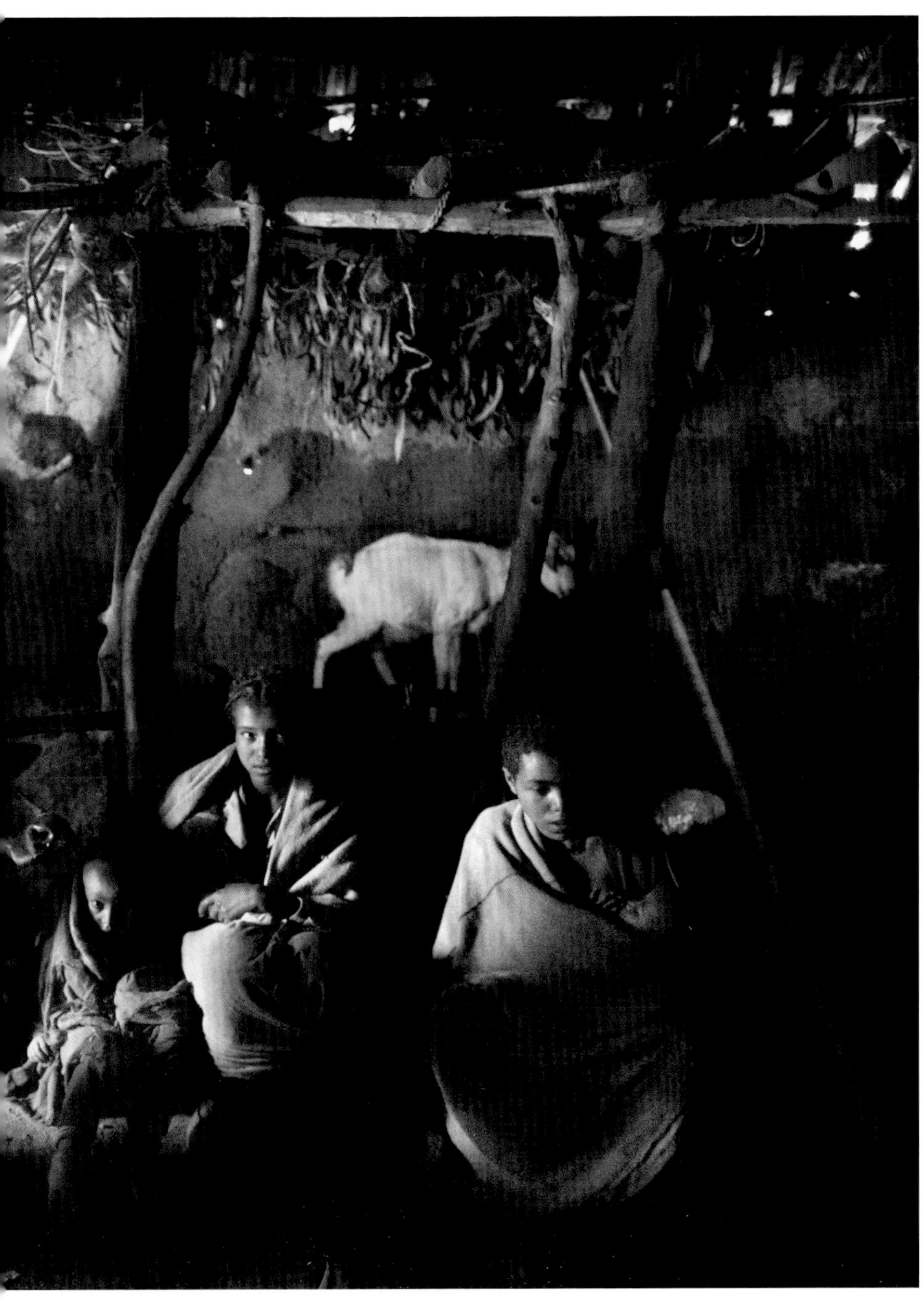

TRIBUS DEL VALLE DEL OMO, ETIOPÍA DEL SUR

Páginas 125 a 129
Las llanuras de Omo del Sur, que se extienden entre el montañoso centro de Etiopía y las tierras altas de Kenia, albergan algunos de los grupos étnicos con mayor diversidad cultural de África. En su mayor parte agropecuarios, sus vidas difieren poco de las de sus antepasados. Pasar tiempo entre ellos supone sentirse transportado a otra época. Hasta dos docenas de tribus ocupan Omo del Sur; algunas cuentan con decenas de miles de integrantes, otras no pasan de los 500, pero cada una con una cultura única. Estas fotografías se realizaron durante las visitas a cuatro grupos distintos: los hamer, los nyangatom, los mursi y los surma.
Los hamer son famosos por los complicados peinados de sus mujeres. Tras untarse el pelo con una mezcla de ocre, agua y una resina aglutinante, crean mechones de color cobre conocidos como *goscha*, que se consideran una señal de salud y bienestar. Los hamer, cuyo número asciende a unos 50 000, son agropecuarios típicos, cultivan sorgo, hortalizas, mijo, tabaco y algodón, además de criar ganado y cabras.
Los nyangatom, cuyo territorio semiárido se adentra en Sudán del Sur, son famosos por su tradición guerrera y suelen tener conflictos con las tribus vecinas, sobre todo por el robo de ganado, así como por la competencia por el agua y los pastos. Crían ganado cebú y cultivan cereales y tabaco.
Los mursi son una pequeña tribu, de unos 6500 integrantes, que vive en el Parque Nacional de Mago, en el sudoeste de Etiopía. Se trasladan en función de las estaciones entre las llanuras y los cerros de Mursi, y se dedican a la agricultura y a la cría de ganado; la miel es su manjar predilecto.
Los surma, también conocidos como los suri, cuya población alcanza unas 45 000 personas, viven en un territorio que abarca el sudoeste de Etiopía y Sudán del Sur. Sus tradiciones más famosas son la violenta lucha con bastones entre los hombres y los platos incrustados en los labios que llevan las mujeres. Los surma, antiguamente nómadas, viven en la actualidad en asentamientos permanentes y cultivan la tierra, aunque a menudo los hombres poseen unas 30 a 40 cabezas de ganado como prueba de su riqueza e importancia. De vez en cuando, guerrean con sus enemigos tradicionales, los nyangatom, y cada vez utilizan más armas automáticas en ambos bandos.

Páginas 125 y 128/129: Las mujeres mursi y surma son las últimas féminas del mundo que llevan platos en los labios. Ningún antropólogo ha sido capaz de explicar con certeza el origen y la función de esta práctica. Algunos dicen que esta mutilación, antiestética a ojos de los negreros, era impuesta por los hombres para proteger a sus mujeres de las incursiones de esos comerciantes de esclavos. Solo las mujeres que pertenecen a una casta elevada tienen derecho de llevar platos en los labios, que lucen con orgullo cuando caminan por el poblado en compañía de su esposo y sus hijos. Poblado mursi de Dargui, en el Parque Nacional de Mago (cerca de Jinka). Etiopía. Septiembre y octubre de 2007.

Páginas 126/127: Los hombres surma practican la lucha con bastones conocida como *donga* para desarrollar su espíritu agresivo, para adquirir agilidad y resistencia, así como para demostrar su virilidad como futuros guerreros. Para ello, los luchadores se pintan el cuerpo con figuras simbólicas blancas dispuestas para protegerlos de las fuerzas sobrenaturales. Utilizando largos bastones como armas, su objetivo es dominar y anular al adversario, siendo los vencedores alabados por las mujeres. Aunque el *donga* es uno entre varios ritos del paso de la adolescencia a la madurez, es el más violento: hay derramamiento de sangre y fracturas de cráneo y costillas, incluso se ha informado de algunas muertes aisladas. Poblado surma de Tulgit. Parque Nacional de Omo. Cerca de Maji. Etiopía. Septiembre y octubre de 2007.

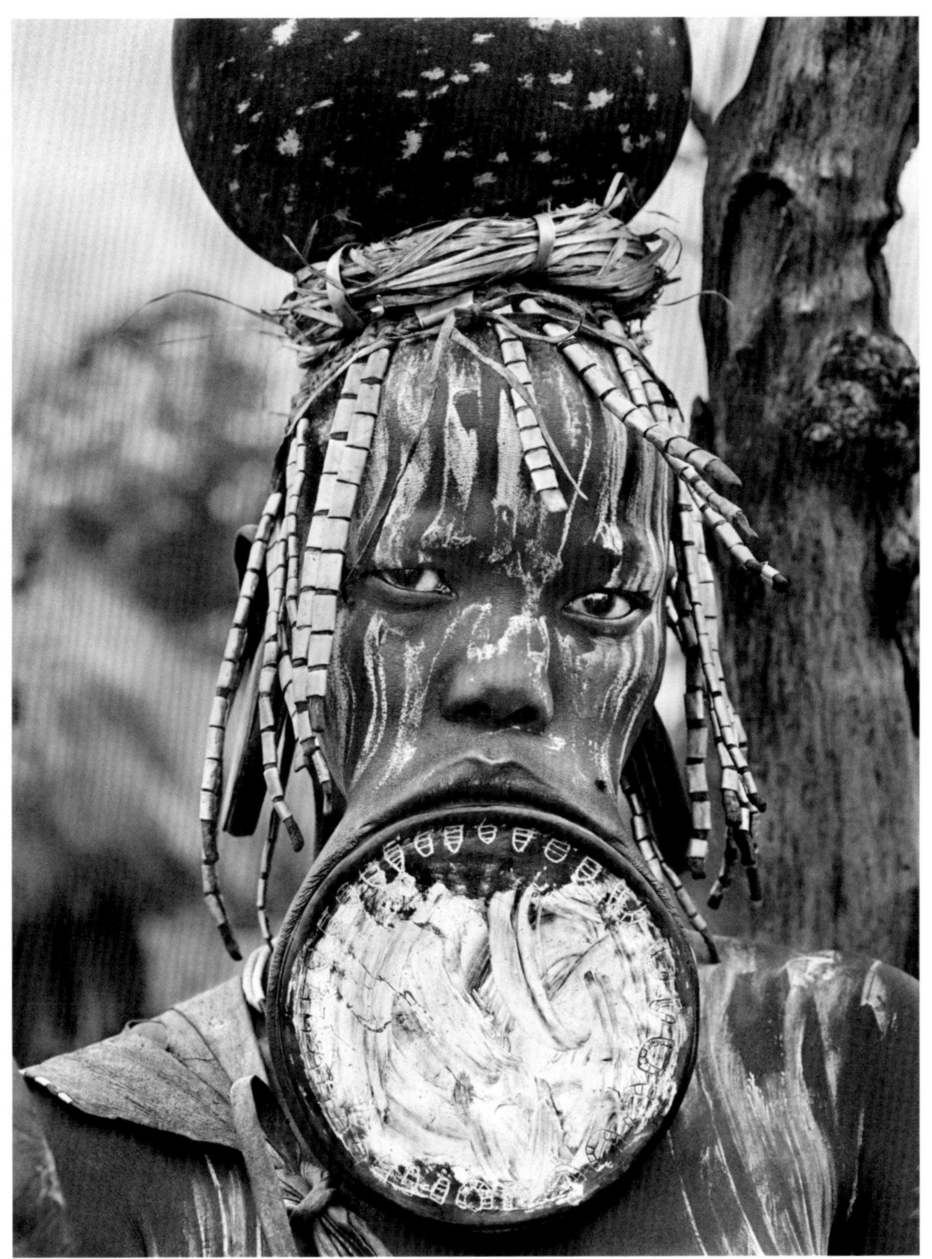

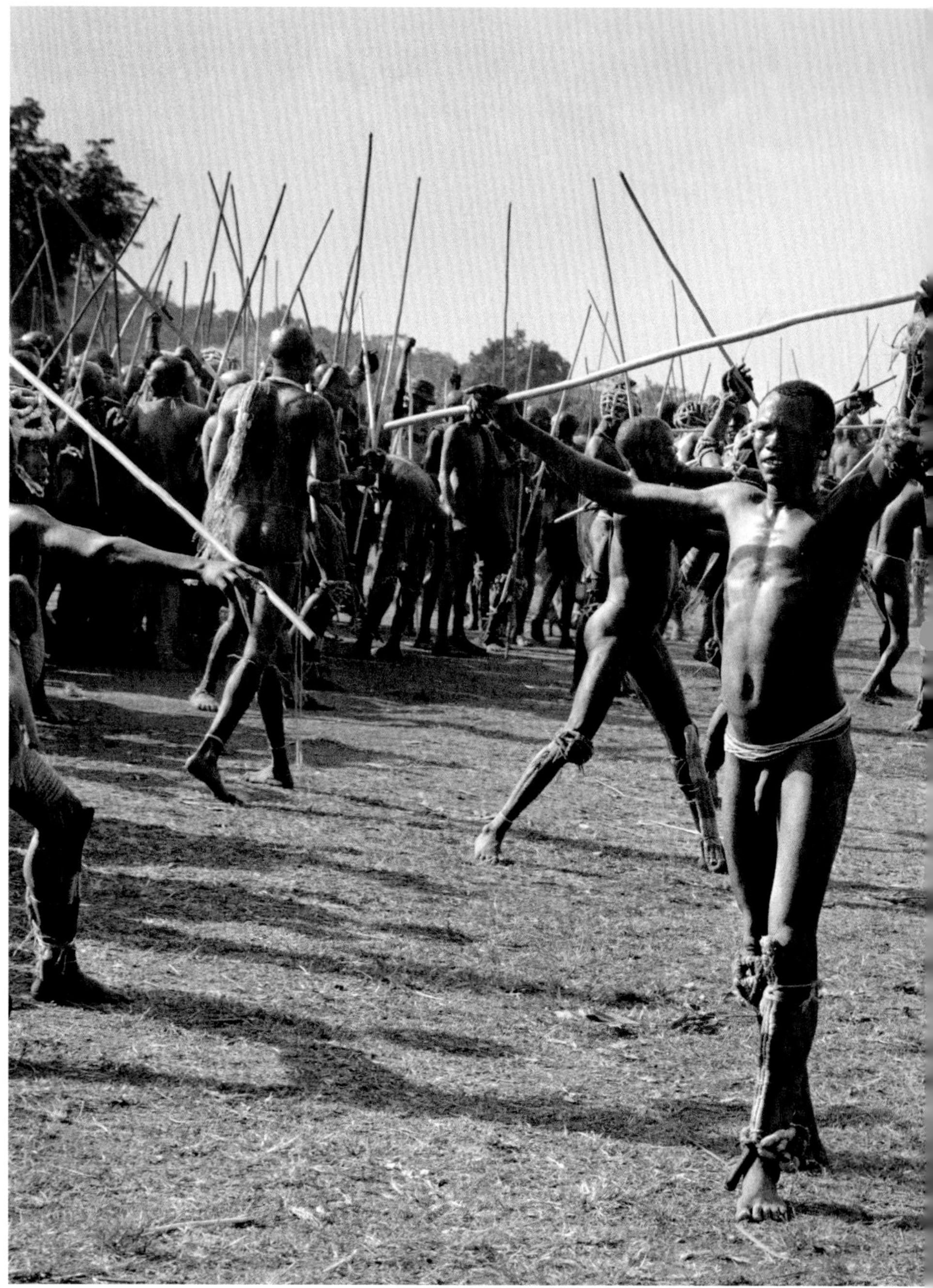

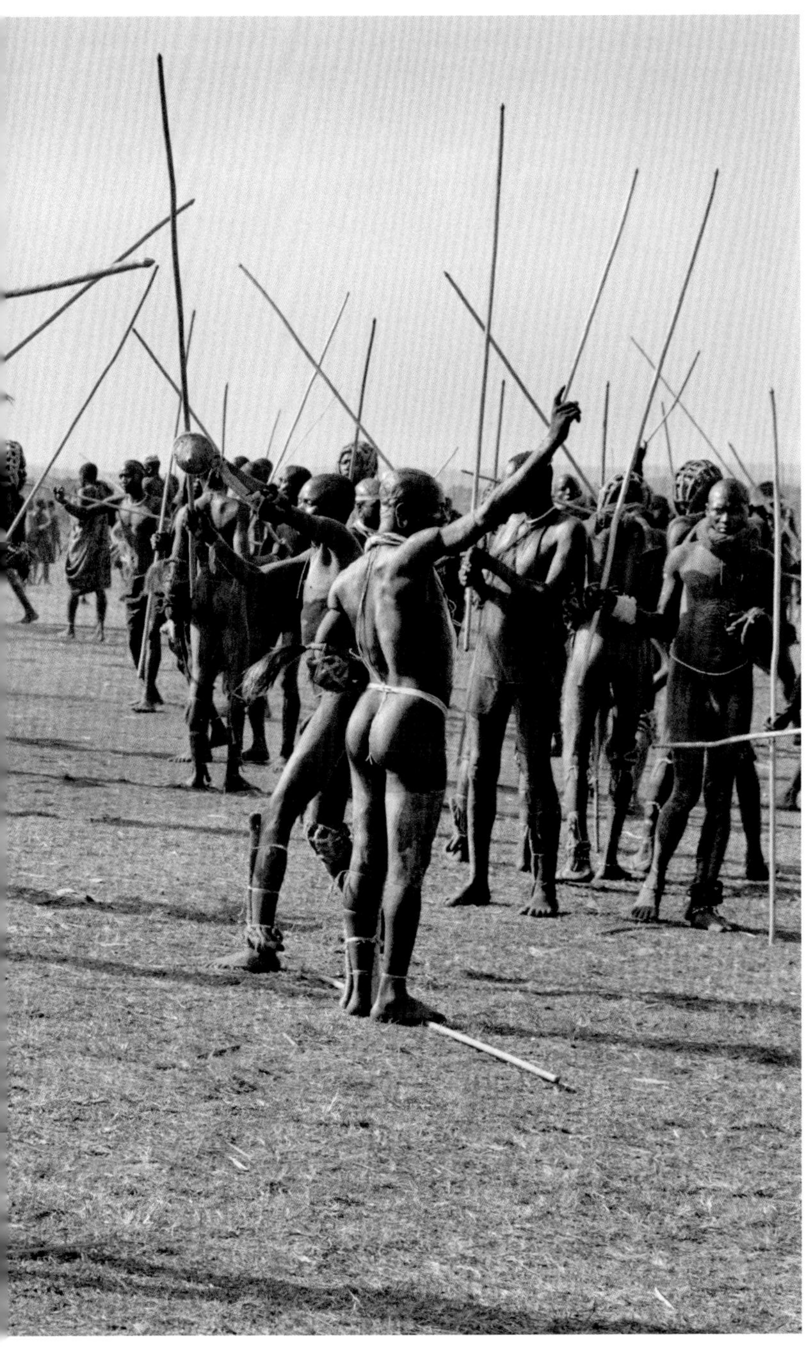

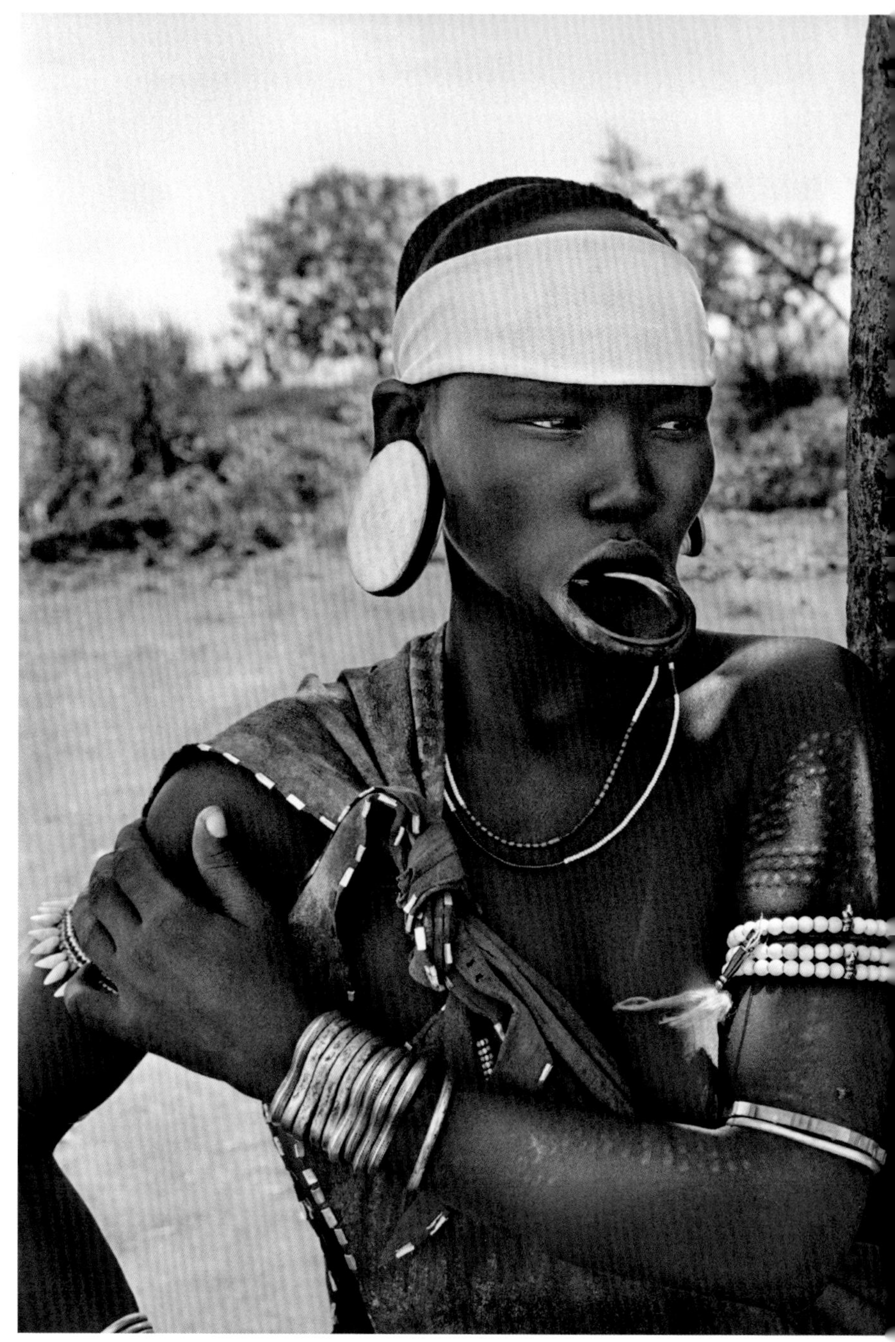

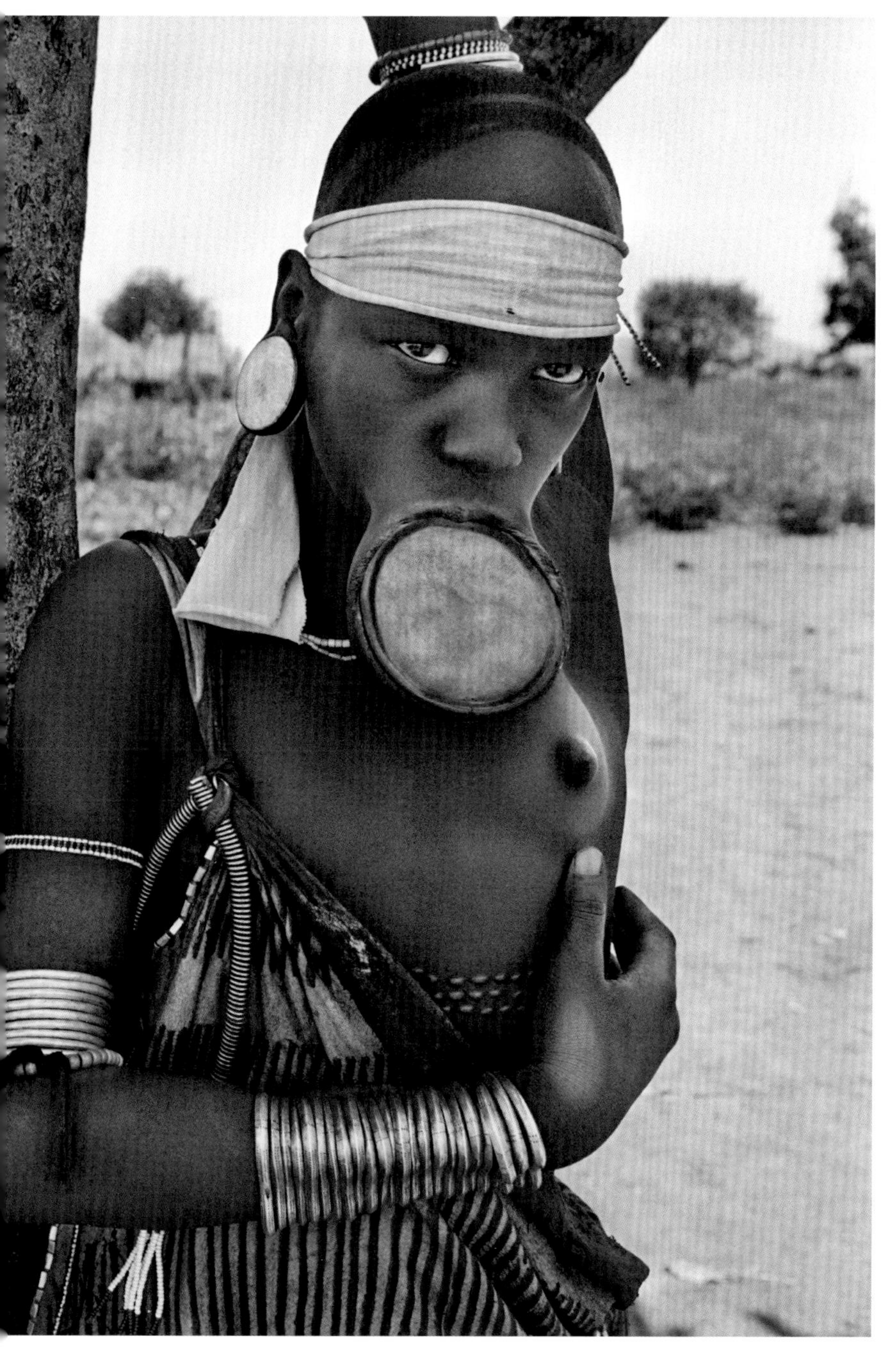

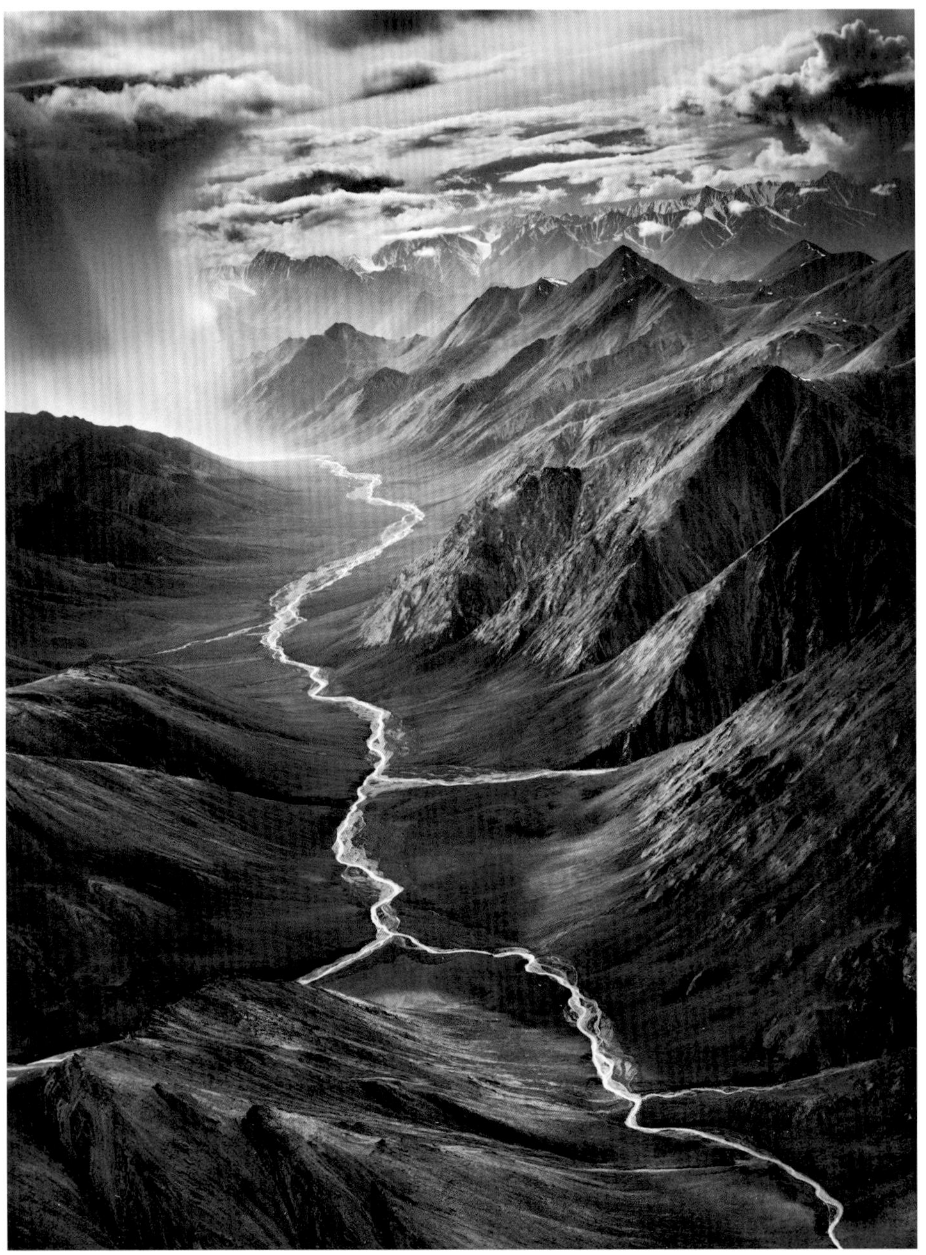

LAS TIERRAS AL NORTE

El Polo Norte está sobre el hielo, rodeado de cientos de kilómetros de océano helado, pero el propio círculo polar ártico está circundado por las regiones más septentrionales del continente americano, Europa y Asia. Como consecuencia, el ecosistema ártico se adentra en profundidad en Alaska, Canadá, Groenlandia, Escandinavia y Rusia. En algunas zonas, el hielo da paso al permafrost y la tundra; en otras, los volcanes, los glaciares y los cañones recuerdan las convulsiones geológicas que originaron la formación de la Tierra. Pero, a pesar de todo, animales y gentes tenaces viven allí.

La península de Kamchatka, en el este de Rusia, siempre me ha intrigado: como base militar de la flota soviética de submarinos nucleares, fue una zona prohibida para los extranjeros y para la mayoría de los rusos durante la guerra fría. Su litoral de 1250 kilómetros mira al mar de Bering, pero yo me sentía particularmente atraído por su salvaje interior, con sus 160 volcanes, 29 de los cuales siguen activos. Fue emocionante sobrevolarlos y rodearlos mientras sus formas cónicas y sus blancas cimas se avistaban y desaparecían entre formaciones de nubes en continuo cambio. Por encima de la cima cubierta de hielo del volcán Kronotski, observé el interior de su cráter desde una altura de 4000 metros. Posteriormente, caminamos por valles cubiertos de lava con manantiales de agua caliente y lagos de oscuras aguas. Fue allí donde nos topamos con imponentes osos pardos, los monarcas de la rica fauna de la península.

Unos 2000 kilómetros hacia el nordeste, el Refugio Nacional de Fauna del Ártico, en Alaska, parece casi tan abrupto desde el aire como Kamchatka, con montañas coronadas de nieve y valles cincelados por glaciares y ríos. Fotografiar en el suelo, sin embargo, resultó difícil porque el terreno es escarpado y los ríos resultan demasiados rápidos y fríos como para cruzarlos a pie. Incluso en pleno verano la temperatura era muy inferior a cero. El caribú de Grant, el animal más emblemático de la zona, suele huir cuando huele seres humanos en la cercanía. Sin embargo, al final logramos seguir a decenas de miles de estas elegantes criaturas durante su migración anual a las llanuras costeras para criar.

Adyacente al sudeste de Alaska se encuentra el Parque Nacional de Kluane, en Canadá, dominado por las montañas San Elías y que incluye el monte Logan, el pico más alto de ese país. Sus enormes campos de hielo, glaciares y ríos lo hacen prácticamente inaccesible a pie. Nuestra suerte fue que, durante el mes que trabajamos allí, tuvimos dos semanas de buen tiempo para la fotografía aérea, lo cual nos permitió trabajar hasta las 11 de la noche durante los largos días de verano. Una entre las muchas vistas inolvidables fue la de unos glaciares que se ramificaban como los dedos de una mano e iban oscureciéndose a medida que arrastraban rocas y piedra en su continuo deslizamiento por los escarpados valles.

Para lograr comprender cómo sobrevive la vida humana dentro del círculo polar ártico, localizamos a los nenet, un pueblo nómada del norte de Siberia que suma unos 42 000 integrantes. Pasan el invierno cerca de las localidades donde algunos miembros de sus familias viven actualmente. Sin embargo, desde mediados de marzo, se ponen en camino con sus grandes manadas de renos rumbo a la península de Yamal, donde en verano los animales se pueden alimentar de arbustos, pastos y líquenes que encuentran espigando en la tundra. Con temperaturas muy inferiores a cero, acompañamos a un grupo de unos 6000 renos. Fue una aventura extraordinaria. Mientras algunos renos tiraban de trineos cargados de alimentos, así como de palos y pieles necesarios para construir refugios donde pasar la noche, los perros mantenían la manada principal en vereda. El día en que cruzamos el río Obi para acceder a la península, recorrimos 52 kilómetros, no menos de 47 a través del río helado; otros días nos quedamos atrapados en tormentas de nieve, luchando por mantener el calor del cuerpo.

Aún dentro del círculo polar ártico, pero 4000 kilómetros al este, está la isla de Wrangel, a la que llegamos después de un viaje en barco de 30 horas desde la ciudad de Pevek, en la costa este de Siberia. Me habían dicho que era un tesoro de biodiversidad y, sobre todo, una zona de cría preferida por los osos polares. En cambio, nuestro primer encuentro fue con los desechos de lo que en su día fue una base aérea soviética, con barriles de combustible abandonados, así como restos de coches y aviones siniestrados. Por fortuna, una buena parte de Wrangel permanece intacta; asimismo, se está limpiando lentamente el desagradable legado soviético. Sin embargo, nuestra visita resultó frustrante. La isla acoge numerosos bueyes almizcleros, pero fueron difíciles de fotografiar porque temen a los seres humanos. En su día, las morsas también acudían a Wrangler por decenas de miles, pero parece que se han desorientado por el calentamiento de los océanos y solo encontramos unos cuantos cientos de ejemplares. La escasez de osos polares fue otra decepción más: al final, solo vimos unos pocos.

No obstante, nos compensó con creces nuestro viaje a los parques nacionales del sudoeste de Estados Unidos, que figuran entre los lugares más bellos que he visto. Los parques se extienden a través de la meseta del Colorado, aunque decidimos explorar Utah y Arizona. Por supuesto, incluimos el Gran Cañón. Primero trabajamos desde el aire, después desde el agua, recorriendo 450 kilómetros del río Colorado en barco durante ocho días. Estuvimos allí a finales de la primavera, pero todavía nevaba en la parte superior del cañón. El cañón Bryce, en Utah, resulta a su vez memorable por las elaboradas agujas formadas por milenios de erosión en su roca caliza. Mientras contemplábamos cómo la ciudad gótica de la naturaleza cambiaba de colores con la trayectoria del sol, los cóndores y las águilas nos observaban desde el cielo.

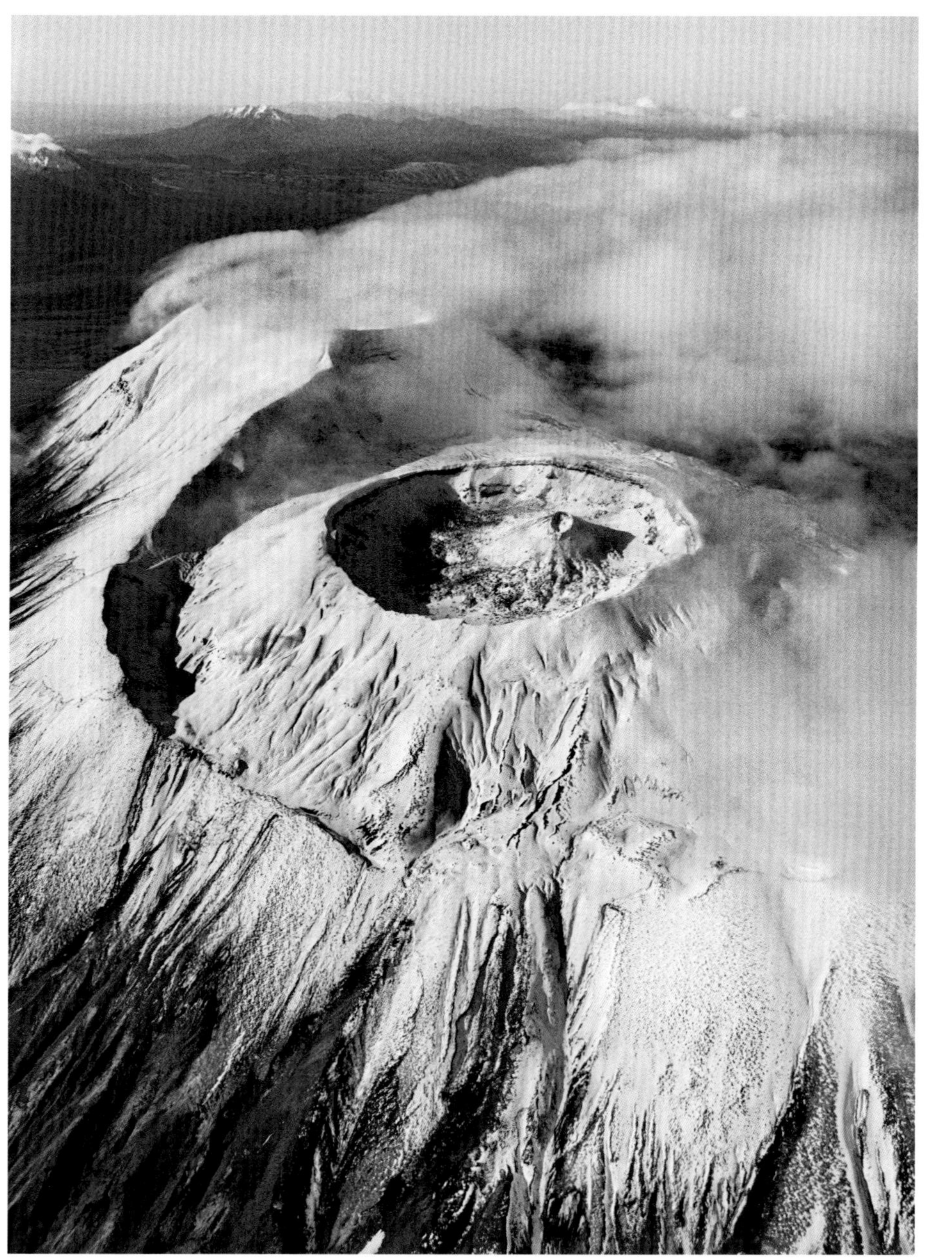

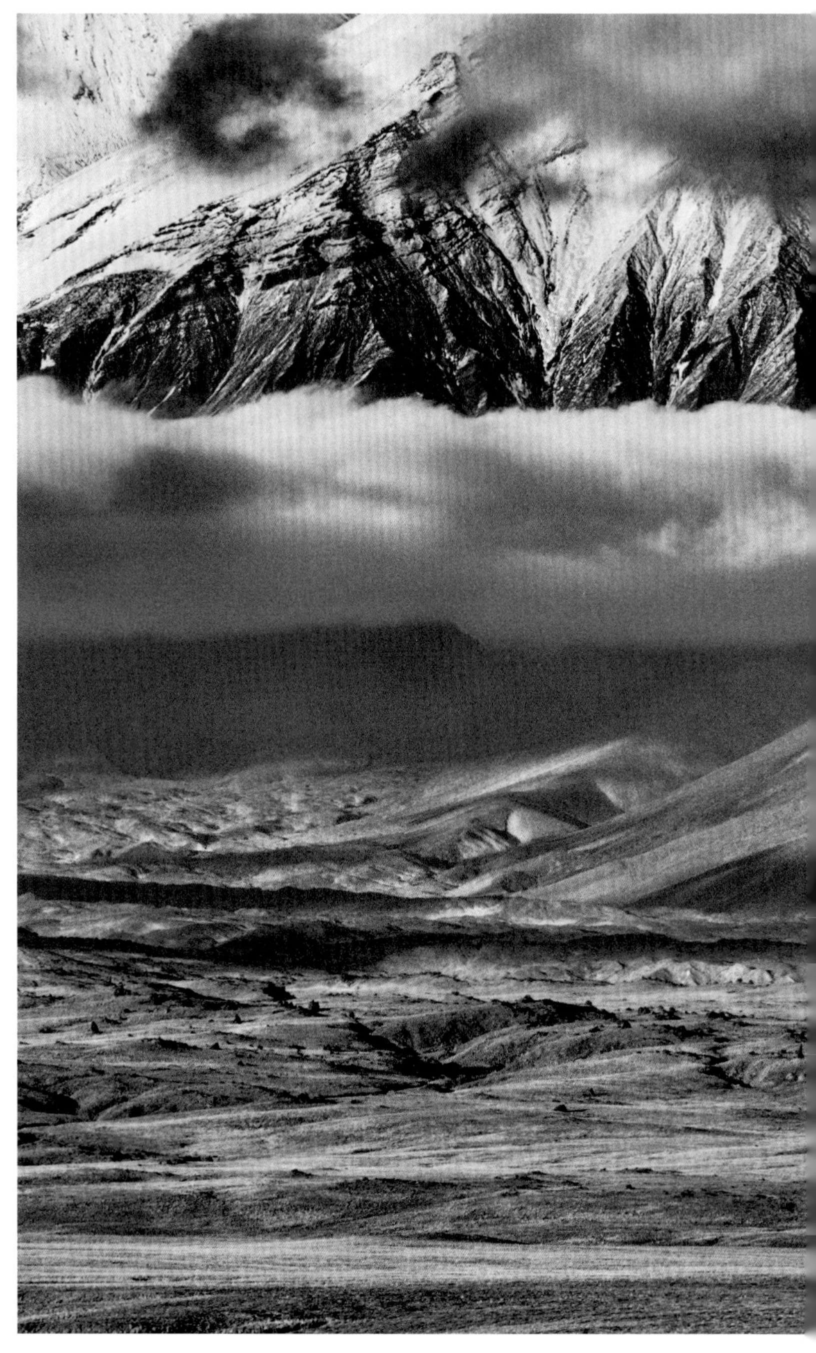

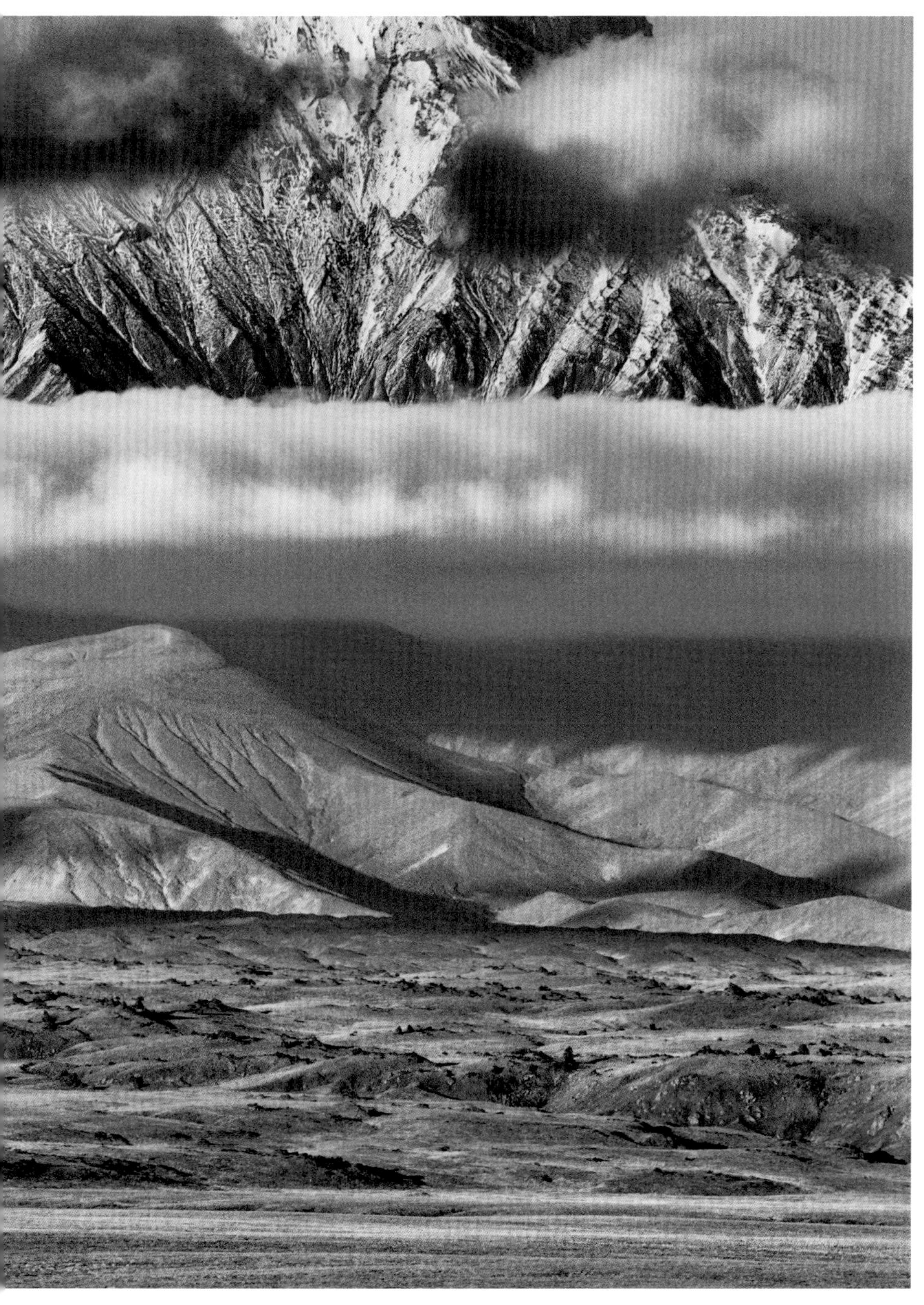

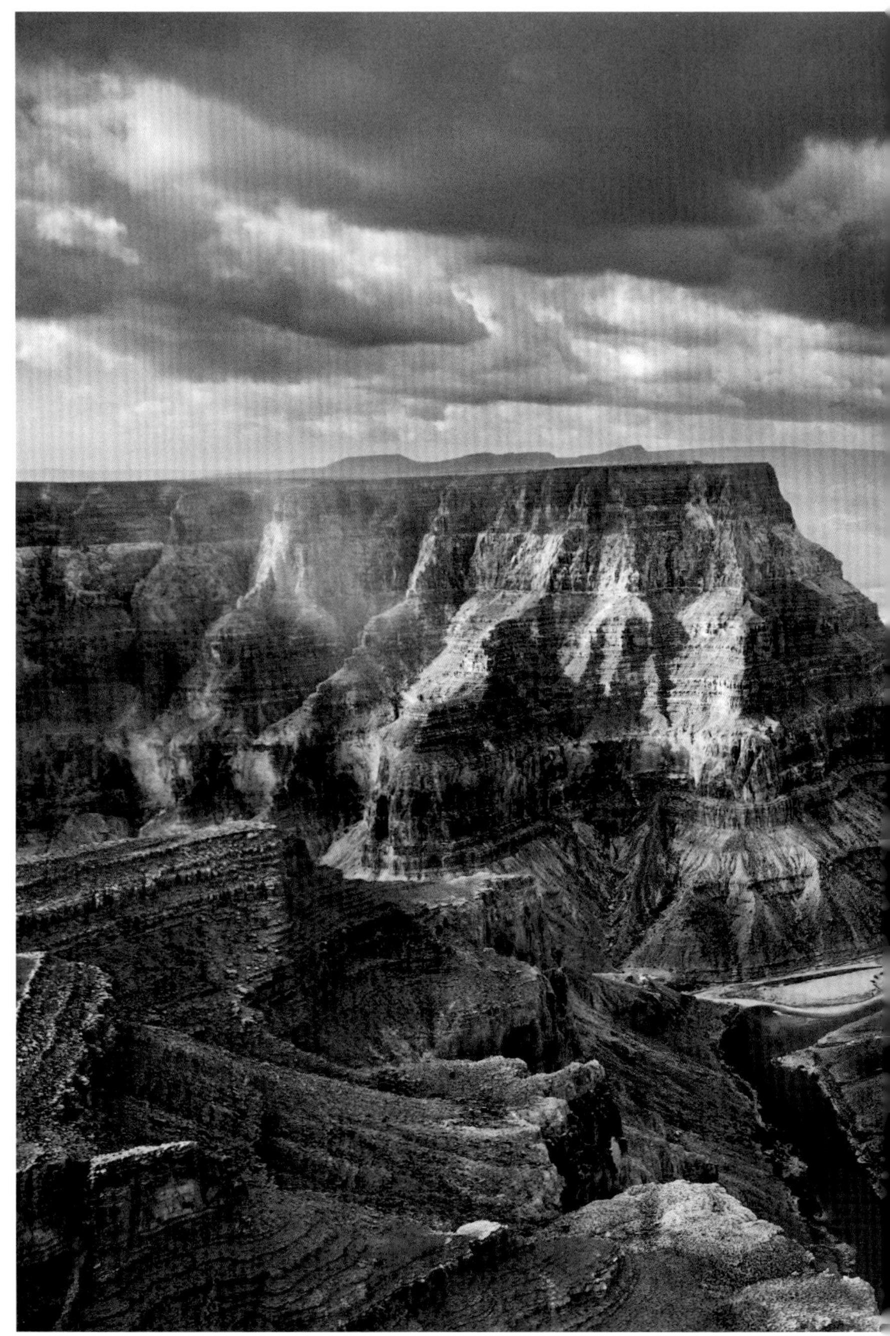

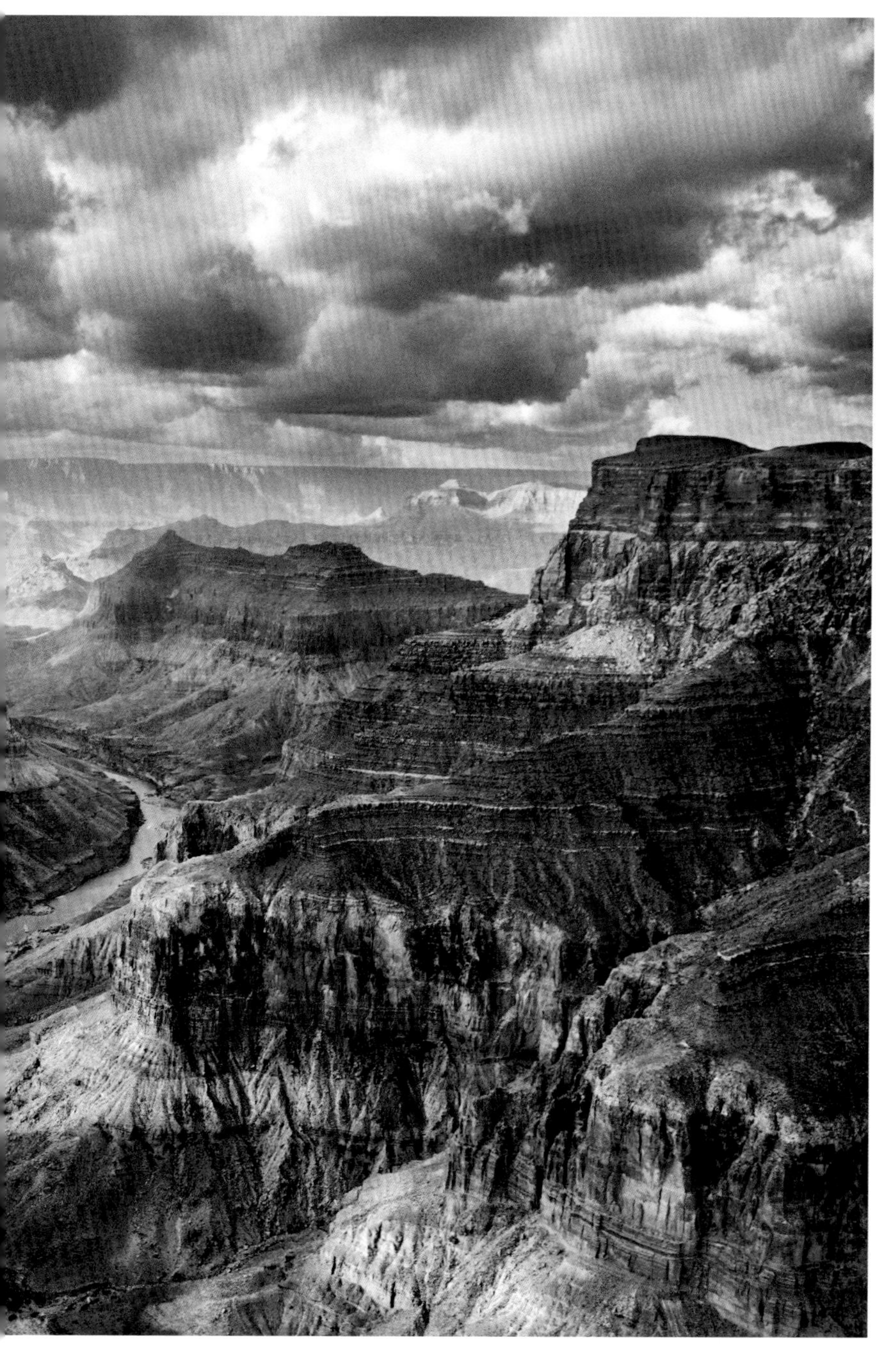

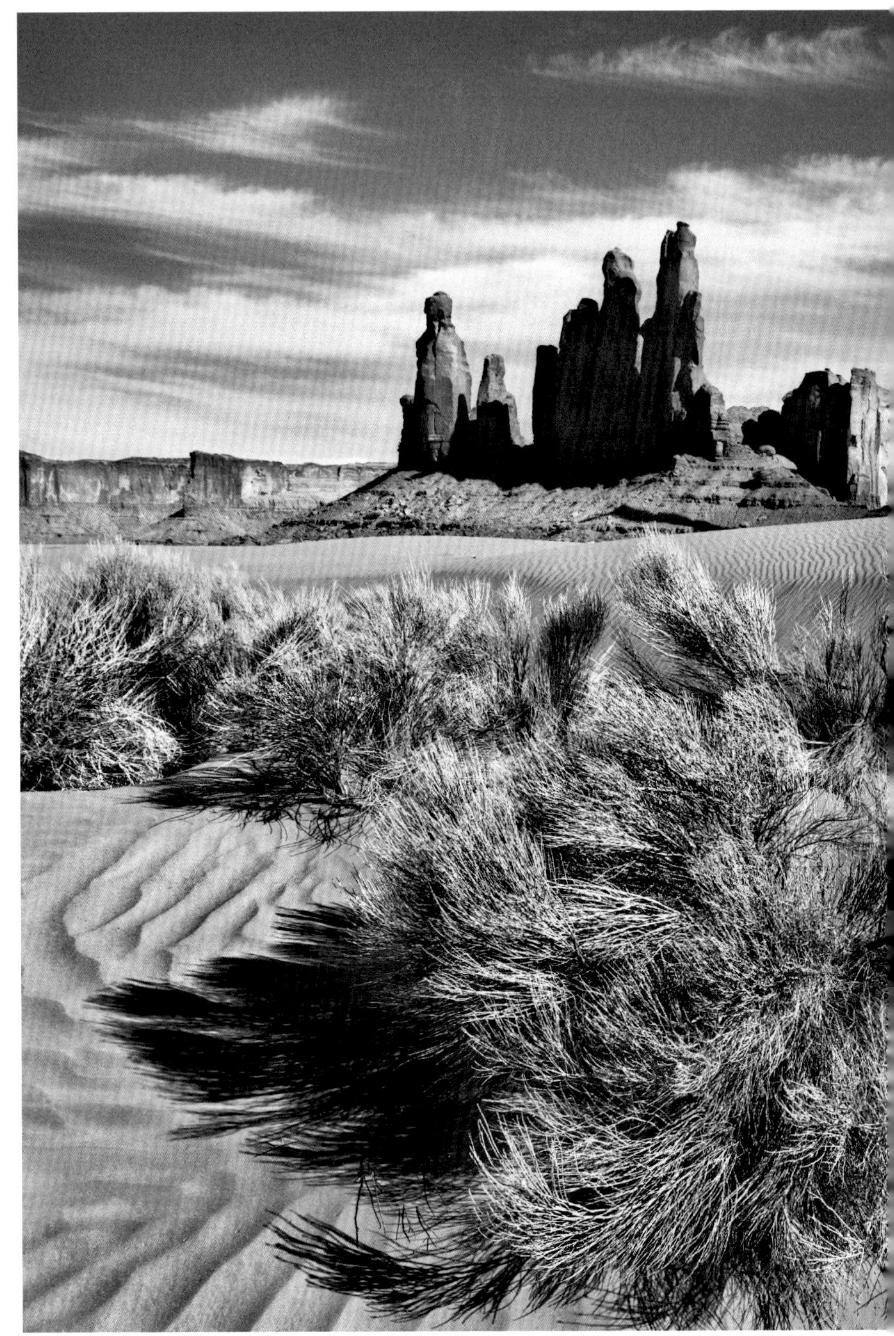

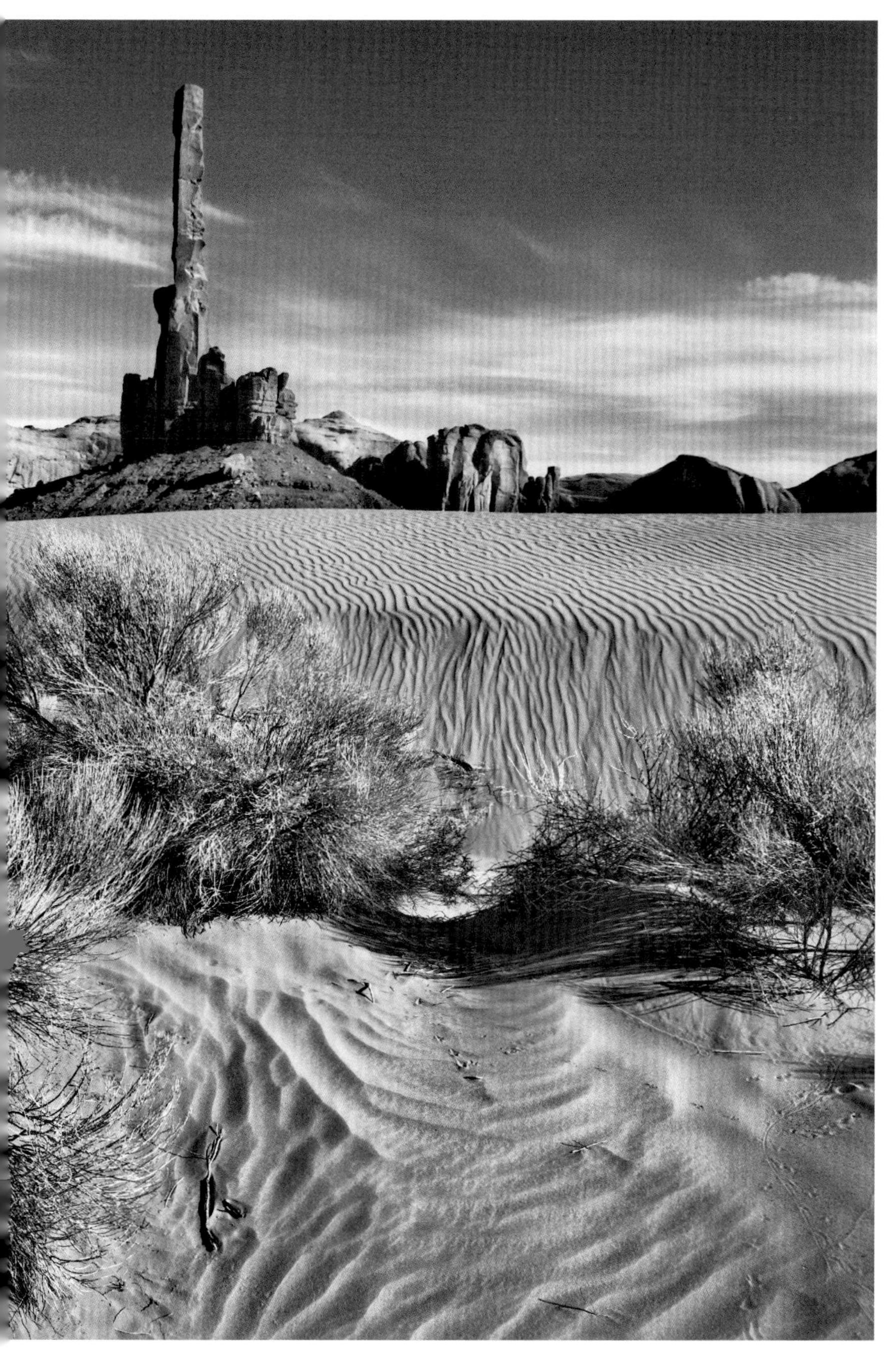

Página 130: El Refugio Nacional de Vida Silvestre del Ártico (ANWR, por sus siglas en inglés), en el nordeste de Alaska, es el mayor refugio de este tipo en Estados Unidos, abarca no menos de seis ecozonas y se extiende unos 300 kilómetros de norte a sur. A lo largo de su costa septentrional, las islas barrera, las lagunas costeras, las marismas y los deltas fluviales de la tundra costera del Ártico ofrecen un maravilloso hábitat a las aves acuáticas migratorias. En un intento por encontrar alivio de los insectos durante el verano, los caribús buscan la tierra de la costa y la banquisa; a su vez, los osos polares lo hacen para cazar focas y criar durante el invierno.
Esta fotografía fue realizada en la región oriental de la cordillera de Brooks, que se eleva a más de 3000 metros de altitud; la accidentada extensión de montañas está cortada por profundos valles fluviales y numerosos glaciares. La inmensa variedad de microclimas es consecuencia del choque del aire frío del Ártico con el aire caliente procedente de la región del río Yukón, en el centro de Alaska. EE. UU. Junio y julio de 2009.

Página 133: Volcán Krasheninnikov (1856 metros). Este volcán de aspecto inconfundible se llama así por Stepan Krasheninnikov, un famoso naturalista y etnógrafo ruso que acudió a Kamchatka en 1740, con la segunda expedición a Alaska de Vitus Bering. Sus dos conos adyacentes surgen del centro de una enorme y antigua caldera, que podemos apreciar en esta fotografía como un círculo oscuro. No hay documentación de la última erupción del Krasheninnikov. Kamchatka. Rusia. Septiembre y octubre de 2006.

Páginas 134/135: Un valle de tundra se extiende entre los volcanes Tolbachik y Kamen. En el fondo, una línea de nubes separa un «pequeño» cráter de unos 800 metros de alto de la inmensa base del volcán Kamen, que se alza a 4579 metros sobre el nivel del mar. Kamchatka. Rusia. Septiembre y octubre de 2006.

Páginas 136/137: Vista de la confluencia del Colorado con el Pequeño Colorado desde el territorio navajo. El Parque Nacional del Gran Cañón comienza después de esta confluencia. Arizona. EE. UU. Abril, mayo y junio de 2010.

Páginas 138/139: Parque Tribal Navajo de Monument Valley. Esta es una región imponente de la meseta del Colorado. Las frágiles cimas de rocas están rodeadas por kilómetros de mesas y *buttes*, arbustos, árboles y arena trasportada por el viento. El suelo es principalmente limolita o arena procedente de ella, depositada por los ríos llenos de meandros que esculpieron el valle. El vivo color rojo del valle proviene del óxido de hierro expuesto en la limolita erosionada. Por su parte, las rocas más oscuras y grisazuladas del valle deben su color al óxido de manganeso. Utah y Arizona. EE. UU. Abril, mayo y junio de 2010.

Página 141: Parque Nacional del Cañón Bryce. De hecho, el cañón Bryce no es un cañón, sino un anfiteatro natural gigantesco creado por la erosión a lo largo del lado oriental de la meseta de Paunsaugunt. Bryce es famoso por sus extraordinarias estructuras geológicas, conocidas como *hoodoos*, formadas por la gelifracción y la erosión del agua del río y las rocas sedimentarias del lecho lacustre. Utah. EE. UU. Abril, mayo y junio de 2010.

Páginas 142/143: Parque Nacional del Cañón Bryce durante una nevasca. Utah. EE. UU. Abril, mayo y junio de 2010.

Páginas 144/145: Arroyo Bighorn en la región occidental del Parque Nacional de Kluane. Canadá. Mayo y junio de 2011.

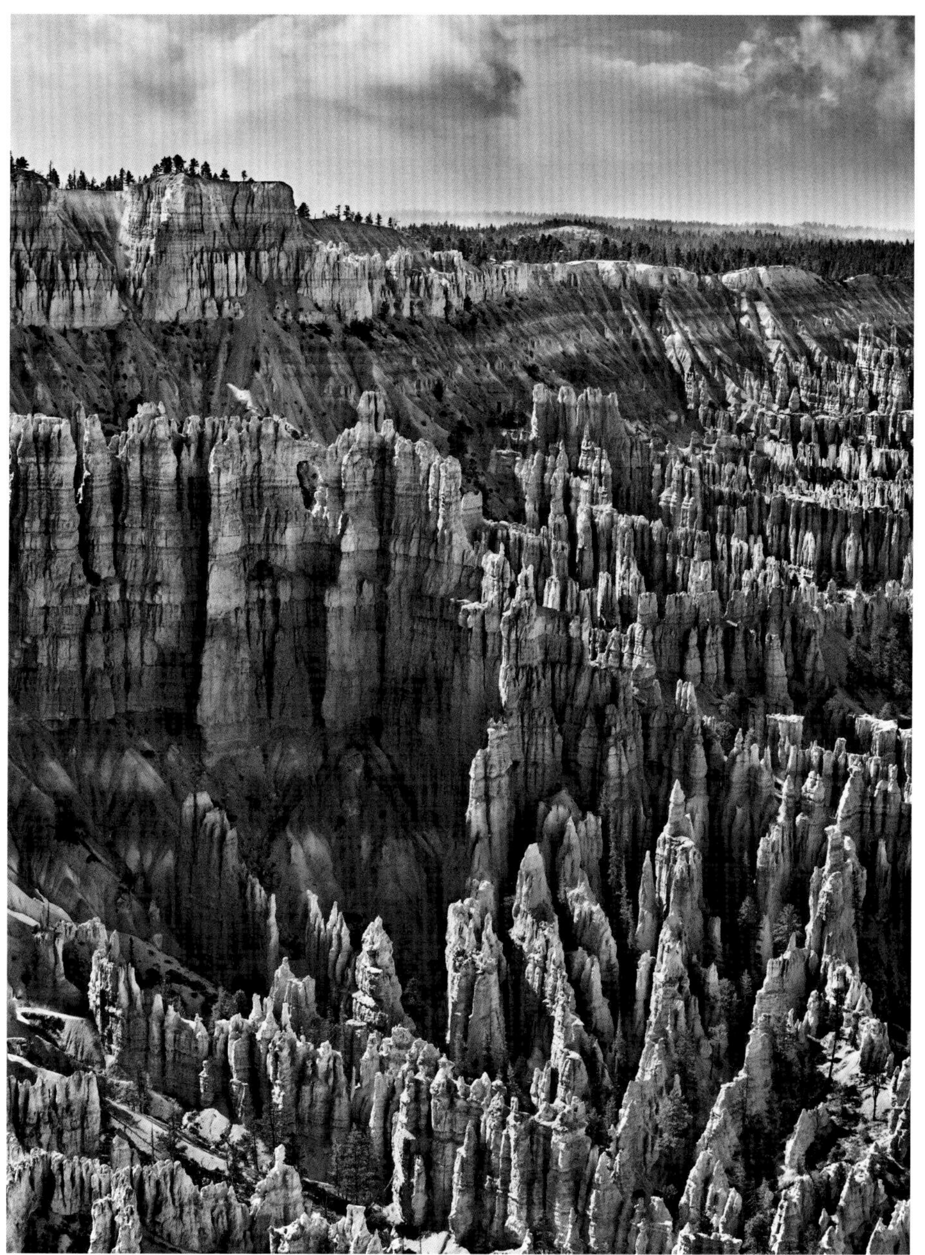

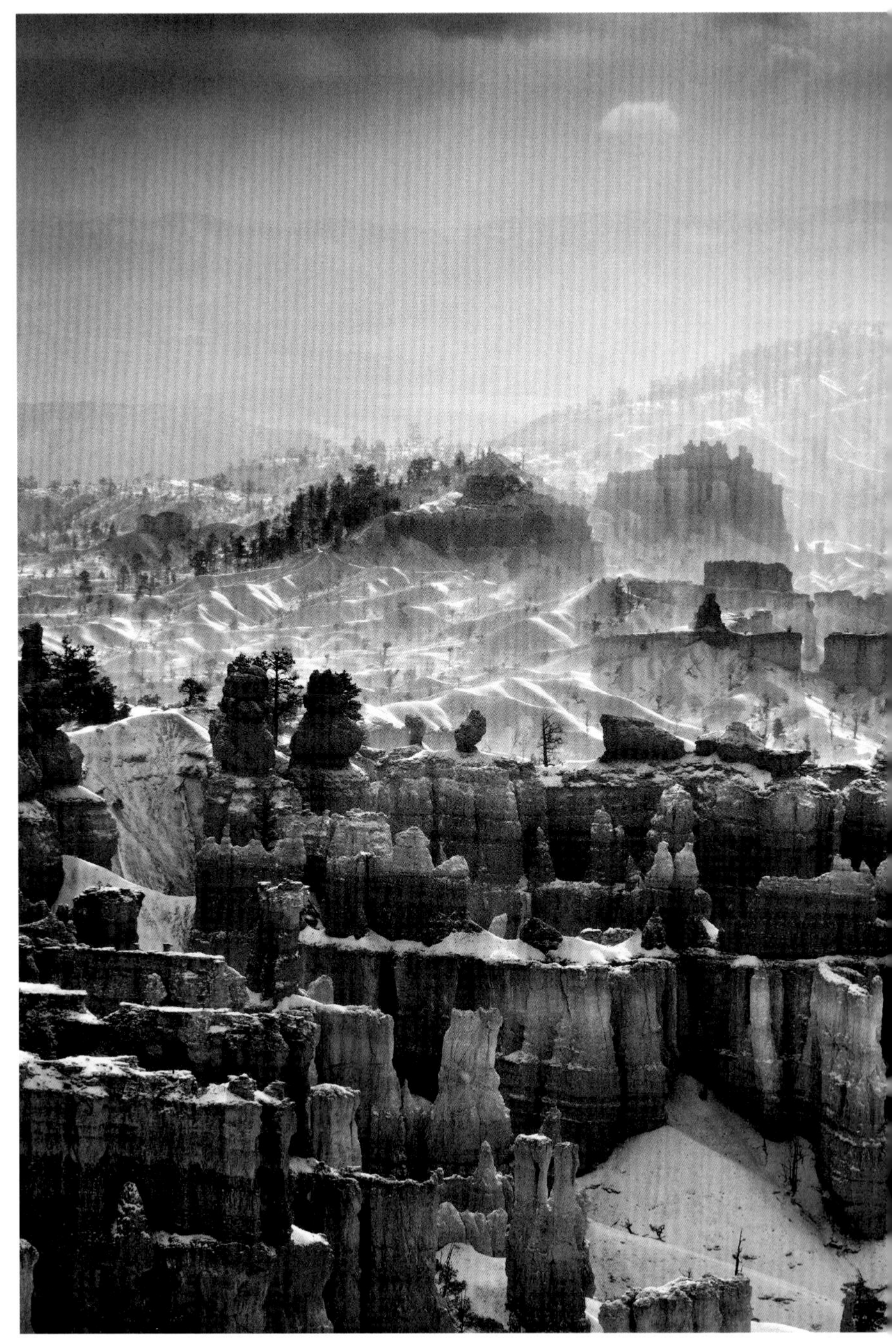

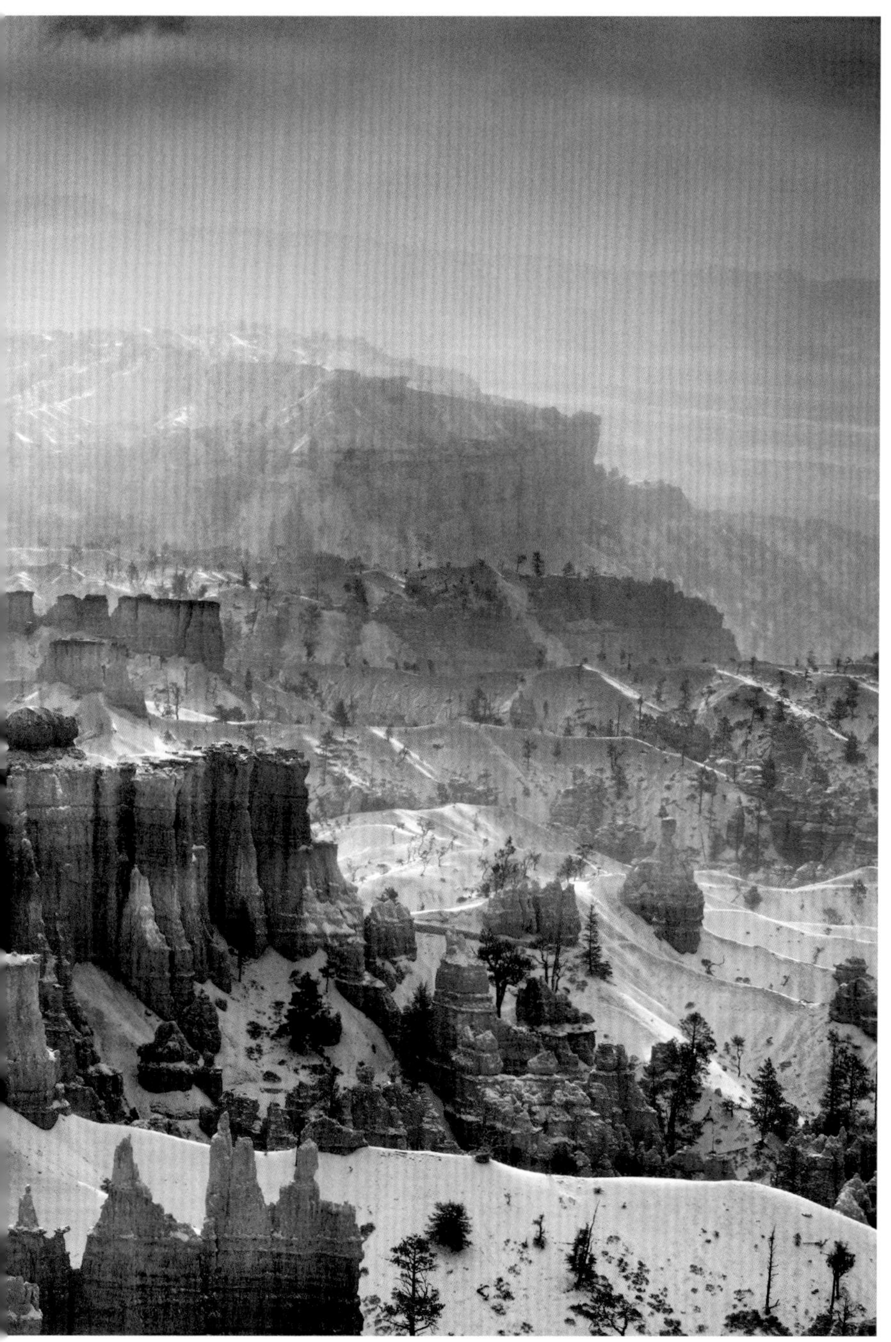

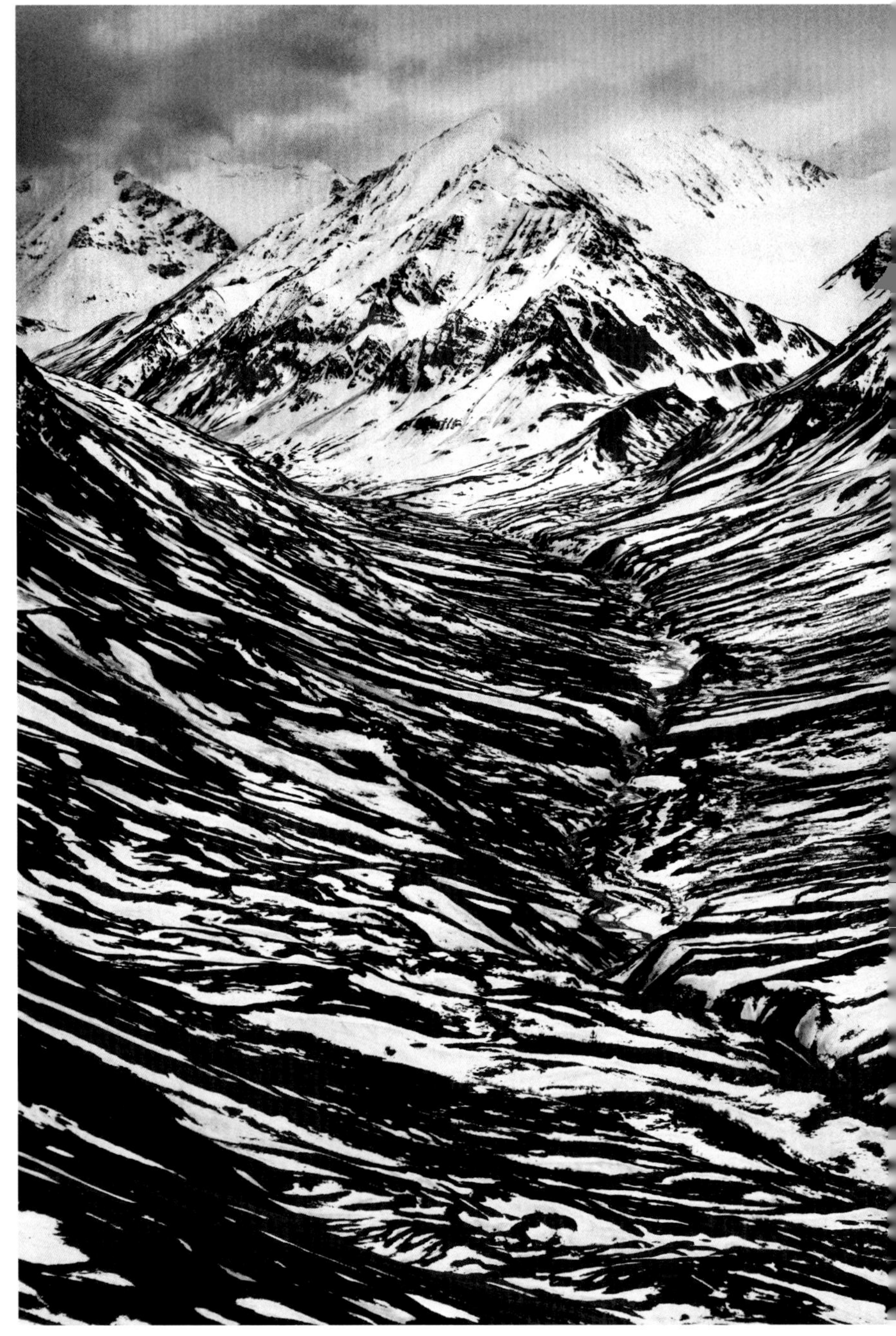

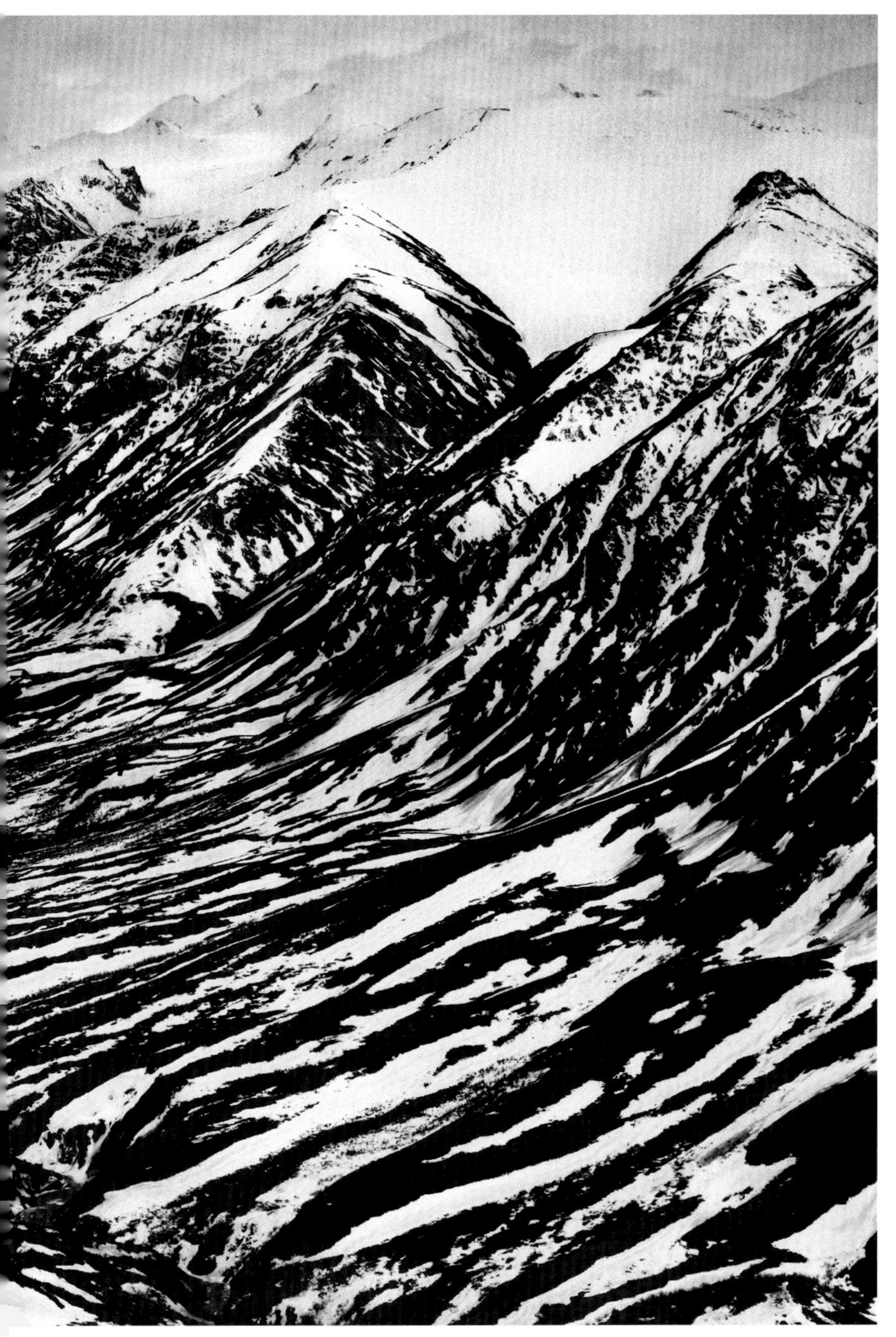

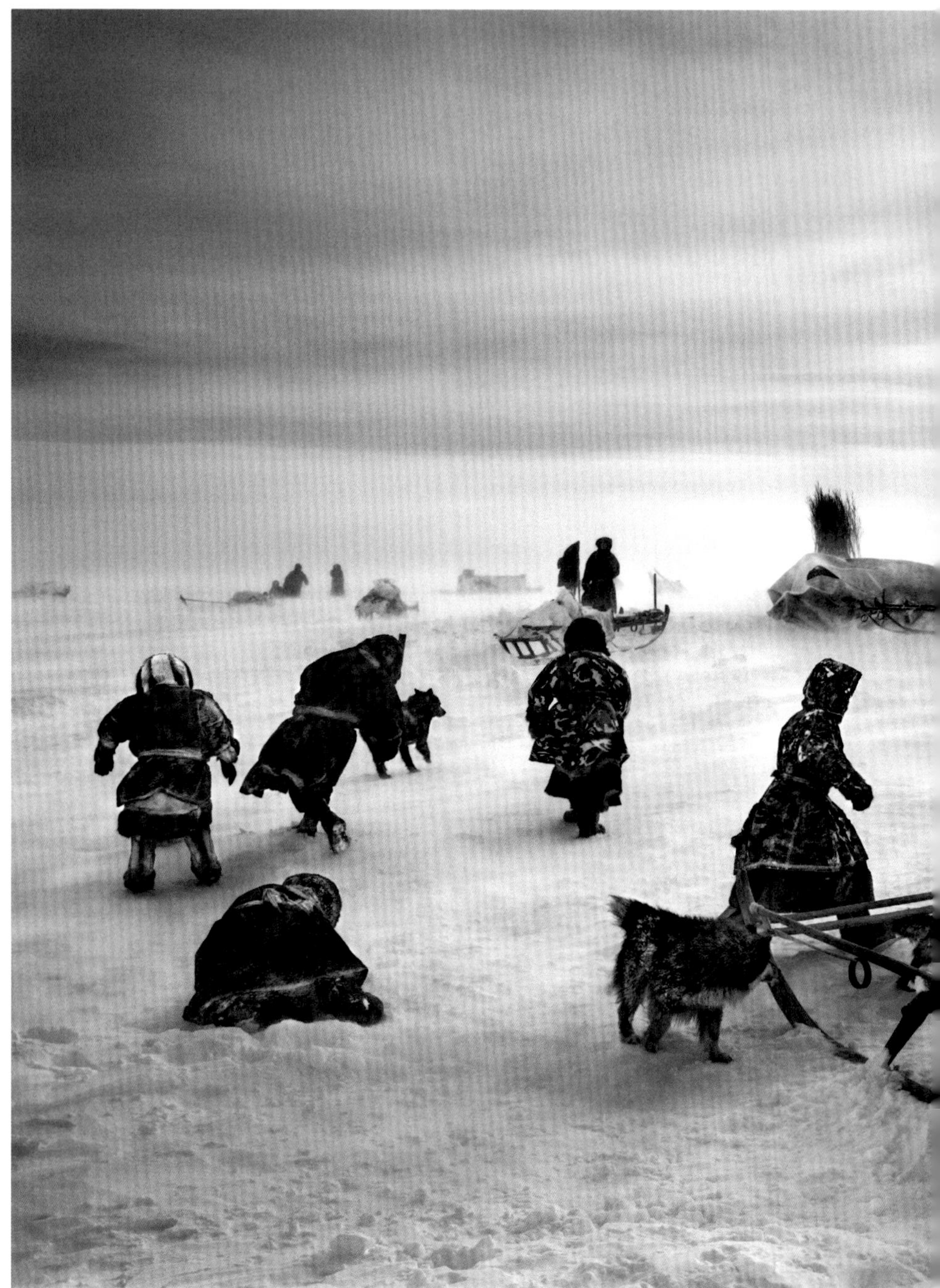

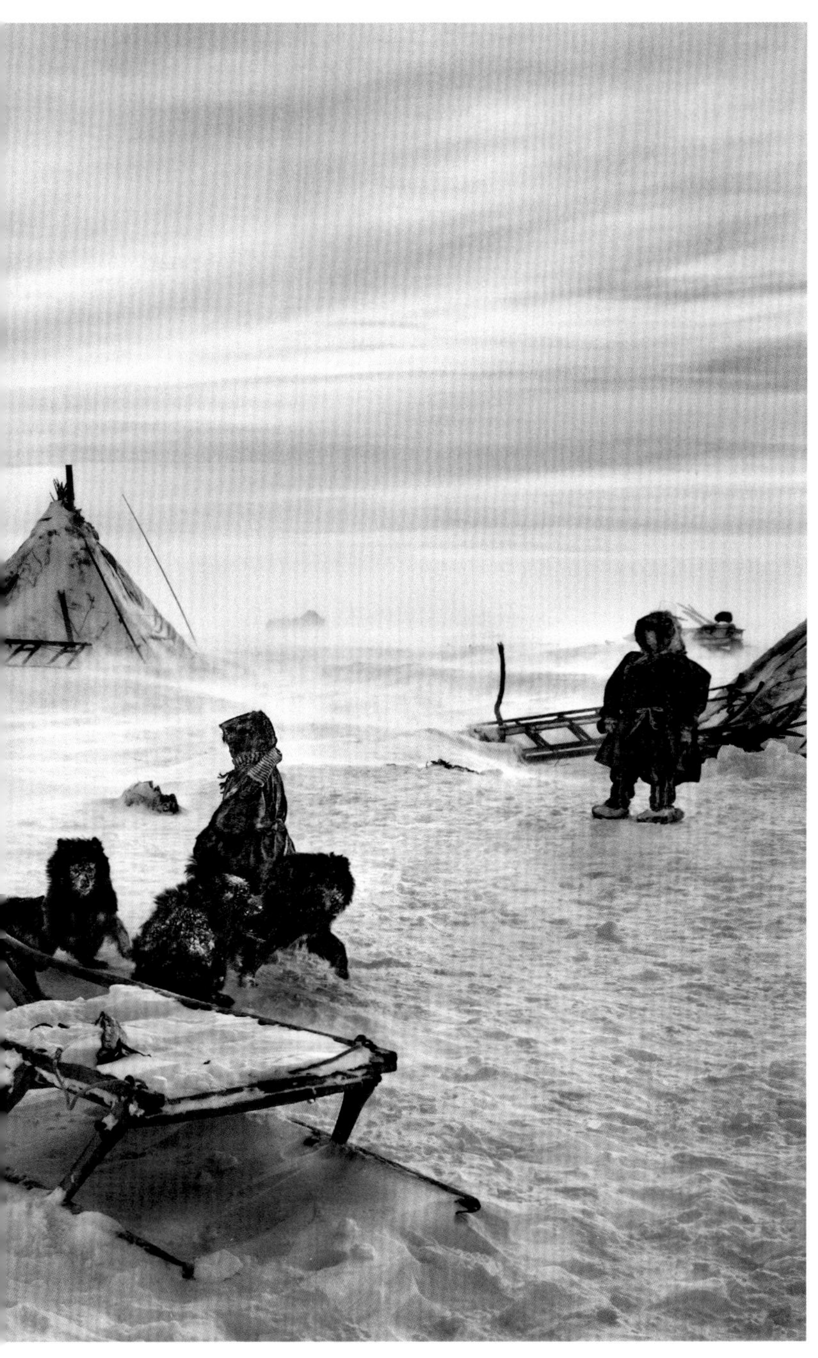

LOS NENETS

Páginas 146 a 153
Los nenets son un pueblo indígena formado por unas 42 000 personas que viven en el distrito autónomo de Yamalo-Nenets, en la región septentrional de Siberia (Rusia). Los renos (*Rangifer tarandus sibiricus*) determinan su cultura y forma de vida. Pasan el invierno en sus propias comunidades cerca de las penínsulas de Kanin y Taymir, alrededor de los ríos Ob y Yeniséi, con unos pocos afincados en pequeñas localidades como Kolva. Más tarde, en verano, llevan a sus manadas de renos hacia el norte y se adentran en el círculo polar ártico, donde los animales son hábiles para cavar bajo la tundra en busca de pastos y otros tipos de vegetación resistente. Los nenets viajan en trineos tirados por renos y crían perros samoyedo para que les ayuden a pastorear sus renos (los europeos también han utilizado este perro durante las expediciones por el Ártico). Incluso en verano, viven con el peligro que suponen los lobos de tundra, depredadores de las manadas de renos. Durante su emigración hacia el norte, los nenets pescan a través de hoyos practicados en el hielo. Su aptitud para vivir en semejantes condiciones se ve reforzada por un sistema de creencias chamánicas y animistas que hace hincapié en el respeto a la tierra y a sus recursos.

Sin embargo, no les han protegido de los cambios políticos y medioambientales. Como parte de su programa de colectivización a escala nacional, el Gobierno soviético intentó obligar a esta población nómada a hacerse sedentaria. Muchos tuvieron que afincarse en poblados y colocar a sus hijos en internados estatales, lo cual debilitó su identidad cultural y, en algunos casos, incluso se les privó de su lengua nativa. Actualmente, se enfrentan a una amenaza distinta. En algunas regiones, como la península de Yamal, el desarrollo de campos petrolíferos y de gas está deteriorando los pastizales de los renos. El cambio climático también está afectando a los nenets puesto que solo pueden atravesar algunas zonas del círculo polar ártico cuando están heladas y el deshielo está reduciendo la duración efectiva del invierno.

Páginas 146/147: Al norte del río Ob, unos 100 kilómetros hacia el interior de la península de Yamal, los fortísimos vientos mantienen las temperaturas bajas incluso de día. Cuando el tiempo es especialmente desfavorable, los nenets y sus renos pueden pasar algunos días en el mismo lugar, reparando los trineos y las pieles de reno para mantenerse activos. Cuanto más se adentren en el círculo polar ártico, menos vegetación encontrarán. En el círculo polar ártico. Península de Yamal, Siberia. Rusia. Marzo y abril de 2011.

Página 149: Este retrato de una chiquilla ilustra tanto la belleza de la ropa como la importancia que le confieren los nenets. Su abrigo principal está hecho con la parte interior de la piel de reno, mientras que su capucha es de piel de zorro azul. Península de Yamal, Siberia. Rusia. Marzo y abril de 2011.

Páginas 150/151: Las mujeres están al mando de los trineos más grandes, que forman largas caravanas de hasta una decena de ellos. Los hombres conducen los trineos más pequeños porque son más rápidos. Ellos se ocupan de reagrupar el rebaño alrededor del campamento cada mañana y, a menudo con la ayuda de los perros, guiar a los renos en la misma dirección toda la jornada. Península de Yamal, Siberia. Rusia. Marzo y abril de 2011.

Páginas 152/153: Cruzar el río Ob para adentrarse en el círculo polar ártico supone recorrer unos 50 kilómetros sobre el hielo. Península de Yamal, Siberia. Rusia. Marzo y abril de 2011.

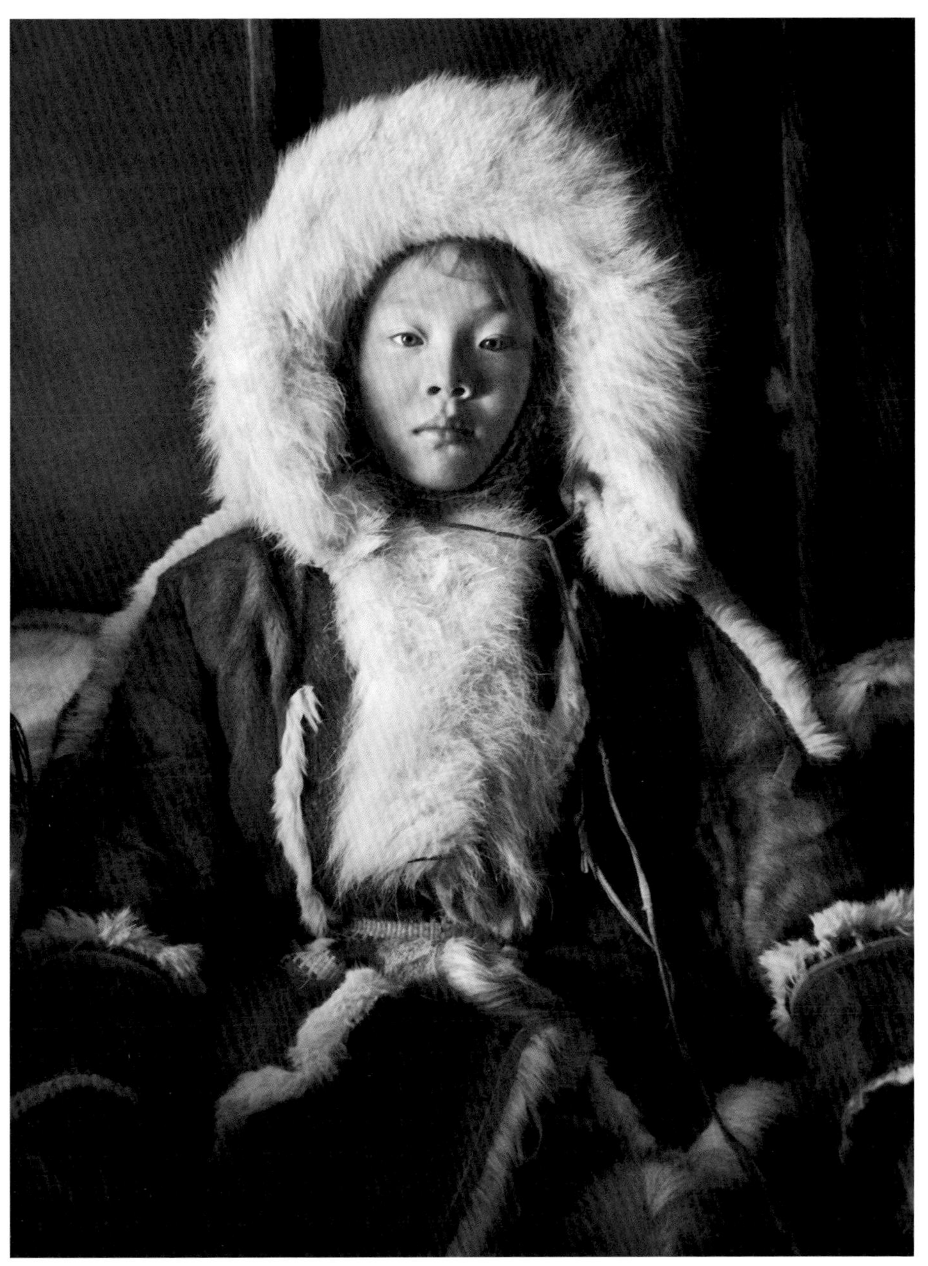

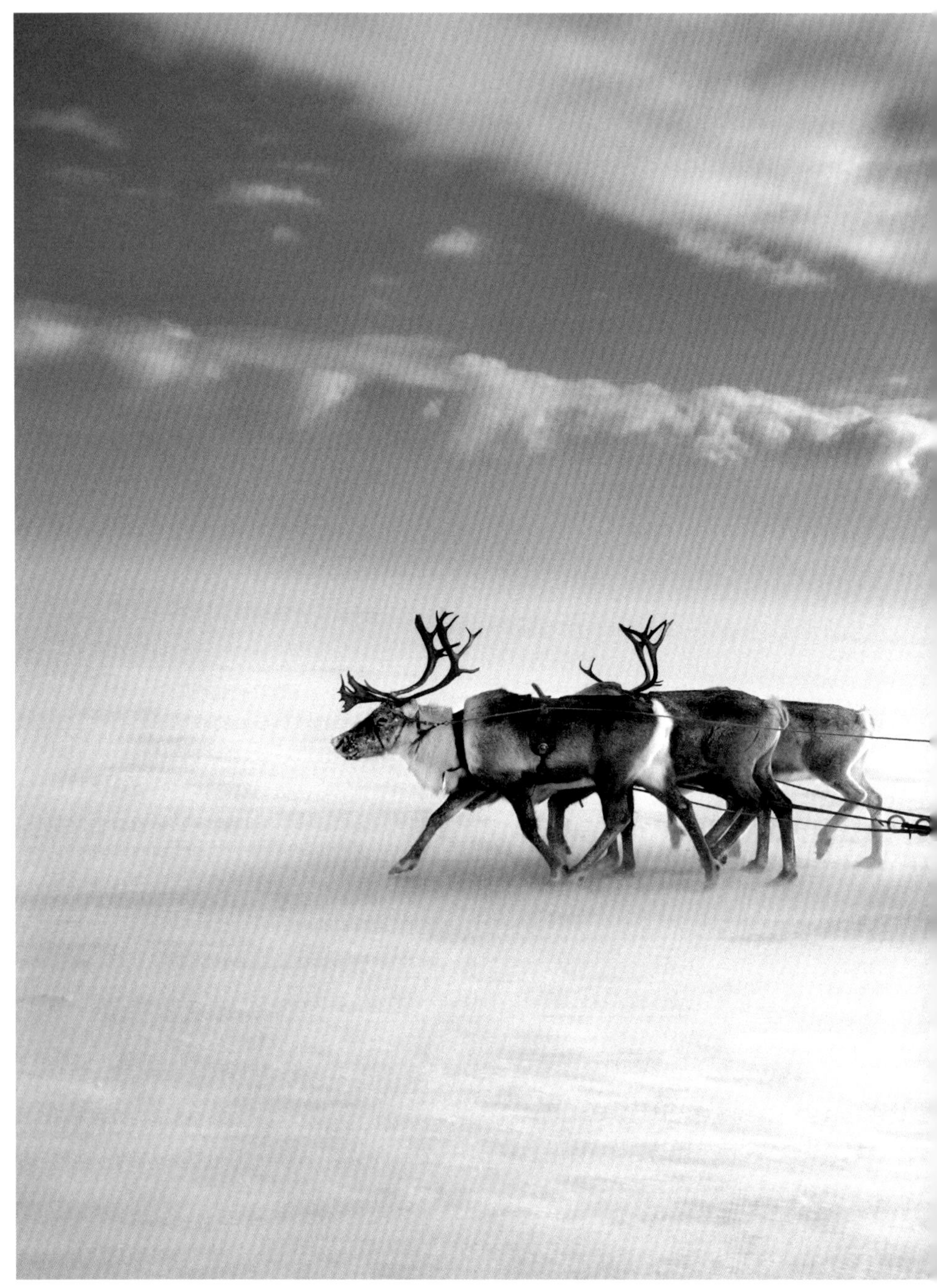

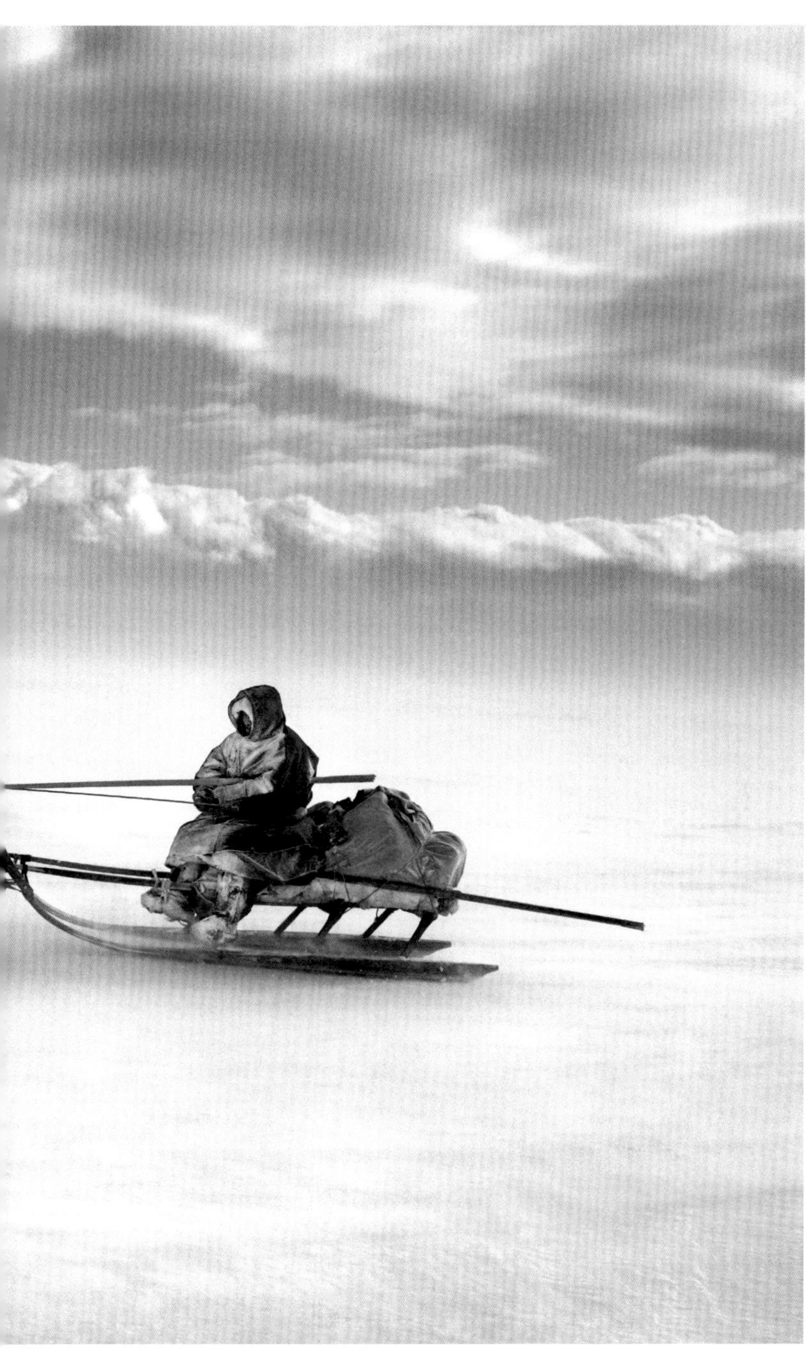

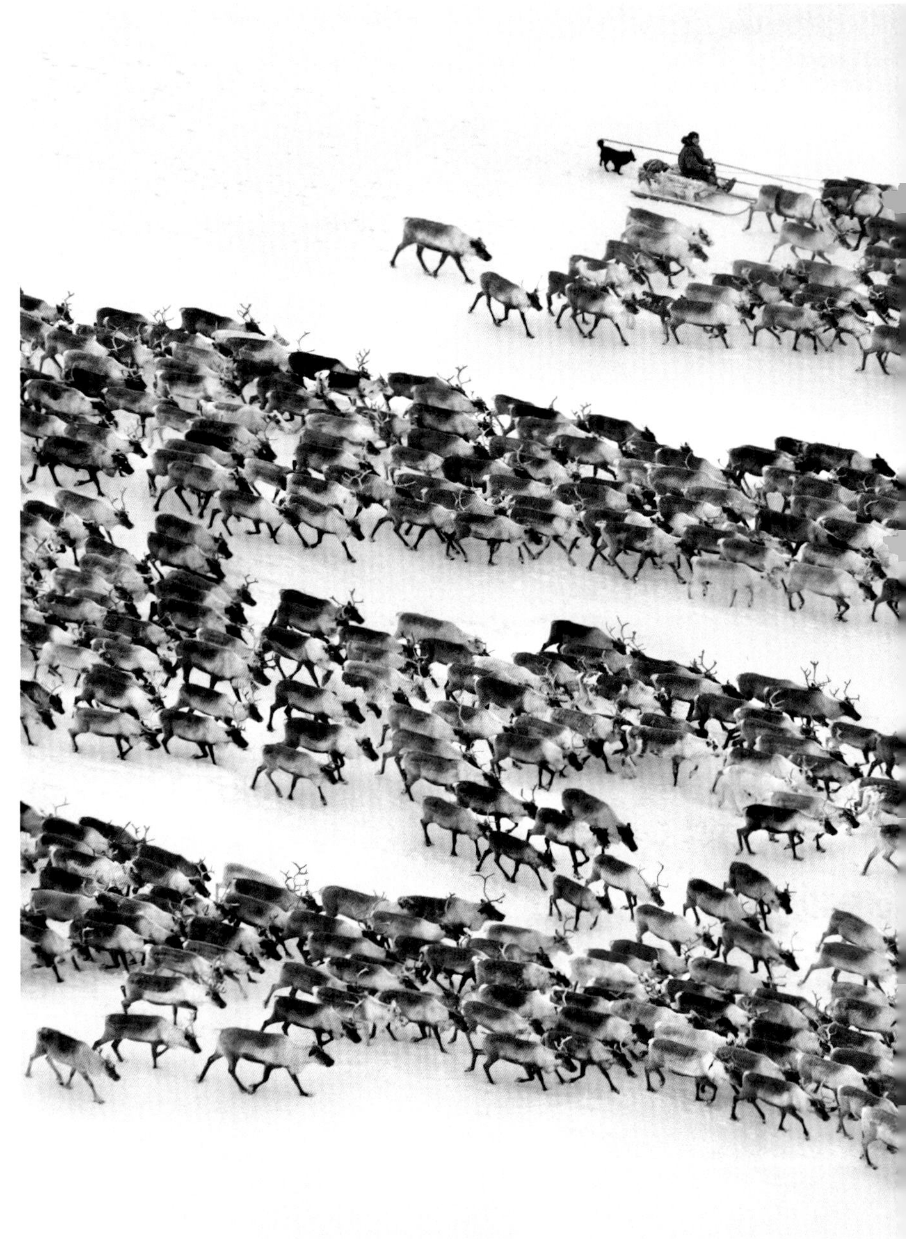

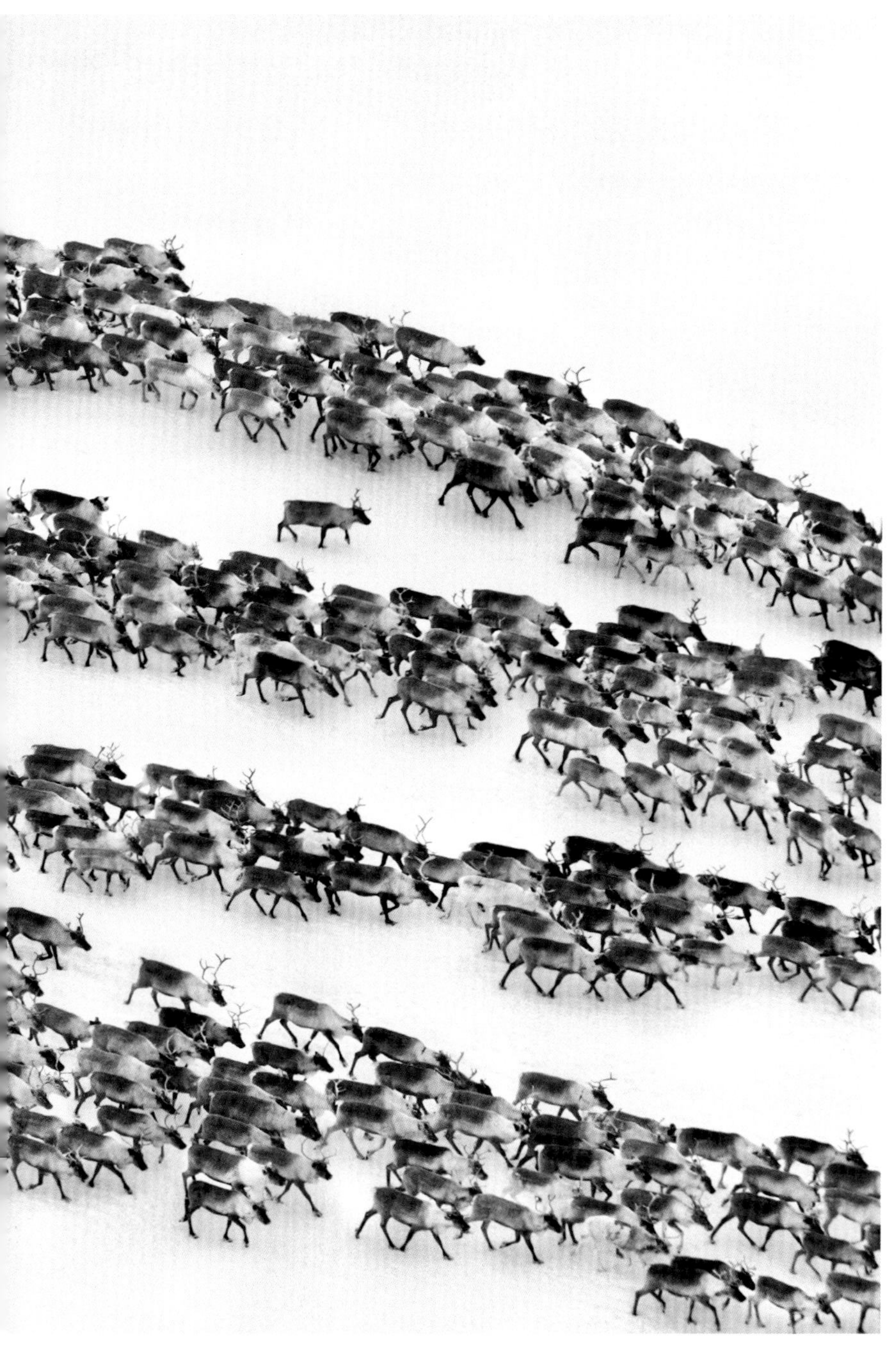

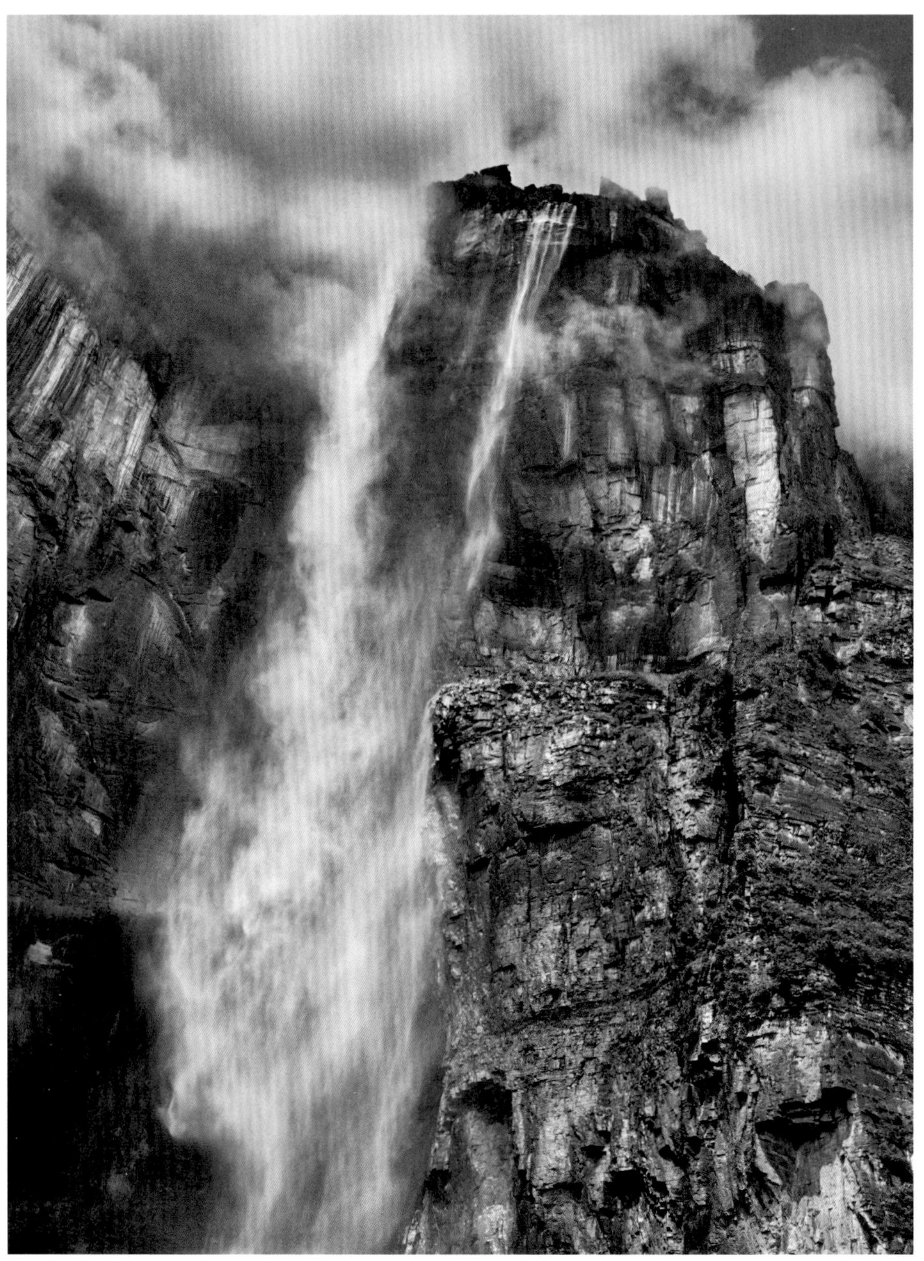

LA AMAZONIA Y EL PANTANAL

Desde el espacio, el río Amazonas y sus afluentes parecen un gigantesco árbol de la vida. De hecho, toda la cuenca del Amazonas simboliza la vida en una infinidad de formas: como pulmón de la Tierra, como fuente del 20 % del agua dulce del mundo, como hogar de incontables especies de flora y fauna, y como refugio de numerosas tribus indígenas. Sin embargo, en su periferia, la tala, la ganadería, la minería y la urbanización están socavando la jungla lentamente. La selva quemada y la tierra desmontada han dejado en la actualidad extensas heridas en lo que un día fue una alfombra de verdor ininterrumpida.

Conozco y amo la región amazónica. Esta vez quería sobrevolar el río que los brasileños llaman Amazonas a partir del punto en que el oscuro río Negro y el río Solimões confluyen en Manaos. Desde allí, nos dirigimos hacia el noroeste, río Negro arriba por una tierra tan llana que el cauce alcanza 20 kilómetros de ancho en algunos tramos, creando islas en forma de largos dedos cubiertas de una densa vegetación. Lo que puede parecer un paisaje estático en una fotografía, en realidad está en continuo cambio, dependiendo de la estación y del caudal de agua que baja de los Andes.

La selva tropical amazónica se extiende mucho más allá de las fronteras de Brasil; pero lo que me atrajo al Parque Nacional Canaima, en el sudeste de Venezuela, fueron las montañas coronadas por una meseta conocidas como tepuyes, de unos 3000 metros de altura, que surgen repentinamente de la jungla. Formadas hace unos 4000 millones de años, figuran entre las formaciones geológicas más antiguas del mundo. Al escalar hasta la cima de algunos tepuyes, me quedé deslumbrado al ver cómo la erosión había esculpido las rocas en formas fantasmagóricas. Algunas evocaban animales prehistóricos; otras, ciudades abandonadas, y por doquier hay cascadas, como si las propias montañas lloraran. En el salto Ángel, el más alto del mundo, el agua cae más de 970 metros. No es de extrañar que Arthur Conan Doyle eligiese este escenario para su novela *El mundo perdido*, escrita en 1912.

La gente ha vivido en la selva amazónica durante más de 10 000 años, aunque muchas tribus han desaparecido como consecuencia de la construcción de carreteras, la tala de árboles, los misioneros y las enfermedades importadas. Una excepción son los zo'és, con quienes «se contactó» por vez primera hace solo dos décadas. Gracias a la Fundación Nacional del Indio (FUNAI) de Brasil, tuve la fortuna de pasar algunas semanas observando un estilo de vida que ha cambiado poco en milenios. Estos amables cazadores-recolectores viven en pequeñas comunidades y van desnudos. Los adultos llevan una pieza de madera que les perfora el labio inferior. Los seguí a la jungla, donde fueron a cazar monos y peces con arcos y flechas, y los contemplé mientras molían yuca para obtener harina. Hoy en día poseen una reserva de 6250 kilómetros cuadrados; aun así, curiosos por el mundo exterior, unos pocos miembros de la tribu han visitado las localidades cercanas en fecha reciente.

A unos 1500 kilómetros, en el borde meridional de la Amazonia, las tribus indígenas del Estado de Mato Grosso tienen un mayor contacto con la sociedad moderna, aunque disfrutan de vivir protegidos en el Parque Indígena de Xingú, una reserva del tamaño de Bélgica creada en 1961. Me interesaba ver hasta qué punto había sobrevivido su estilo de vida tradicional. Me centré en tres tribus que vivían en la cuenca alta del Xingú, los waurá, los kuikuro y los kamayura, que hablan tres lenguas diferentes y tienen distintos antecedentes étnicos. Algunos integrantes de las tribus entienden el portugués y llevan ropa occidental, pero también se enorgullecen profundamente de sus ritos y ceremonias.

Los dos meses que pasé en Xingú coincidieron con los preparativos de las tribus Kuikuro y Waurá para los ritos funerarios del Kuarup, que celebra la vida, la muerte y el renacimiento. Para ello, se prepara una gran cantidad de comida y bebida para los invitados de otras localidades, mientras se pintan los cuerpos casi desnudos y llevan complicados tocados de plumas. El Kuarup toca a su clímax con cantos, danzas y luchas que duran todo el día. La tribu kamayura estaba celebrando el Amuricumã, un festival anual en el que las mujeres asumen el poder y, además de preparar la comida, participan en la Danza de las Mujeres. Los kamayura también alardean de tener a la única mujer chamán del Alto Xingú.

Aún más al sur está el Pantanal, el humedal más grande del mundo, que se ubica principalmente en Brasil, pero que se adentra en Bolivia y Paraguay. Durante la temporada de lluvias, el 80 % de la región se inunda y los arroyos y ríos desaparecen formando lagos. Viajamos sobre todo en barco por un mundo propiedad de una notable variedad de vida animal, desde huillines, vermilinguos, ciervos de los pantanos y tapires hasta carpinchos, anacondas, caimanes y jaguares. El aire, a su vez, pertenece a las águilas coronadas, los guacamayos, los loros, los tucanes, las garzas, los halcones y los jabirúes, conocidos como tuyuyus en la zona. El ganado ha sido introducido en algunos lugares, aunque la naturaleza protesta de vez en cuando. Allí donde la lluvia se ha llevado el suelo de la tierra desmontada, los ríos con légamo han inundado los pastos para siempre, arruinando a los ganaderos.

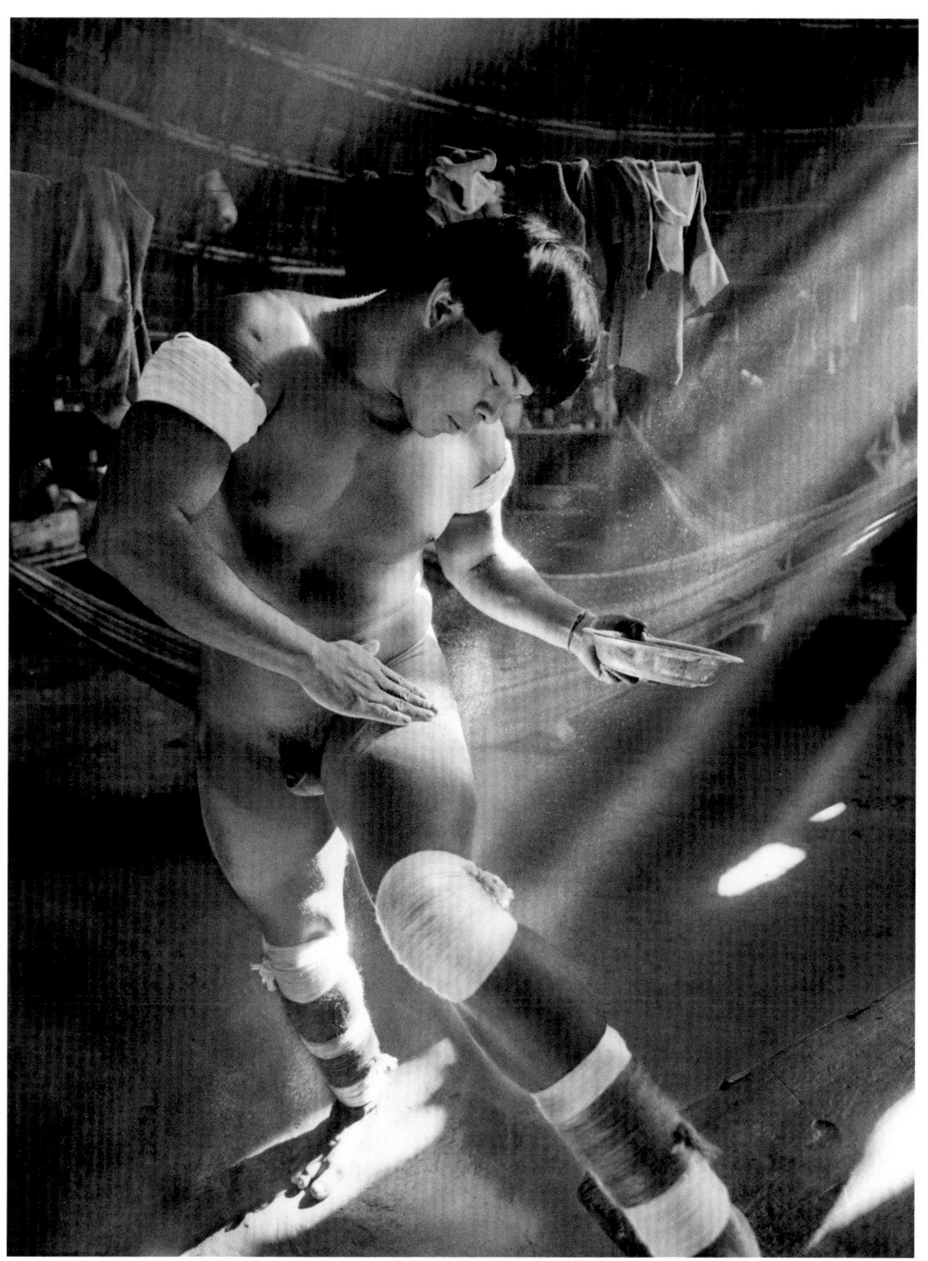

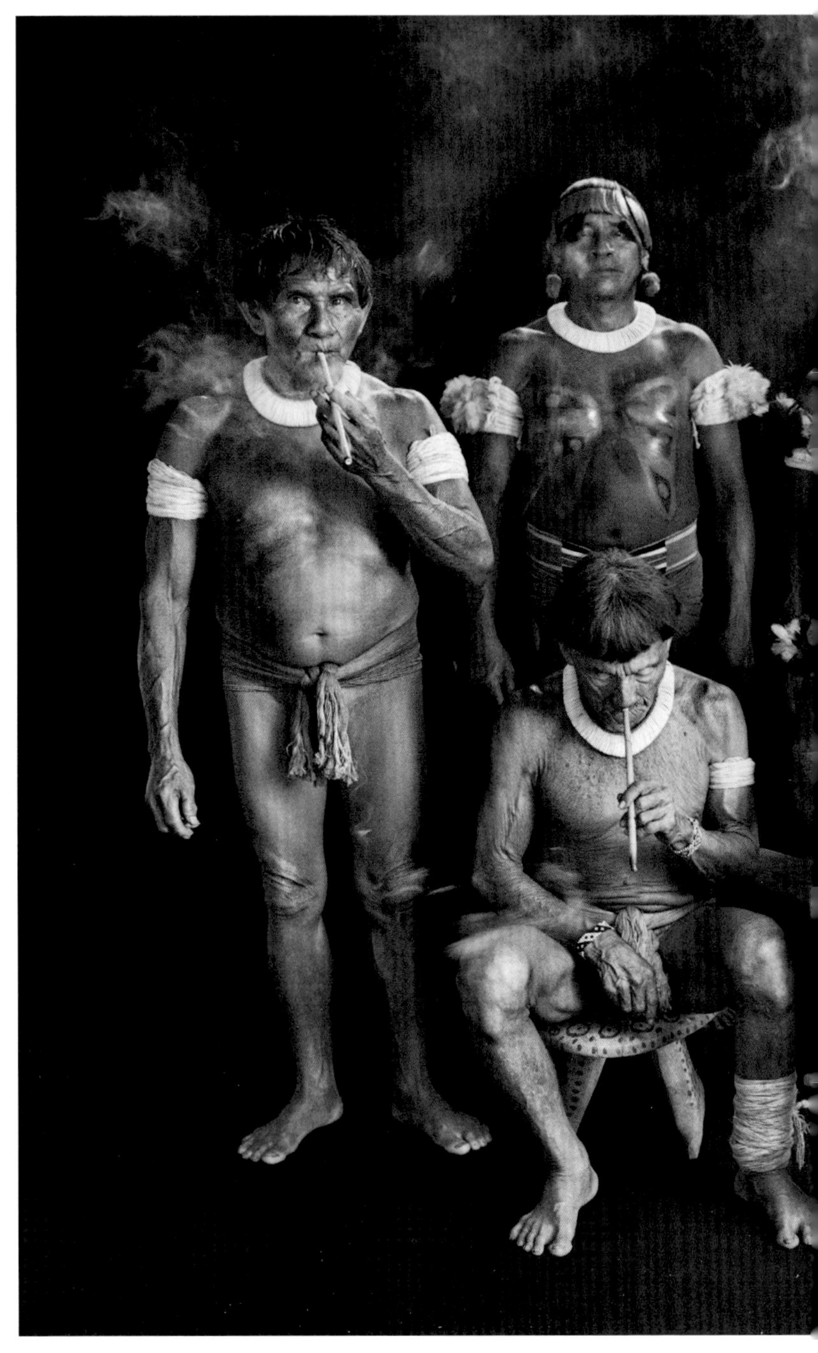

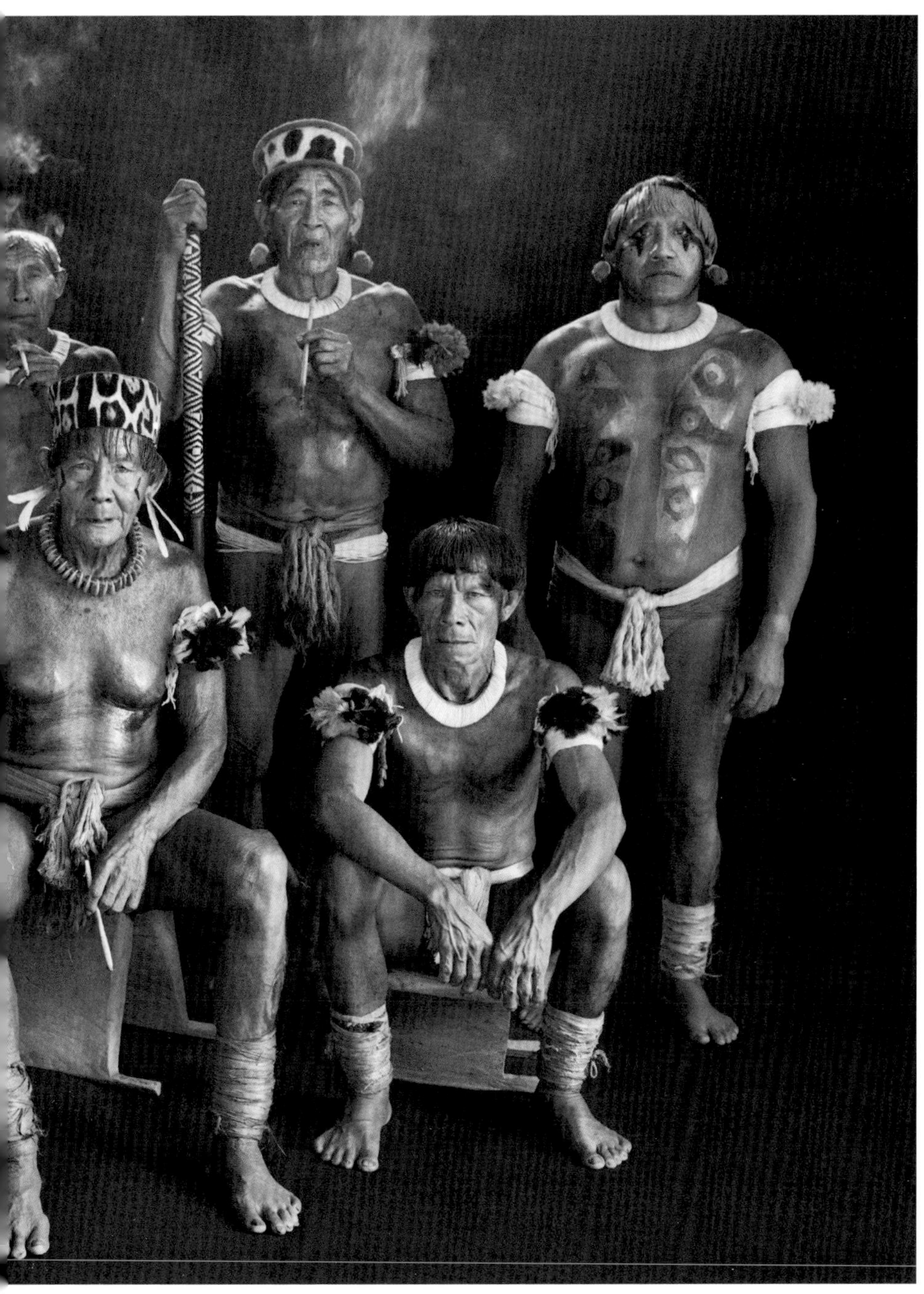

Página 154: El salto Ángel es la cascada más alta del mundo: cae 979 metros desde una montaña de cima plana llamada Auyantepui, o montaña del Diablo en la lengua de los indios pemones del lugar. El salto se localiza en la parte central de este tepuy y cae en lo que se conoce como cañón del Diablo, generando una corriente de agua que acaba desembocando en el río Churún. El salto toma su nombre de un piloto especializado en vuelos de riesgo, Jimmie Angel, que sobrevoló la cascada en 1933. Cuatro años después, aterrizó en la meseta de Auyantepui en un avión de cuatro plazas en busca de oro. Incapaz de despegar del terreno pantanoso, Angel, su mujer y dos compañeros cruzaron el tepuy a pie antes de descender por un precipicio casi vertical hasta un lugar seguro. Su ampliamente publicitada odisea de 11 días atrajo la atención por vez primera sobre la existencia del salto. Venezuela. Noviembre y diciembre de 2006.

INDIOS DEL ALTO XINGÚ

Páginas 157 a 163

La cuenca del Alto Xingú, en el Estado de Mato Grosso, se sitúa entre la selva ecuatorial del sur de Amazonia y la sabana del centro de Brasil. El río Xingú, que fluye hacia el norte y desemboca en el Amazonas, cerca de Belém, presta su nombre a esta bella región en la que la fauna, la flora y el terreno presentan todas las características de Amazonia, aunque se encuentre 1000 kilómetros al sur. La cuenca del Alto Xingú aloja a una población con gran diversidad étnica, con 2500 habitantes de 13 poblados que hablan lenguas con raíces diferenciadas del caribe, el tupí y el arawak. Aunque ocupan diferentes territorios y conservan sus propias identidades culturales, coexisten pacíficamente. Incluso, lo que resulta todavía más insólito, participan en las ceremonias importantes de los demás, como el Kuarup, el Amuricumã, el Takuara y el Jawari, con sus danzas, cantos y discursos rituales propios.

Por desgracia, esta armonía cultural y ambiental se ve amenazada por el deterioro de las zonas adyacentes al Parque Nacional del Xingú. La principal preocupación es la polución de los arroyos que atraviesan las plantaciones de soja e introducen sustancias químicas tóxicas en el río Xingú. Esto ya está afectando la pesca de las tribus indias de la región para las que el pescado es el principal alimento de su dieta. De hecho, los hombres de la tribu mehinaku creen que su dieta basada en el pescado explica su pasividad: «No comemos animales de sangre caliente, así que nuestra alimentación es suave y, como consecuencia de ello, nunca nos violentamos». No menos alarmante, la región del Alto Xingú registra los más altos índices de deforestación de Brasil. Además, la construcción de varias presas hidroeléctricas río Xingú arriba podría diezmar el ecosistema del río y de sus afluentes, socavando toda una cultura que depende de la pureza de sus aguas. Brasil. Julio, agosto y septiembre de 2005.

Página 157: Un atleta kamayura se pinta el cuerpo para participar en el último día del Kuarup como invitado del poblado de la tribu waurá. Alto Xingú. Mato Grosso. Brasil. Julio, agosto y septiembre de 2005.

Páginas 158/159: En este retrato en grupo de todos los chamanes kamayura, el hombre tocado con un sombrero de piel de jaguar sentado en el centro es el sacerdote tradicional más importante de toda la región del Xingú. Se llama Takumã Kamayura y es el actual jefe de la tribu kamayura. Solo los chamanes pueden fumar en el Alto Xingú puesto que se considera un acto sagrado que les permite entrar en contacto con las divinidades. Mato Grosso, Brasil. Julio, agosto y septiembre de 2005.

Página 161: Como en el caso de este indio kamayura, los grupos indígenas del Alto Xingú atribuyen su pacifismo a su dieta muy abundante en pescado. Mato Grosso. Brasil. Julio, agosto y septiembre de 2005.

Páginas 162/163: Con una longitud aproximada de 2400 kilómetros, el río Yuruá es uno de los afluentes más largos del Amazonas. Nace en las tierras altas de Ucalayi (Perú) y es navegable durante 1800 kilómetros, antes de confluir con el río Solimões. Sin embargo, en cuanto se adentra en las llanas y arboladas tierras bajas, conocidas como depresión amazónica, al oeste de Manaos, serpentea como una lombriz, curvándose a izquierda y derecha para apenas avanzar un kilómetro. Incluso navegando río abajo, cualquier patrón de barco necesita armarse de una inmensa paciencia. Amazonas. Brasil. Agosto y septiembre de 2009.

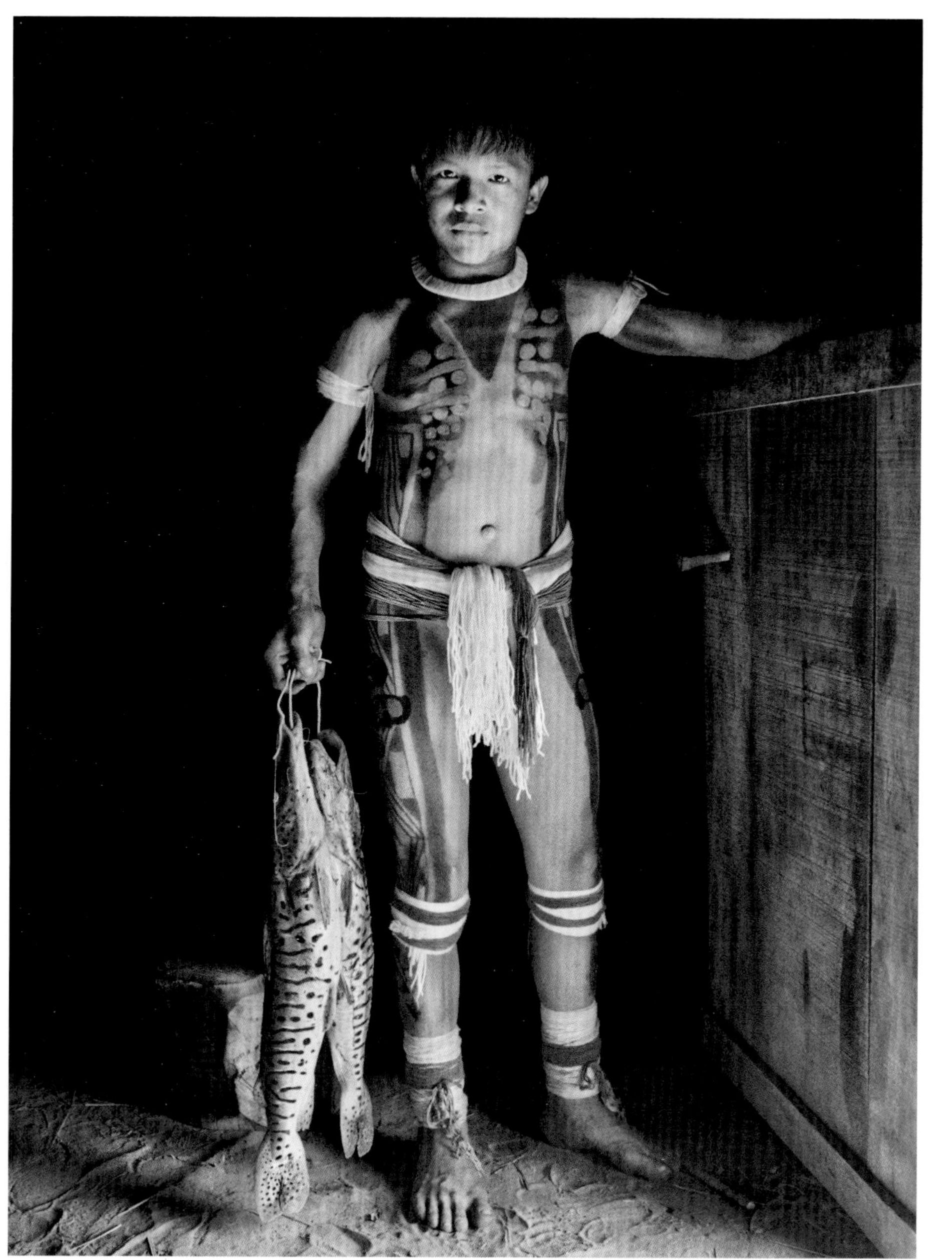

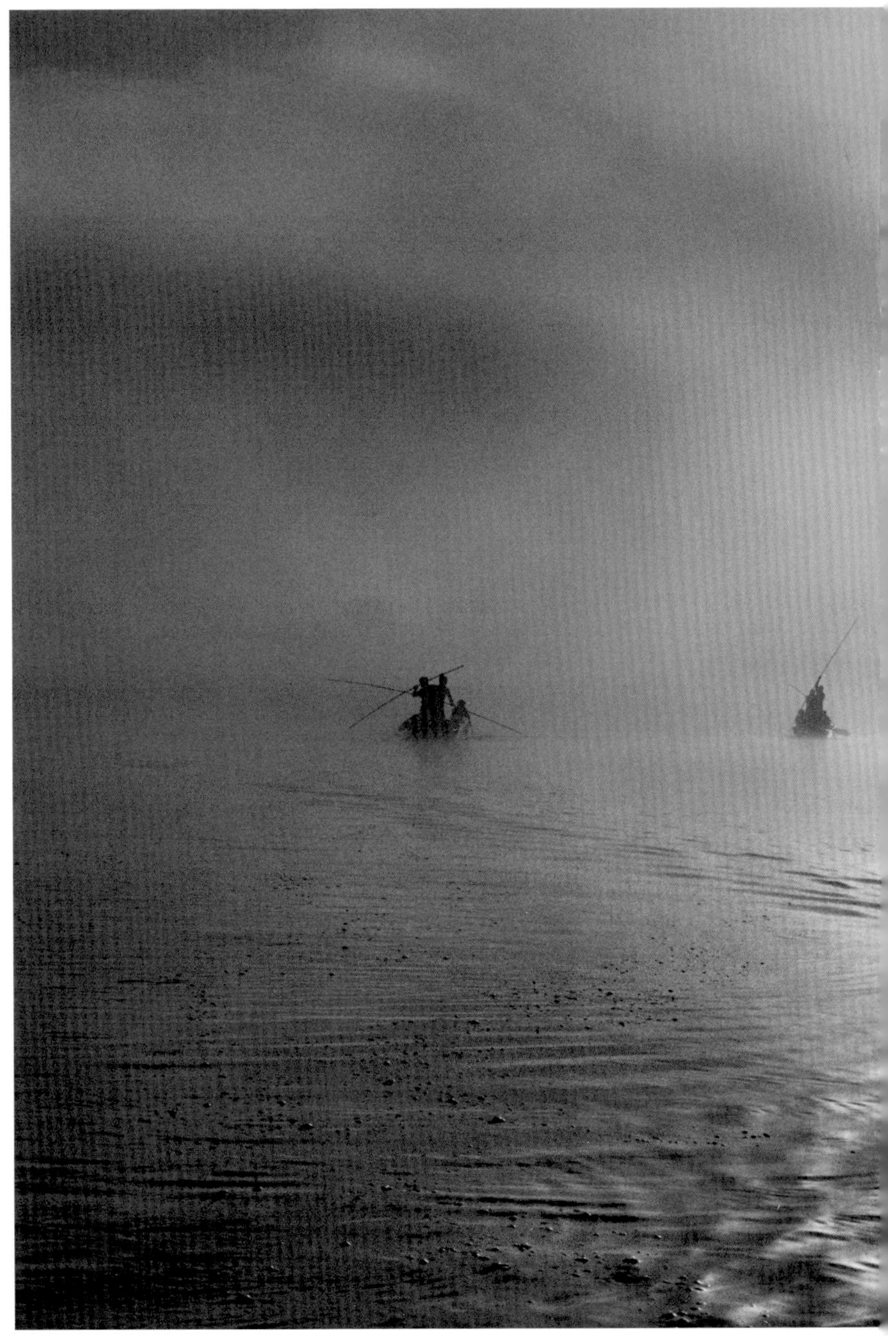

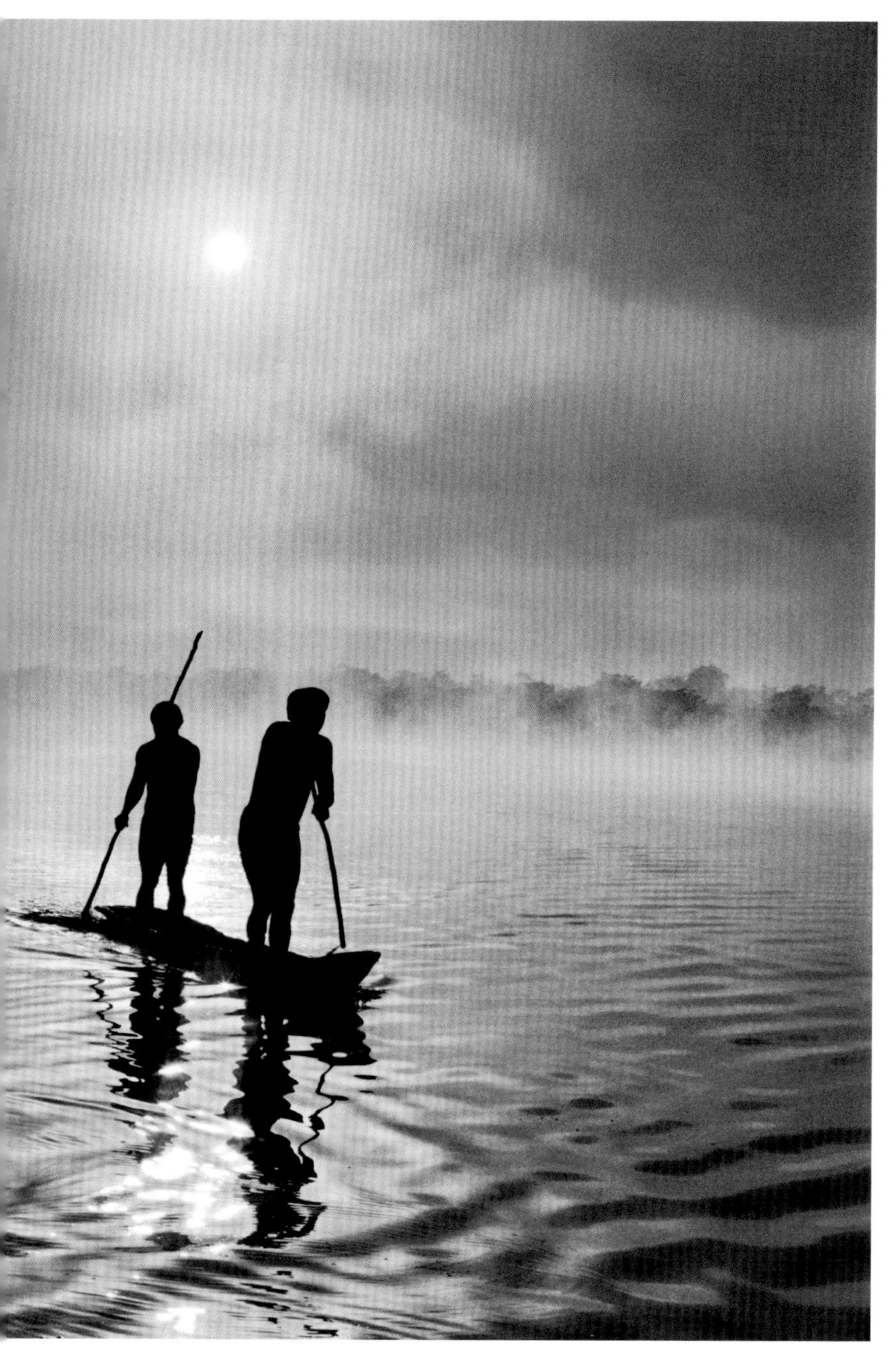

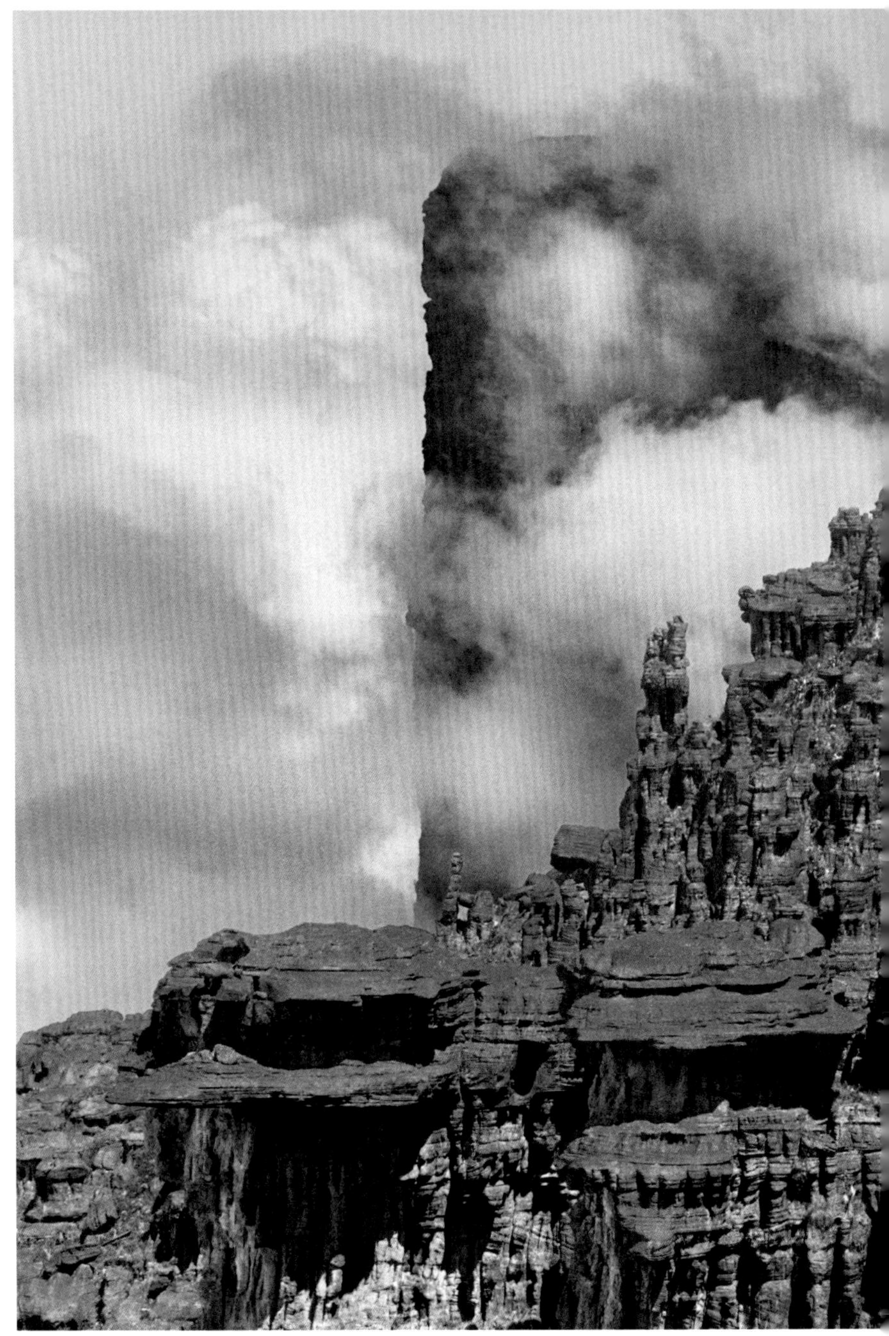

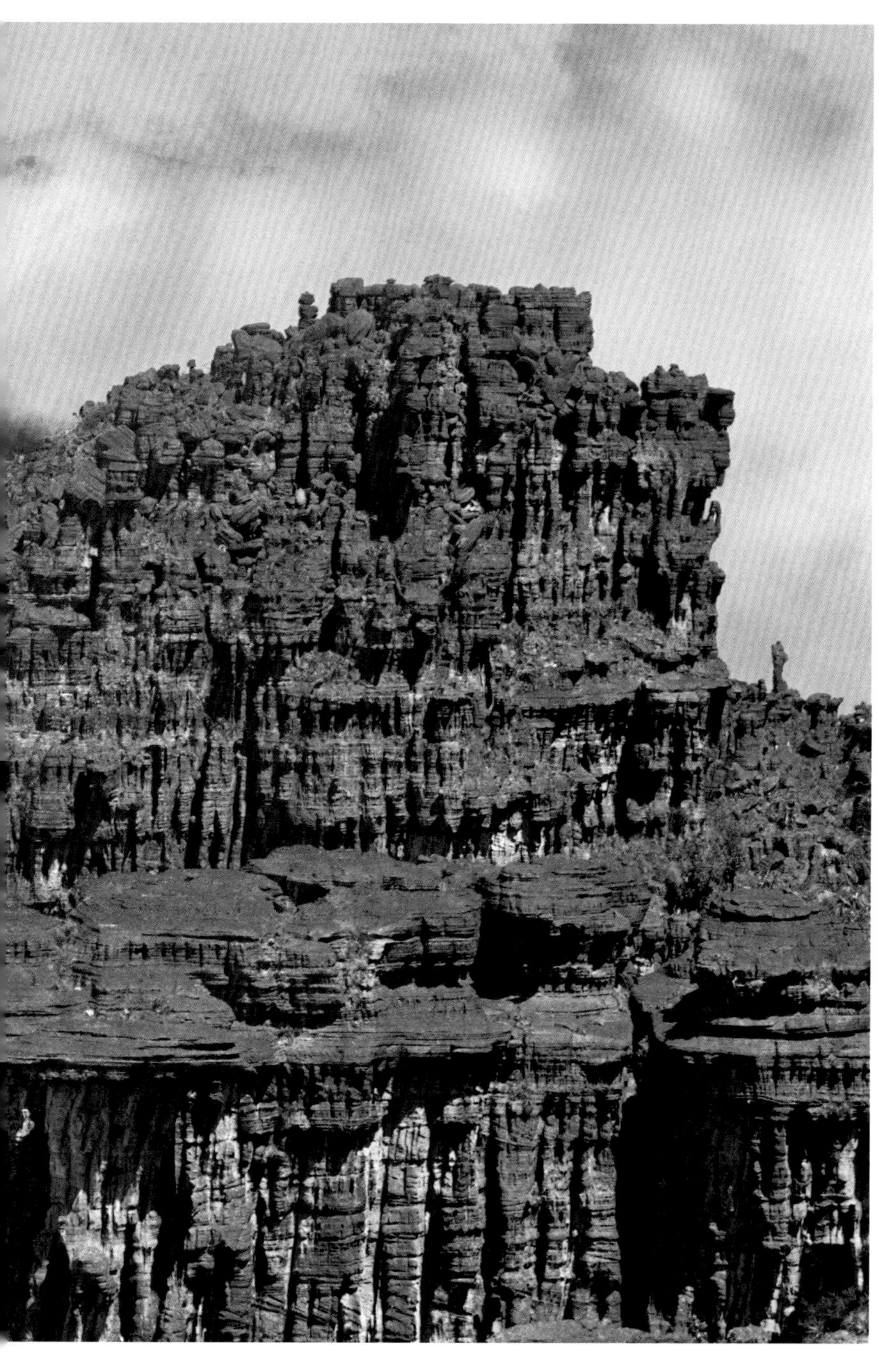

Páginas 164/165: En la meseta del tepuy Kukenán, la erosión del viento y del agua ha esculpido extrañas formas en las viejas rocas. *Tepuy* es el término pemón que define unas 115 montañas de cimas planas en una región situada a caballo entre el sudeste de Venezuela, el sudoeste de Guyana y el norte de Brasil. Este tepuy cubre una superficie de 20,6 kilómetros cuadrados y se eleva 2608 metros sobre el nivel del mar. Al fondo, parcialmente oculto por las nubes, el tepuy de Roraima alcanza una altura de 2723 metros. Venezuela. Noviembre y diciembre de 2006.

LA FAUNA DEL PANTANAL

Páginas 167 a 172

El Pantanal, que toma su nombre del término portugués ***pântano***, es una región que rebosa de vida natural. Unos de los mayores humedales del mundo, se extiende a través del Estado brasileño de Mato Grosso del Sur, se adentra en Bolivia y Paraguay, y cubre una zona estimada entre 140 000 y 195 000 kilómetros cuadrados. Debido a que el nivel de sus aguas se eleva y baja en función de las estaciones, los ciclos de vida del Pantanal también experimentan cambios continuos. Durante la temporada de lluvias, la inundación de aproximadamente un 80 % de la zona sustenta una sorprendente y maravilloa diversidad de plantas acuáticas y de especies animales. Su ecosistema acoge unas 1000 especies de aves, 400 de peces, 300 de mamíferos y 480 tipos diferentes de reptiles.

Entre su fauna menos común se encuentran el ciervo de los pantanos (*Blastocerus dichotomus*) y la nutria gigante (*Pteronura brasiliensis*). Los animales amenazados incluyen el aguará guazú (*Chrysocyon brachyurus*), el perro venadero (*Speothos venaticus*) y el caimán yacaré (*Caiman yacare*), así como el jacinto azul (*Anodorhyncus hyacinthinus*) y el águila coronada (*Harpyhaliaetus coronatus*). En cambio, determinadas especies medran. El jaguar (*Panthera onca*) se siente muy a sus anchas en el Pantanal, mientras la anaconda amarilla (*Eunectes notaeus*), la tortuga de patas rojas (*Chelonoidis carbonaria*) y la iguana verde (*Iguana iguana*) son relativamente comunes. Brasil. Septiembre y octubre de 2011.

Página 167: La *biguantinga* o pato aguja americano (*Anhinga anhinga*) es un ave acuática de gran tamaño con una envergadura de 84 centímetros, así como un largo pico recto y un cuello muy fino que lo convierten en un eficaz pescador. En esta foto, un pato aguja americano acaba de capturar un canivete (Astyanax bimaculatus) en el río Cuiabá, cerca de Porto Jofre, en el norte del Pantanal. Mato Grosso. Brasil. Septiembre y octubre de 2011.

Páginas 168/169: Arara azul o jacinto *(Anodorhynchus hyacinthinus)*. Con su envergadura de 95 centímetros, estos deslumbrantes guacamayos pueden ser avistados deslizándose sobre el dosel arbóreo, con la vista alerta a su alimento predilecto, los frutos de las palmeras. Sus plumas son de un intenso azul violáceo, presentan la piel desnuda bajo el pico y pequeñas salpicaduras amarillas alrededor de los ojos. Reserva Ecológica de Caimanes. Mato Grosso del Sur. Brasil. Septiembre y octubre de 2011.

Páginas 170/171: Jaguar (*Panthera onca*). El jaguar, el mayor félido de América, se halla principalmente en el bosque pluvial del Amazonas, así como en el Pantanal y su llanura adyacente, el Gran Chaco. Los jaguares tienen una longitud de entre 112 y 185 centímetros, con un peso medio del macho de 120 kilos (aunque algunos ejemplares del Pantanal llegan a pesar 150 kilos). En la familia de los félidos, solo los leones y los tigres tienen un tamaño mayor. El jaguar de la fotografía fue avistado junto al río Tagoarira, en la región de Porto Jofre. Parque Nacional Encontro das Águas. El Pantanal, Mato Grosso. Brasil. Septiembre y octubre de 2011.

Páginas 172/173: El Pantanal, uno de los humedales más extensos del mundo, que cubre una inmensa superficie del oeste de Brasil y se adentra en Paraguay y Bolivia, es el hábitat de una población estimada en unos 10 millones de caimanes yacaré (*Caiman yacare*). Al final de la temporada de sequía, se concentran en pequeños lagos, como puede apreciarse en esta fotografía, en el Estado de Porto Alegre, en la región de Porto Jofre, donde se reúnen entre 5000 y 8000 de estos caimánidos. Miden entre 2 y 3 metros y se alimentan de peces, moluscos y crustáceos. Aunque el Pantanal hace gala de la mayor población de caimanes de la Tierra, han sido declarados especie amenazada debido a la caza descontrolada en Paraguay y Bolivia. El Pantanal, Mato Grosso. Brasil. Septiembre y octubre de 2011.

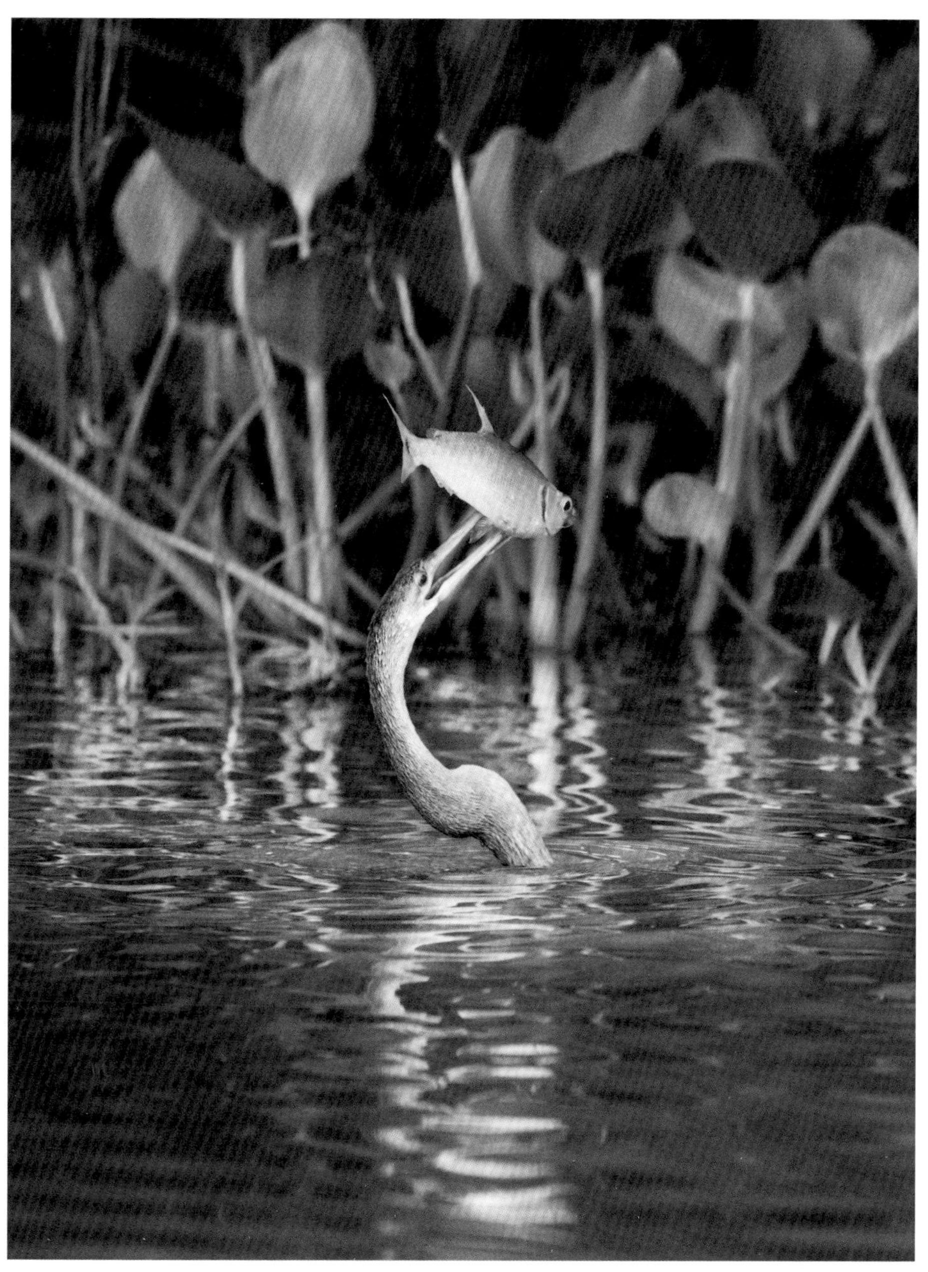

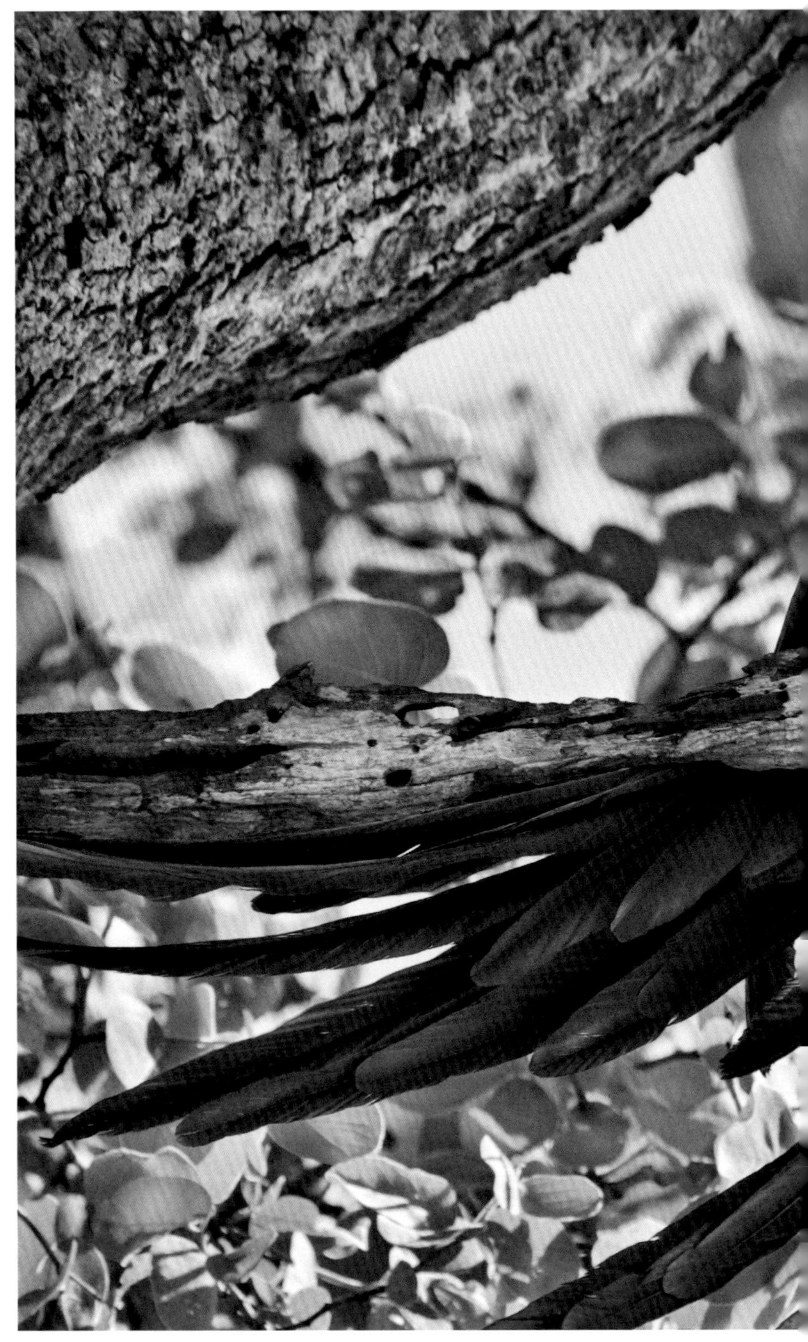

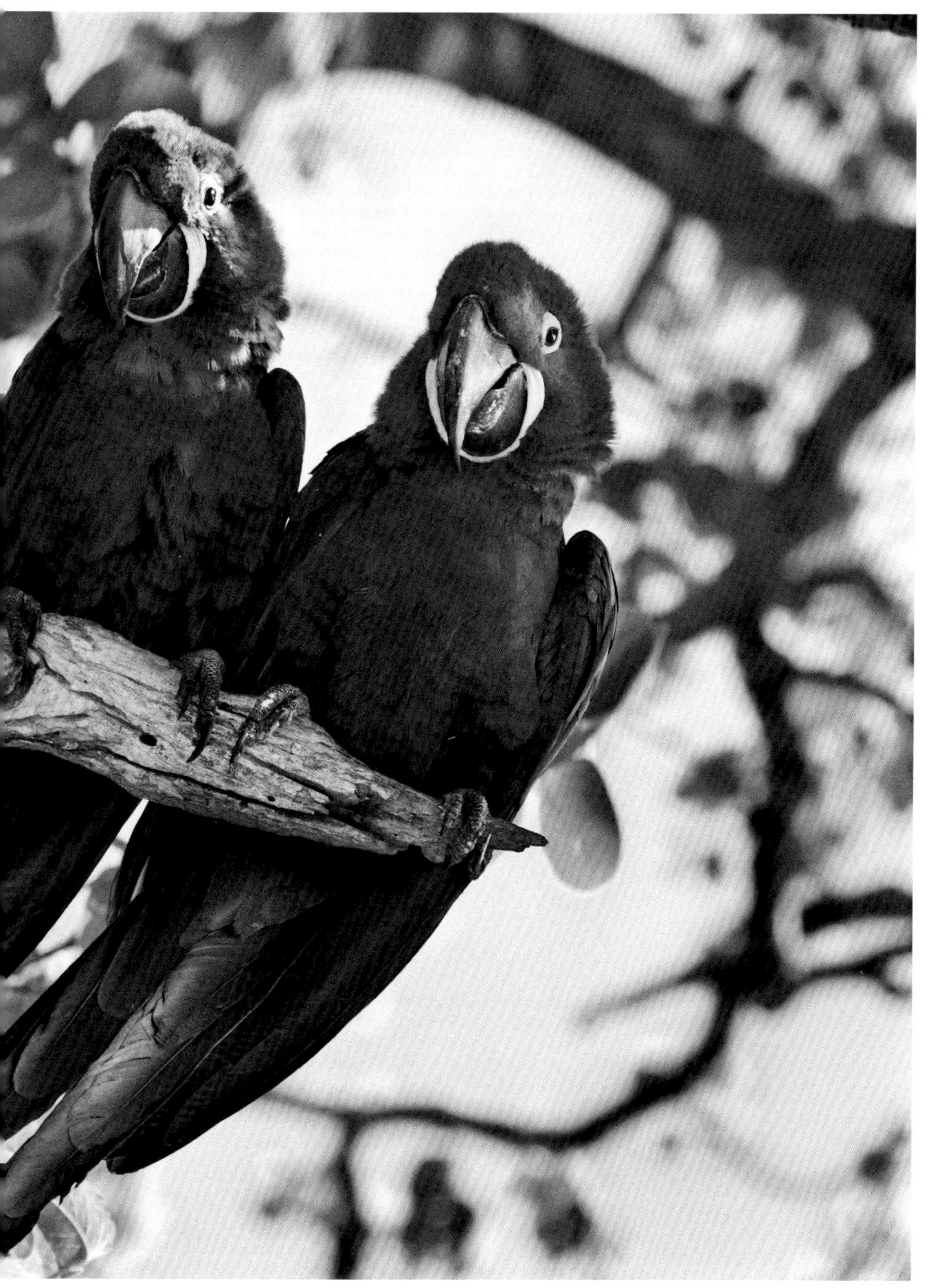

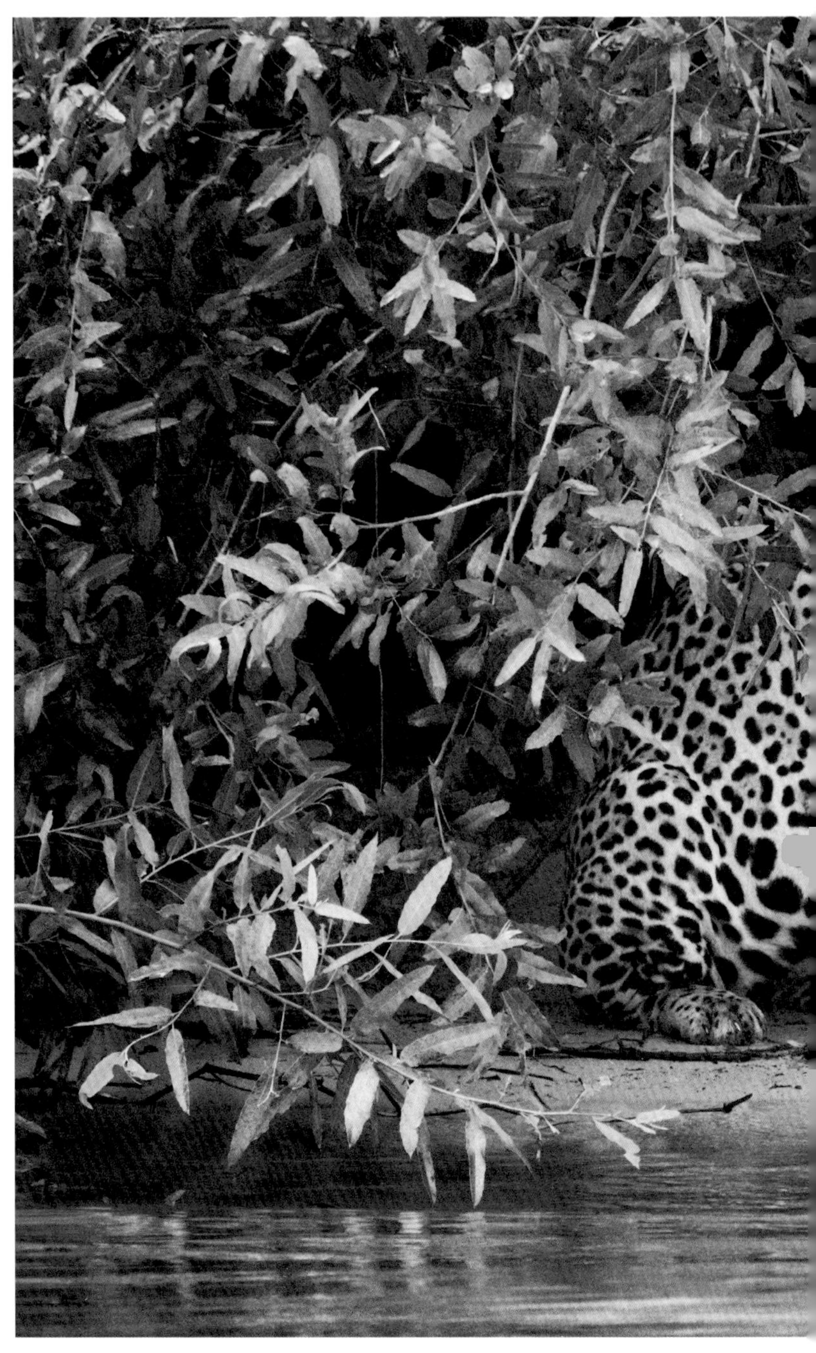

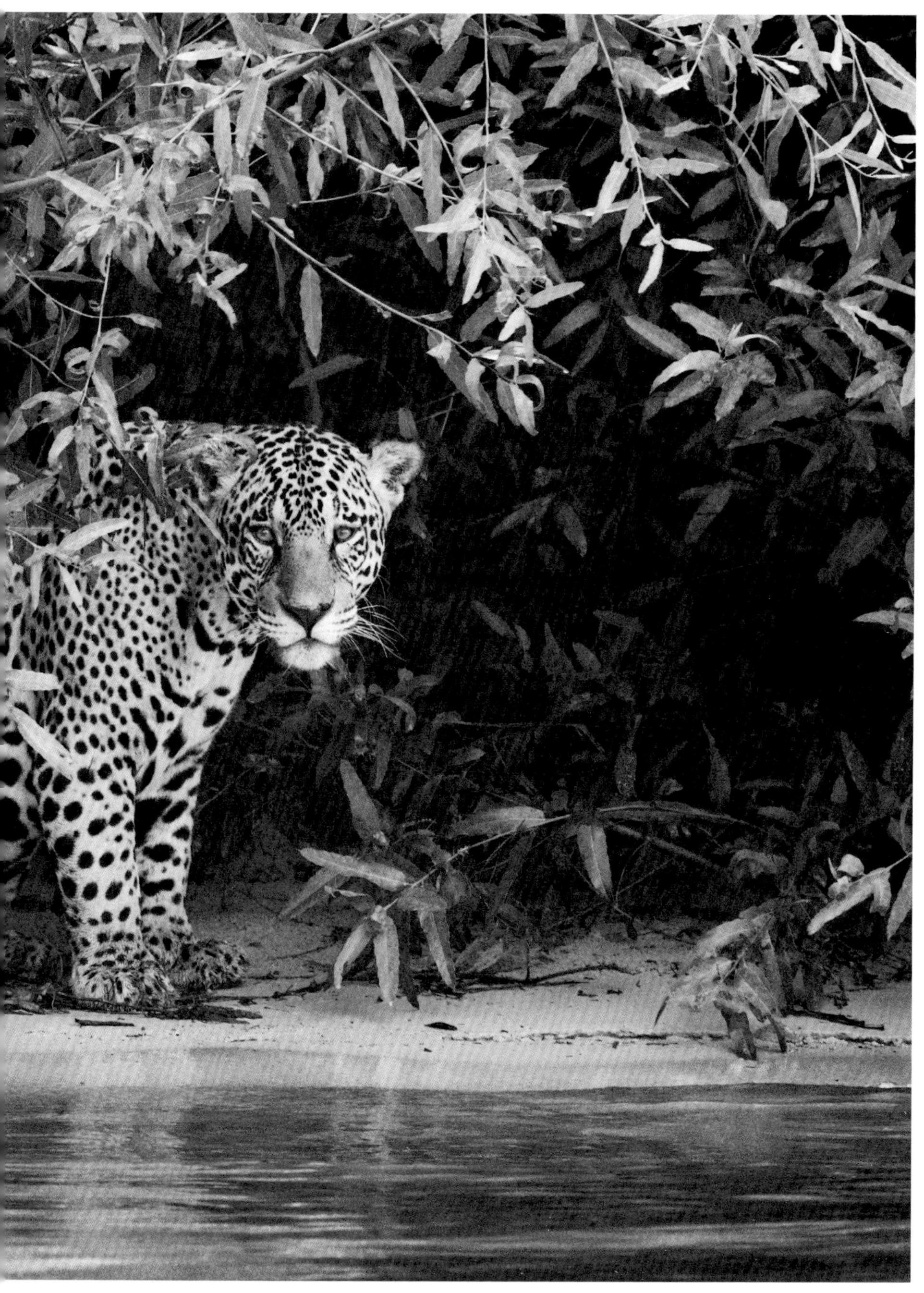

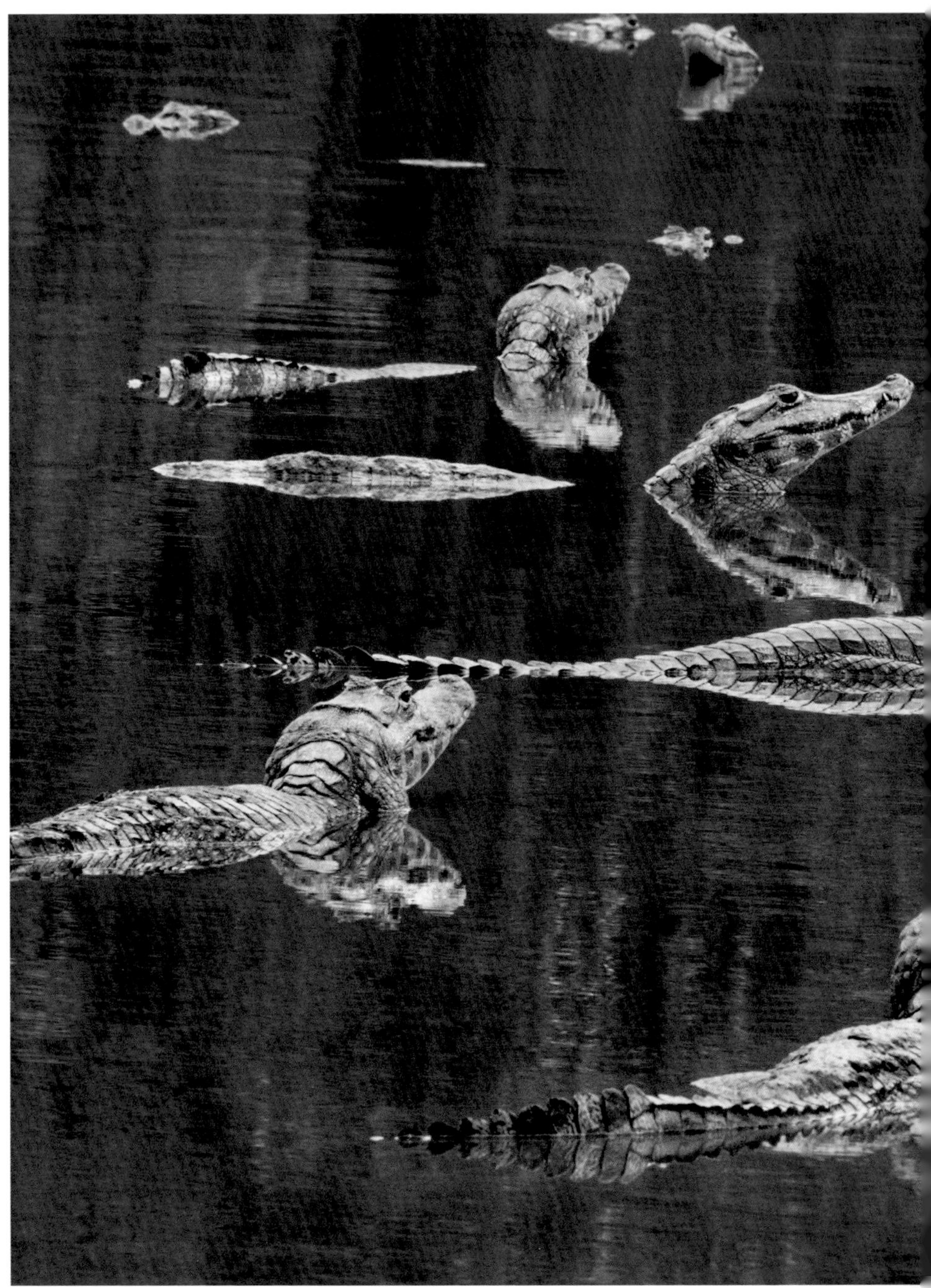

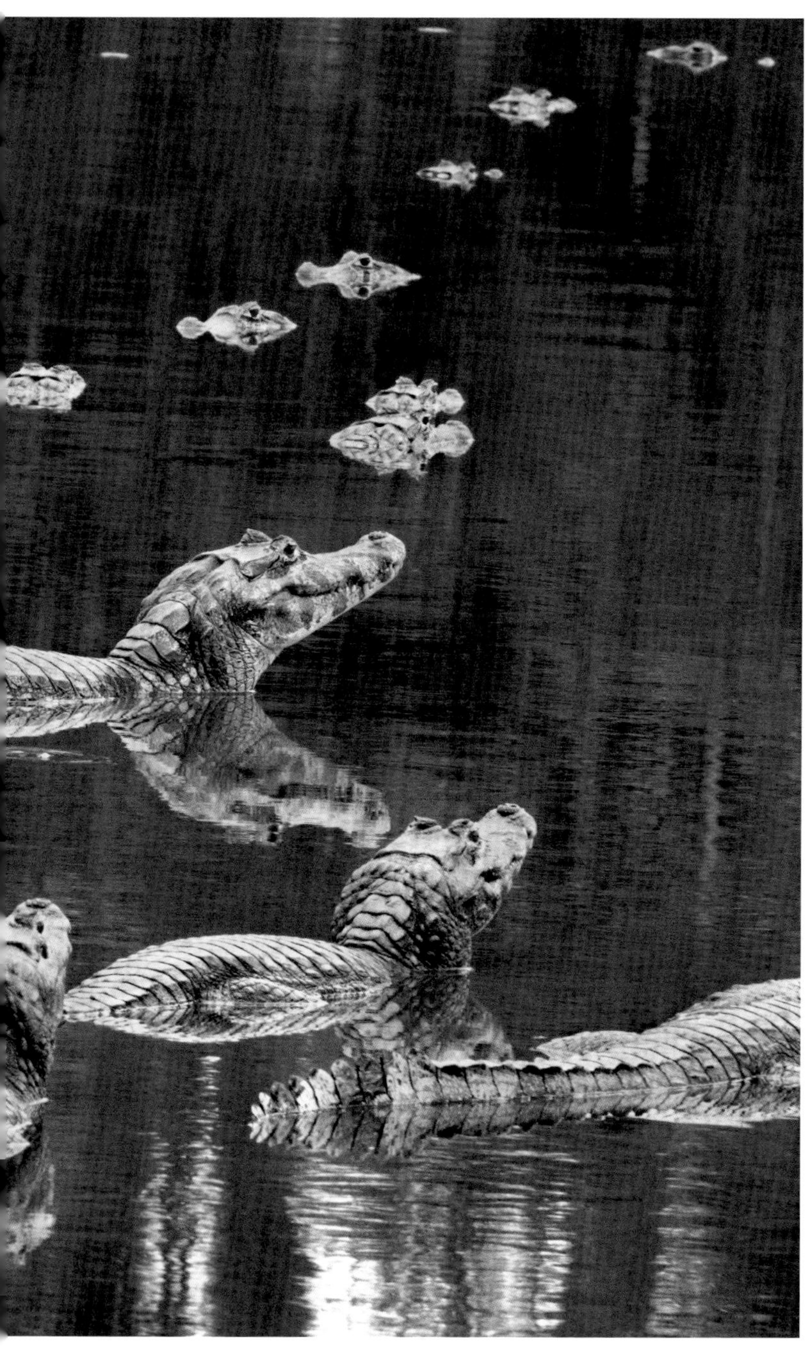

TRIBU DE LOS ZO'ÉS

Páginas 175 a 179
Los zo'és viven en las profundidades del bosque pluvial del Estado de Pará, en el norte de Brasil, en una zona que se extiende entre los ríos Erepecurú y Cuminapanema, ambos afluentes septentrionales del Amazonas. Como pertenecen al grupo lingüístico tupí-guaraní, tradicionalmente afincado cerca de la costa del Atlántico, parece probable que los zo'és emigrasen hacia el oeste hace algunos milenios. Unos evangelistas estadounidenses de las misiones Nuevas Tribus contactaron con esta etnia en 1987. En su tentativa de convertir a los indios a su versión del cristianismo, comenzaron por obsequiarles con ropa, machetes y espejos, además de construir la primera pista de aterrizaje de la zona. Sin embargo, en un lapso de tres años, el FUNAI, el órgano del Gobierno brasileño responsable de proteger a los pueblos indígenas, expulsó a la misión Nuevas Tribus de las tierras de los zo'és. Posteriormente, el FUNAI creó el llamado Frente de Protección Etnoambiental del Cuminapanema con el cometido de impedir cualquier invasión nueva del territorio zo'é. En 2009, se otorgó a los zo'és la propiedad de 6240 kilómetros cuadrados de tierra en forma de reserva protegida. Una franja de tierra de 20 kilómetros de ancho que rodea el perímetro de la reserva, y que únicamente puede atravesarse con una autorización especial, proporciona una protección adicional. Pará. Brasil. Marzo y abril de 2009.

Página 175: Las prácticas cinegéticas de los zo'és varían en función de las estaciones. Estas fotografías fueron realizadas durante la temporada de lluvias en marzo y abril. Como este no es un buen momento para pescar, los zo'és cazan monos, cuya carne es muy apreciada. Después, en junio, comienzan a cazar jabalíes. Pará. Brasil. Marzo y abril de 2009.

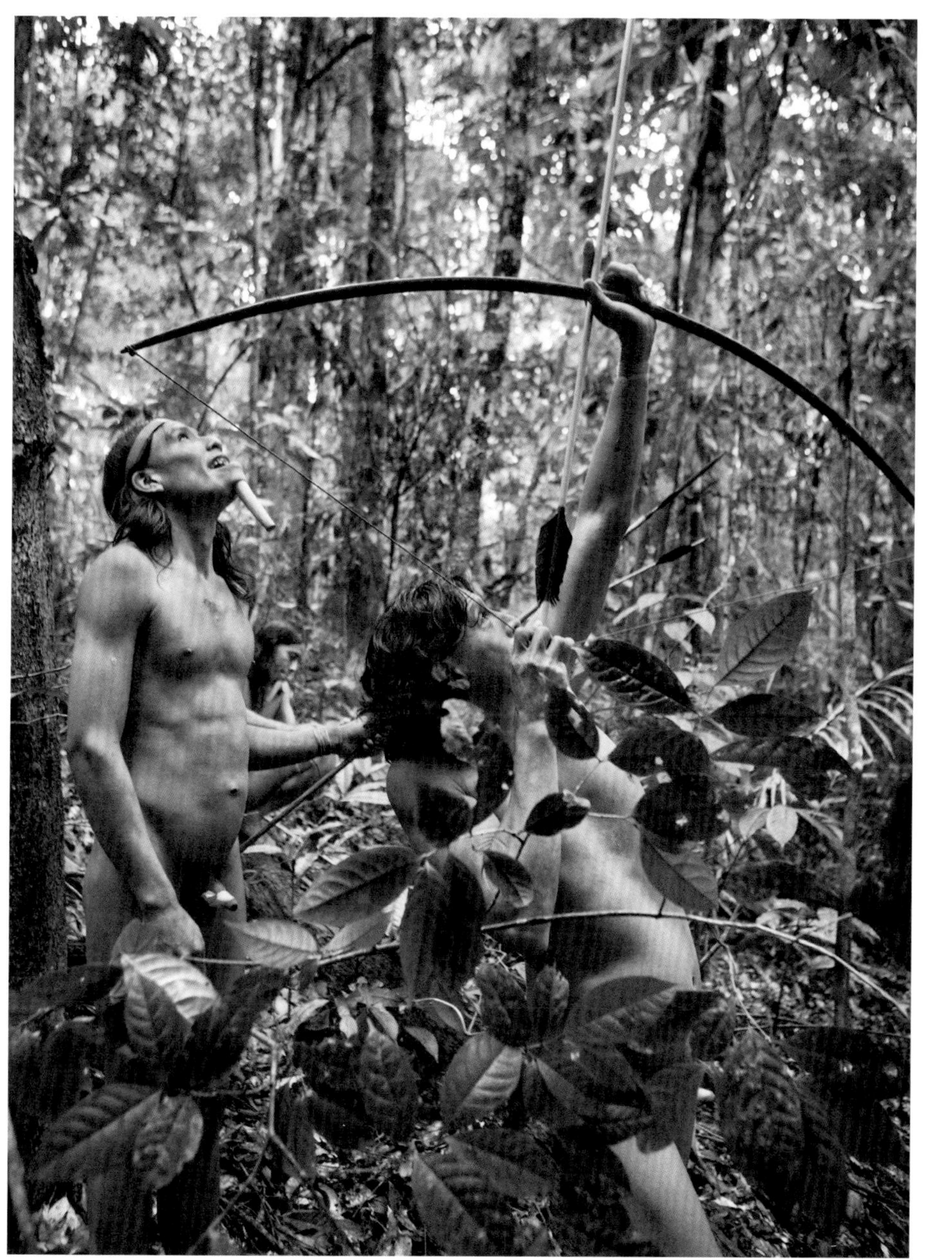

Página 177: Los zo'és, una tribu de indios aislada en la región septentrional del Amazonas, conceden gran importancia a su higiene. Todos los caminos y senderos de su asentamiento conducen a fuentes; suelen interrumpir sus excursiones, ya sean para cazar, pescar o recolectar, para bañarse en arroyos y riachuelos. Pará. Brasil. Marzo y abril de 2009.

Páginas 178/179: Es habitual que las mujeres del poblado zo'és de Towari Ypy utilicen el fruto rojo del achiote (*Bixa orellana*) para colorearse el cuerpo. También se emplea en la cocina. El achiote es un arbusto o árbol pequeño de las regiones tropicales de toda América. Los indios americanos lo usan desde hace mucho tiempo para elaborar pintura para el cuerpo, especialmente para los labios, ganándose así el apodo de «árbol de lápiz labial». Pará. Brasil. Marzo y abril de 2009.

Páginas 180/181: Tepuy de Roraima. Este tepuy, a caballo entre las fronteras del sudeste de Venezuela, Brasil y Guyana, tiene una superficie cercana a los 35 kilómetros cuadrados y se eleva a una altura de 2608 metros. *Tepuy*, término de los indios pemón para «montaña», es actualmente la denominación comúnmente aceptada de un tipo particular de montaña de cima plana que se encuentra en esta región de América del Sur. Con una altura variable de 1000 a 3000 metros, la mesa o meseta de tepuyes a menudo tiene un único ecosistema caracterizado por animales y plantas endémicos. Venezuela. Noviembre y diciembre de 2006.

Páginas 182/183: Las cataratas de Ichún-Prarara, ubicadas en la meseta de Ichún, en el corazón de la selva amazónica de Venezuela, están muy aisladas y son de difícil acceso. Venezuela. Noviembre y diciembre de 2006.

Páginas 184/185: La ceremonia del Warime de los indios piaroa en Venezuela simboliza los orígenes del mundo. Describe los tiempos remotos de la raza humana y demuestra cómo, gracias a su fuerza y vitalidad, esta ha sobrevivido hasta la fecha. Esta ceremonia, que se celebra una vez al año, también es un festejo de la cosecha. Este Warime se celebra en la cuenca del alto Carinagua. Venezuela, en la frontera con Colombia. Noviembre y diciembre de 2006.

Páginas 186/187: En ocasiones las mesas de los tepuyes parecen jardines bien cultivados. *Tepuy* es el término pemón para «montaña» y define un tipo de montaña de cima plana situada en una región a caballo entre el sudeste de Venezuela, el sudoeste de Guyana y el norte de Brasil. Vista en la cima del tepuy de Roraima, la *Orecthante sceptrum* (familia de las xyridáceas) es una planta común de las mesetas de *tepuyes*. Venezuela. Noviembre y diciembre de 2006.

Páginas 188/189: Con una longitud aproximada de 2400 kilómetros, el río Yuruá es uno de los afluentes más largos del Amazonas. Nace en las tierras altas de Ucalayi (Perú) y es navegable durante 1.800 kilómetros, antes de confluir con el río Solimões. Amazonas. Brasil. Agosto y septiembre de 2009.

Páginas 190/191: Las Anavilhanas, como se denominan unas 350 islas forestadas del río Negro de Brasil, forman el mayor archipiélago interior del mundo. Cubren mil kilómetros cuadrados de la Amazonia, comenzando 80 kilómetros al noroeste de Manaos y extendiéndose unos 400 kilómetros río Negro arriba hasta Barcelos. Su formación se remonta a la última Edad de Hielo, cuando los cambios en las corrientes de los ríos que desembocaban en el río Negro produjeron acumulaciones de sedimentos que, con el paso del tiempo, dieron lugar a bancos de arena e islas. Puesto que los niveles del agua cambian con las estaciones hasta 20 metros, las Anavilhanas mismas están en constante evolución, con canales, bancos de arena y lagunas que aparecen durante la temporada de sequía y algunos islotes que desaparecen con la subida de las aguas, aunque muchas de las islas de mayor tamaño son parcelas de bosque pluvial independientes. Amazonas. Brasil. Mayo de 2009.

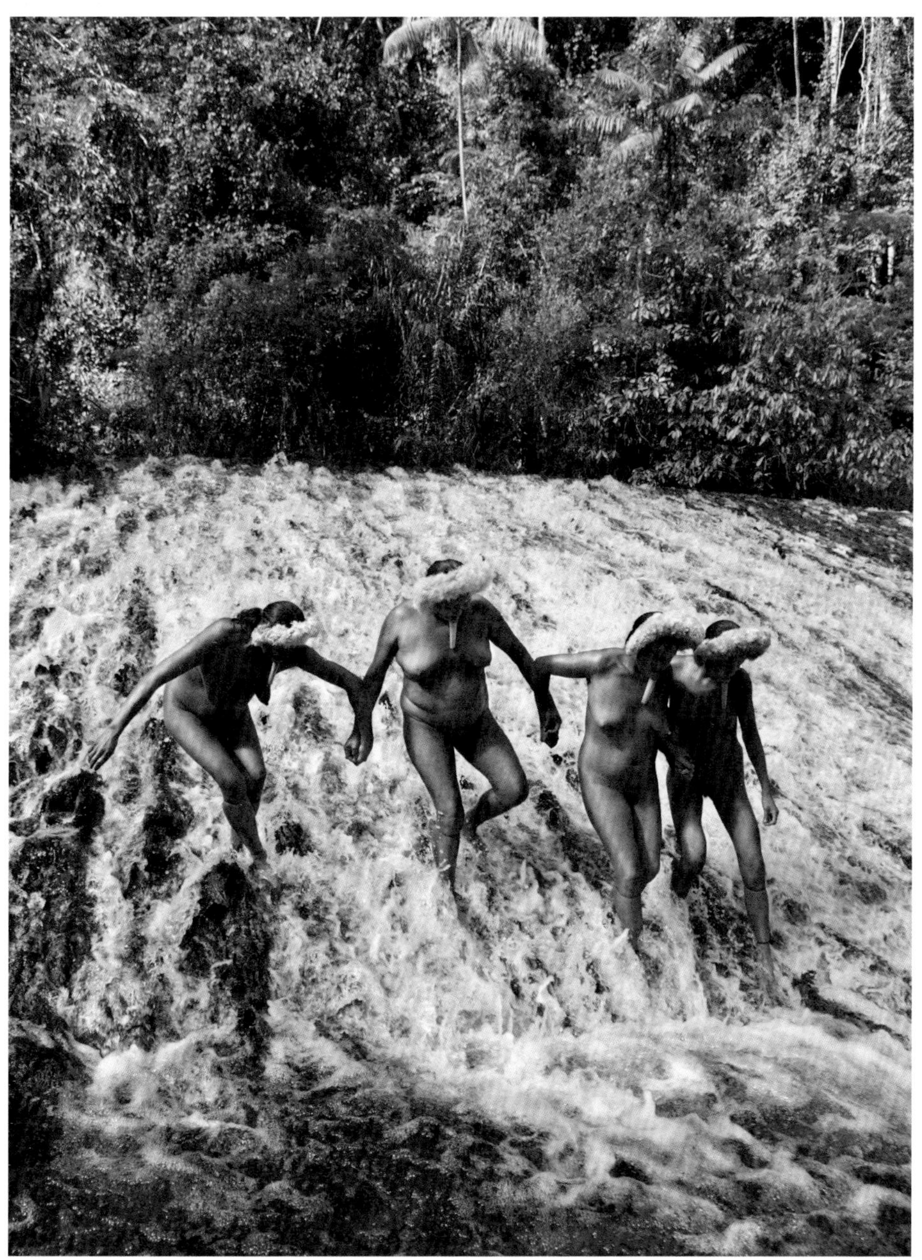

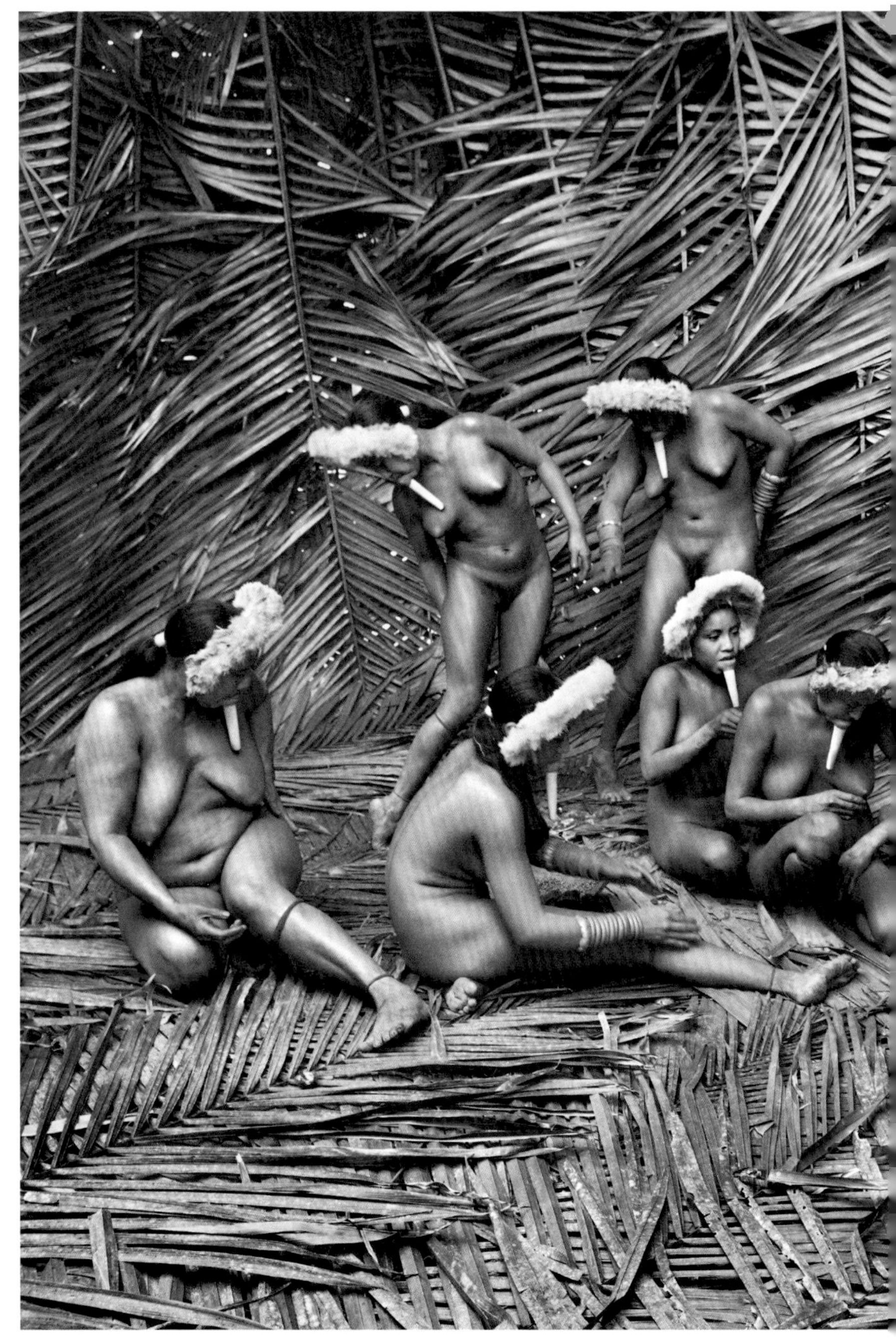

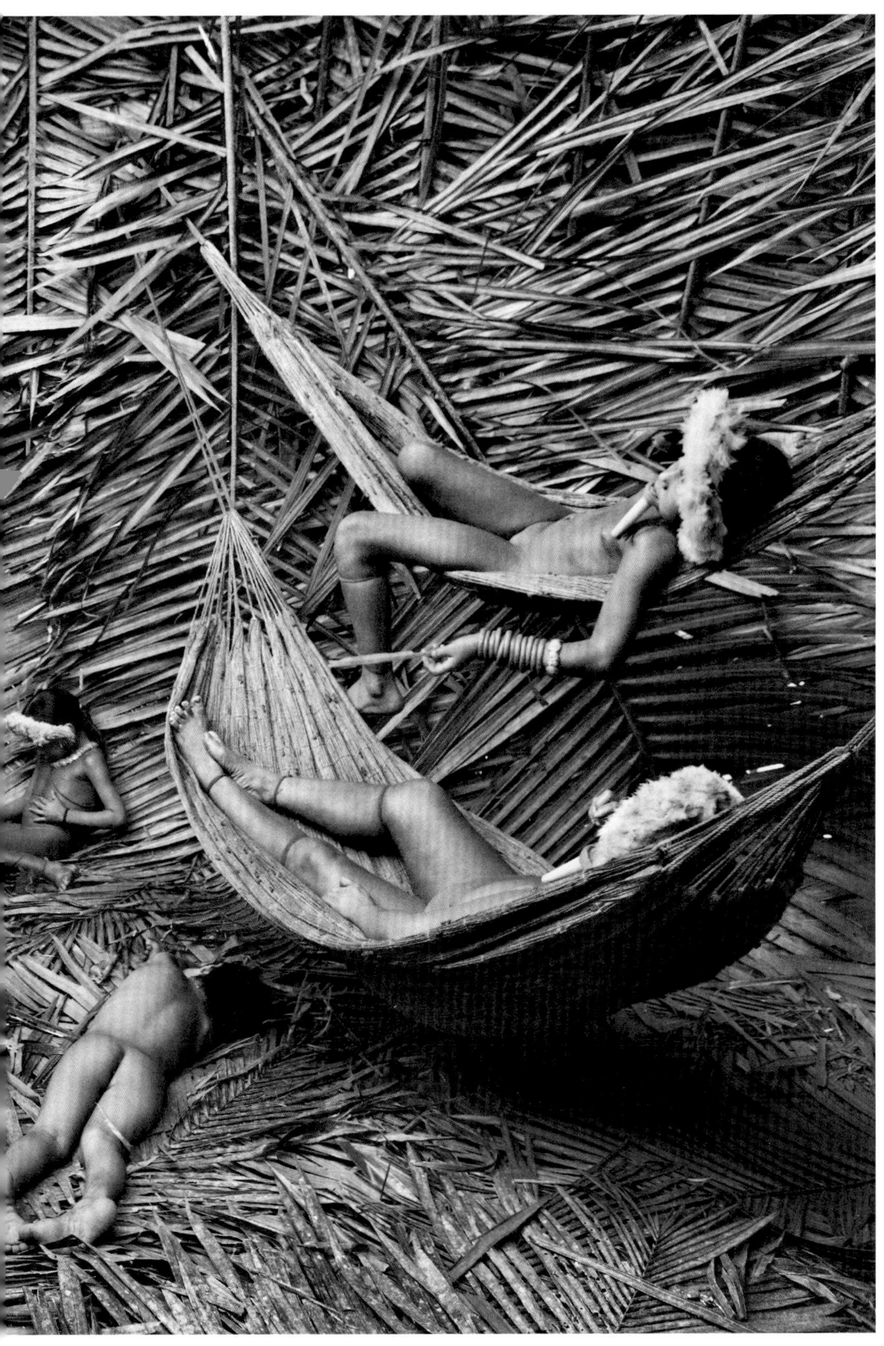

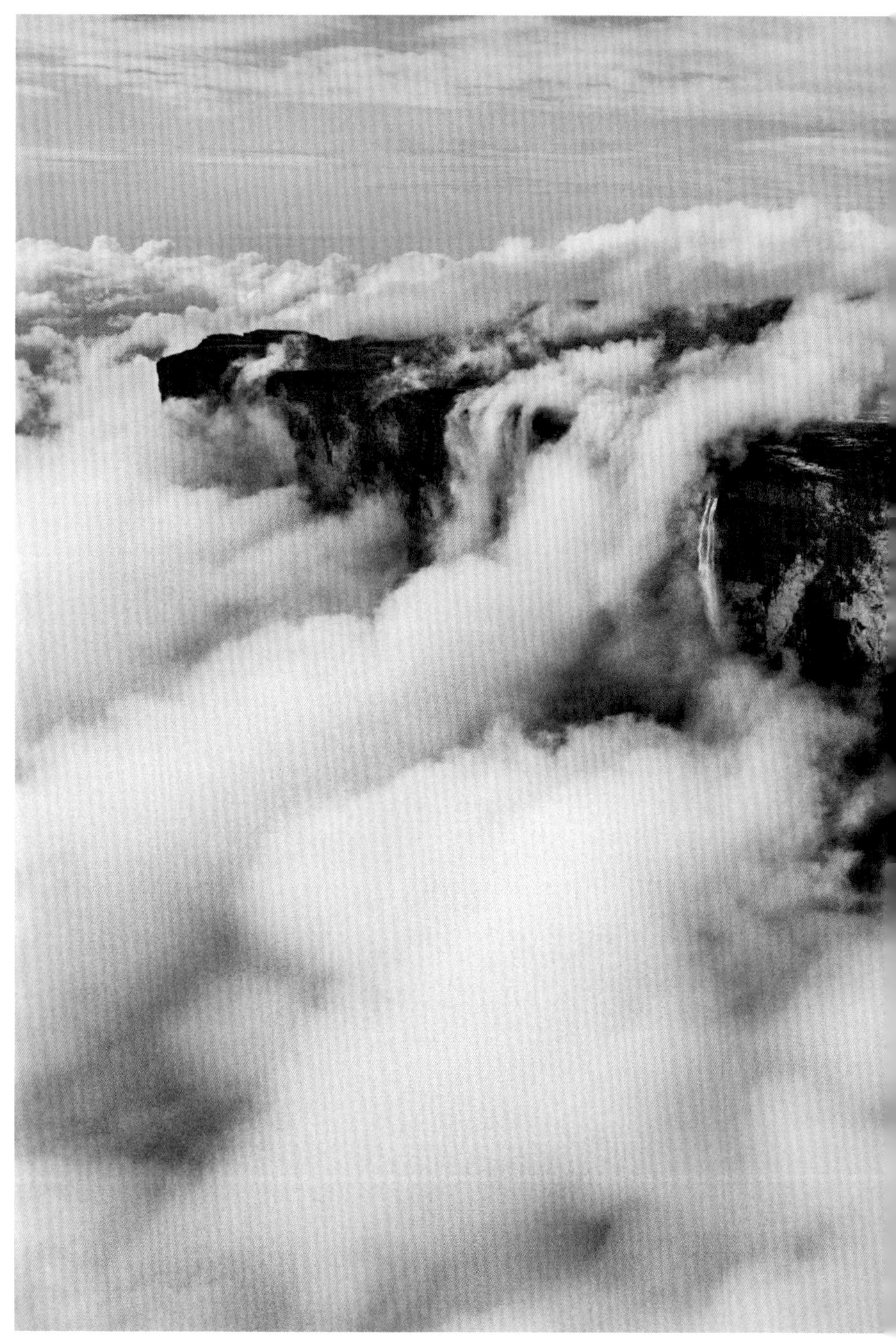

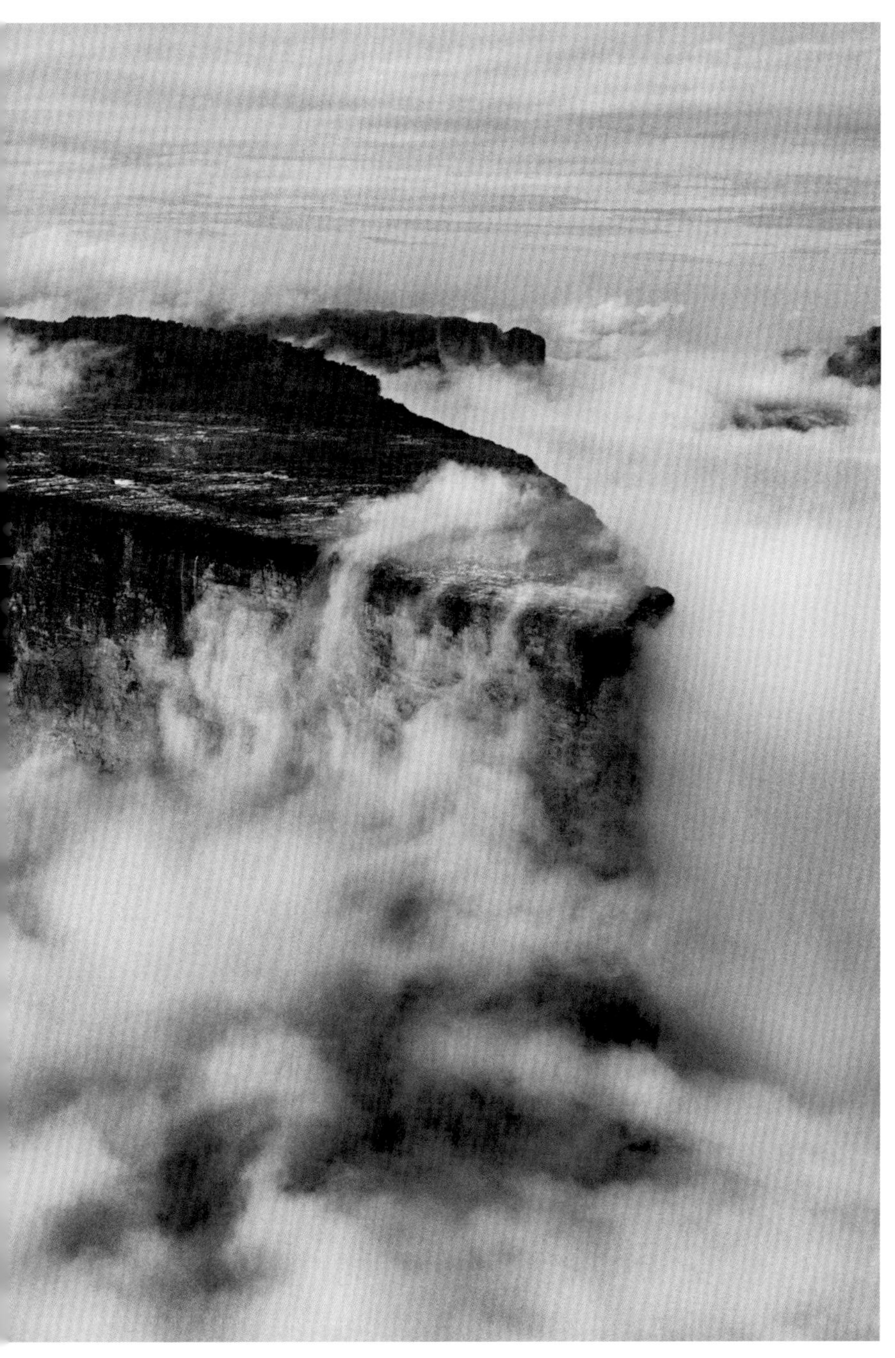

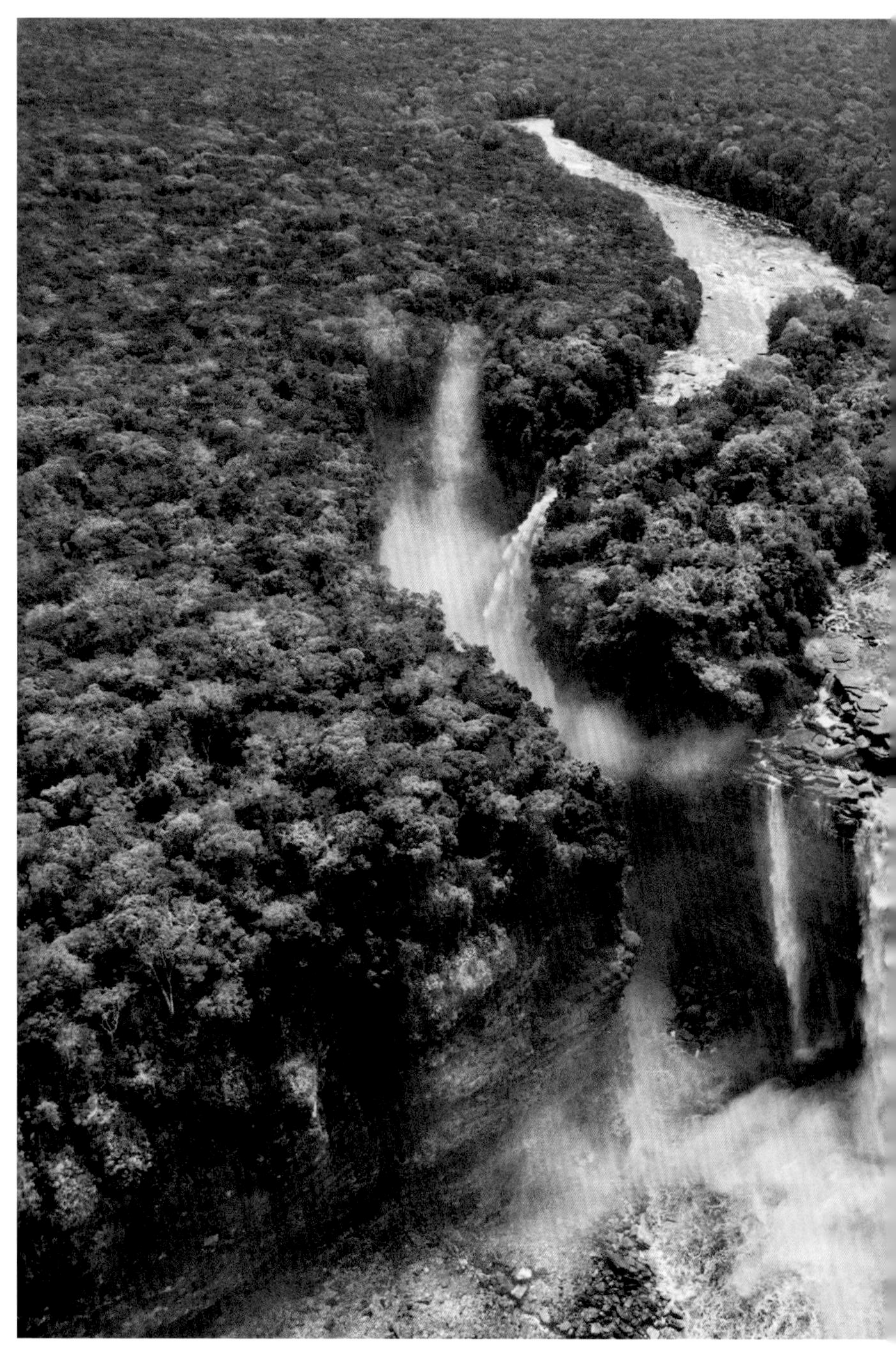

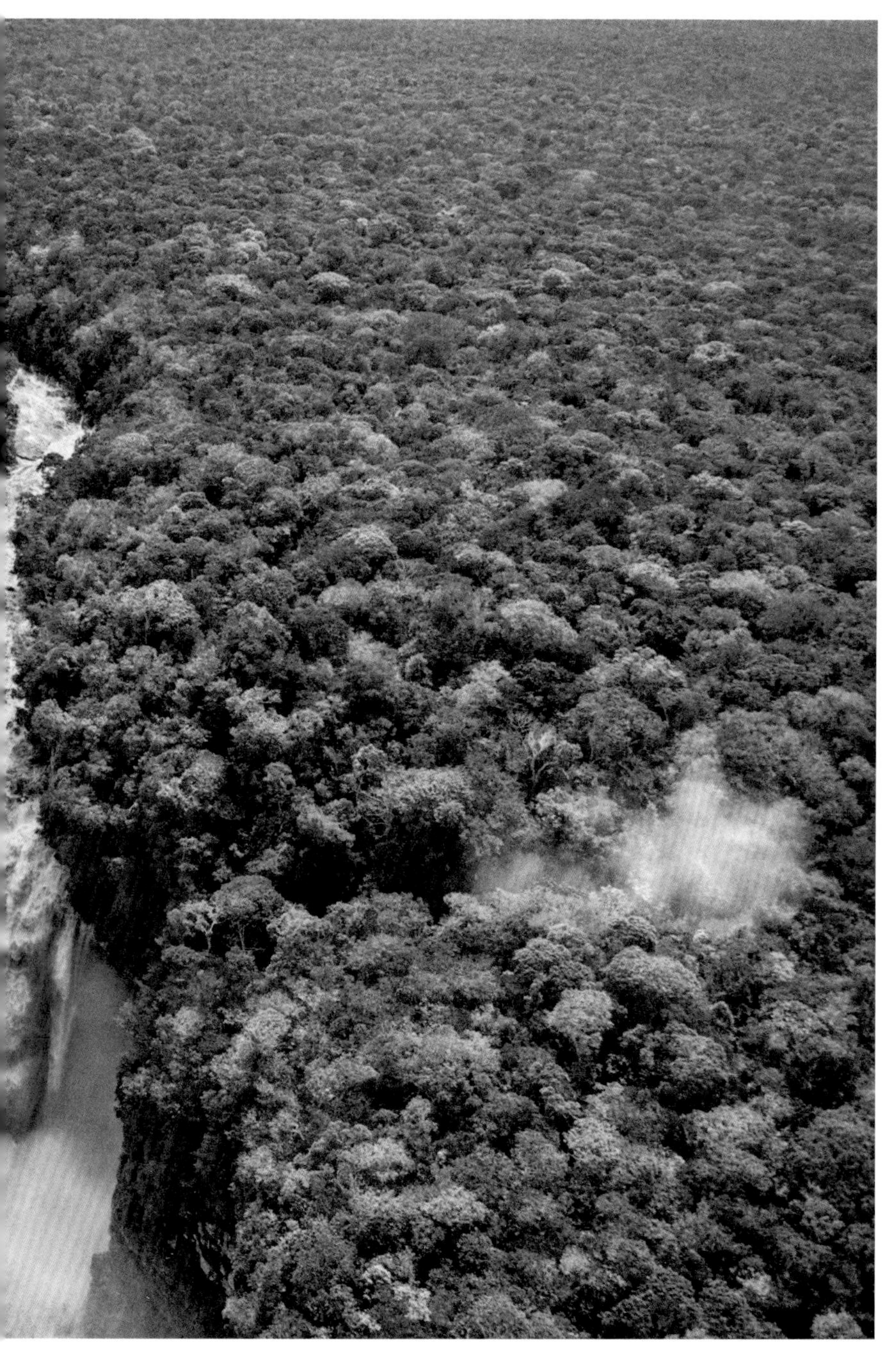

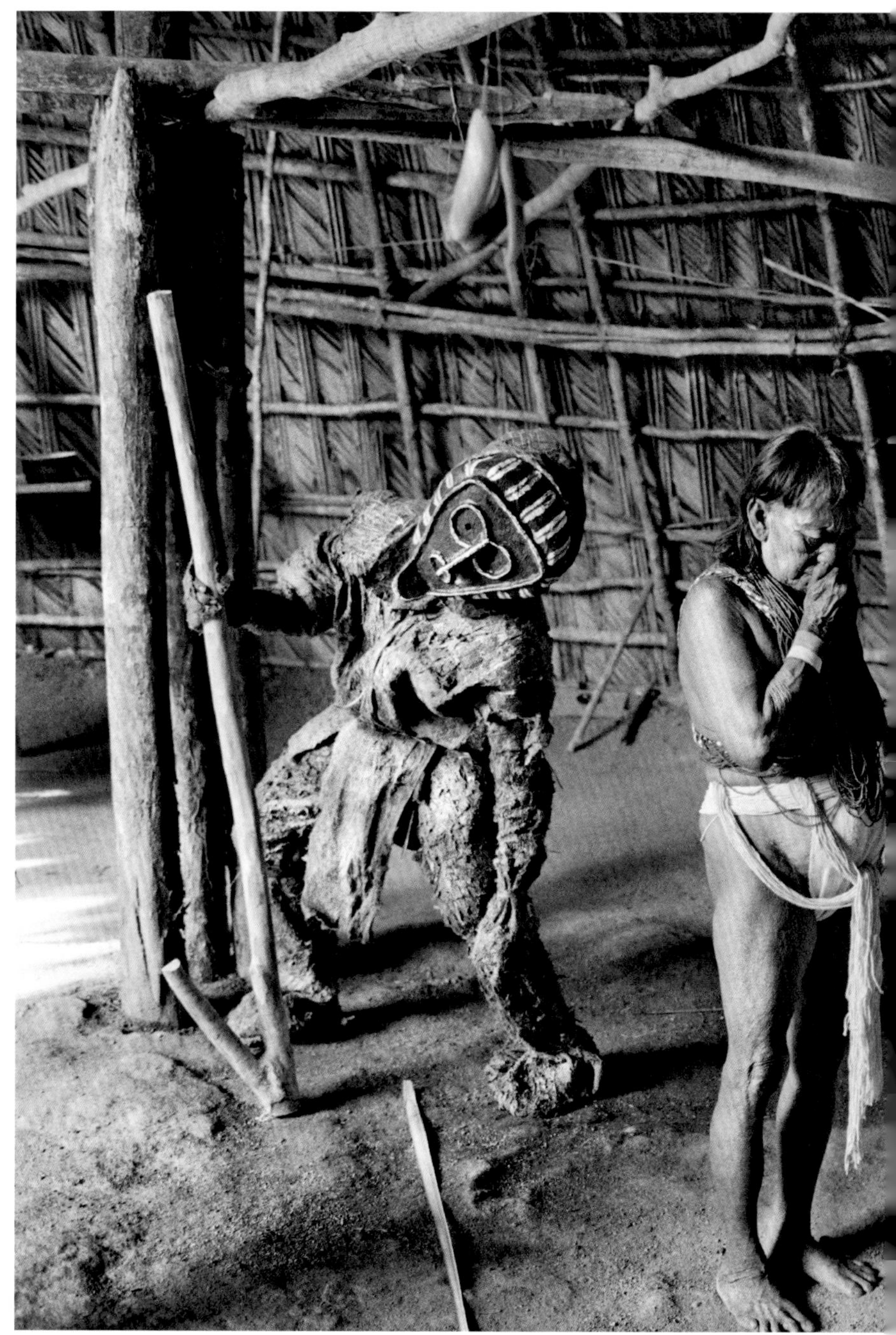

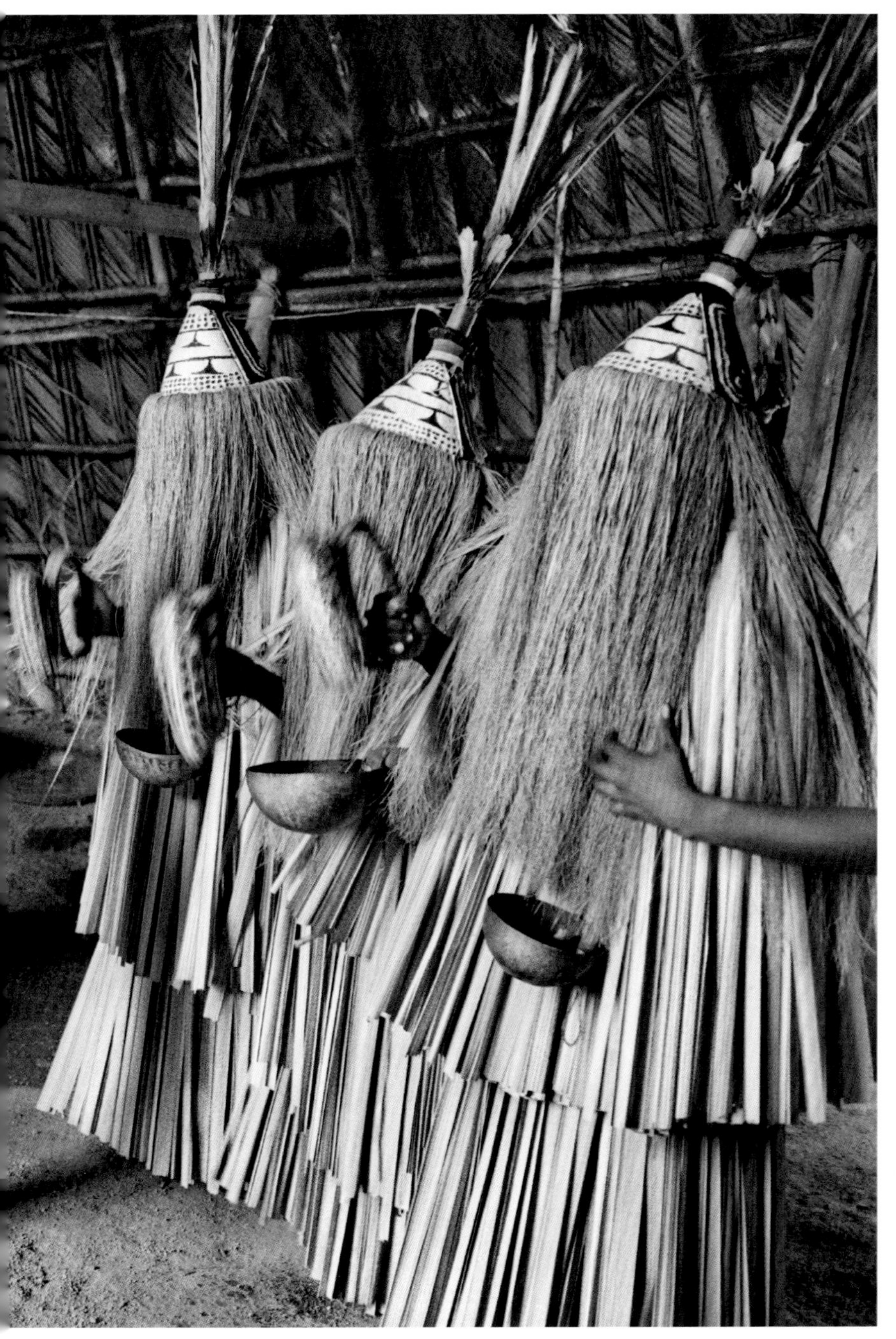

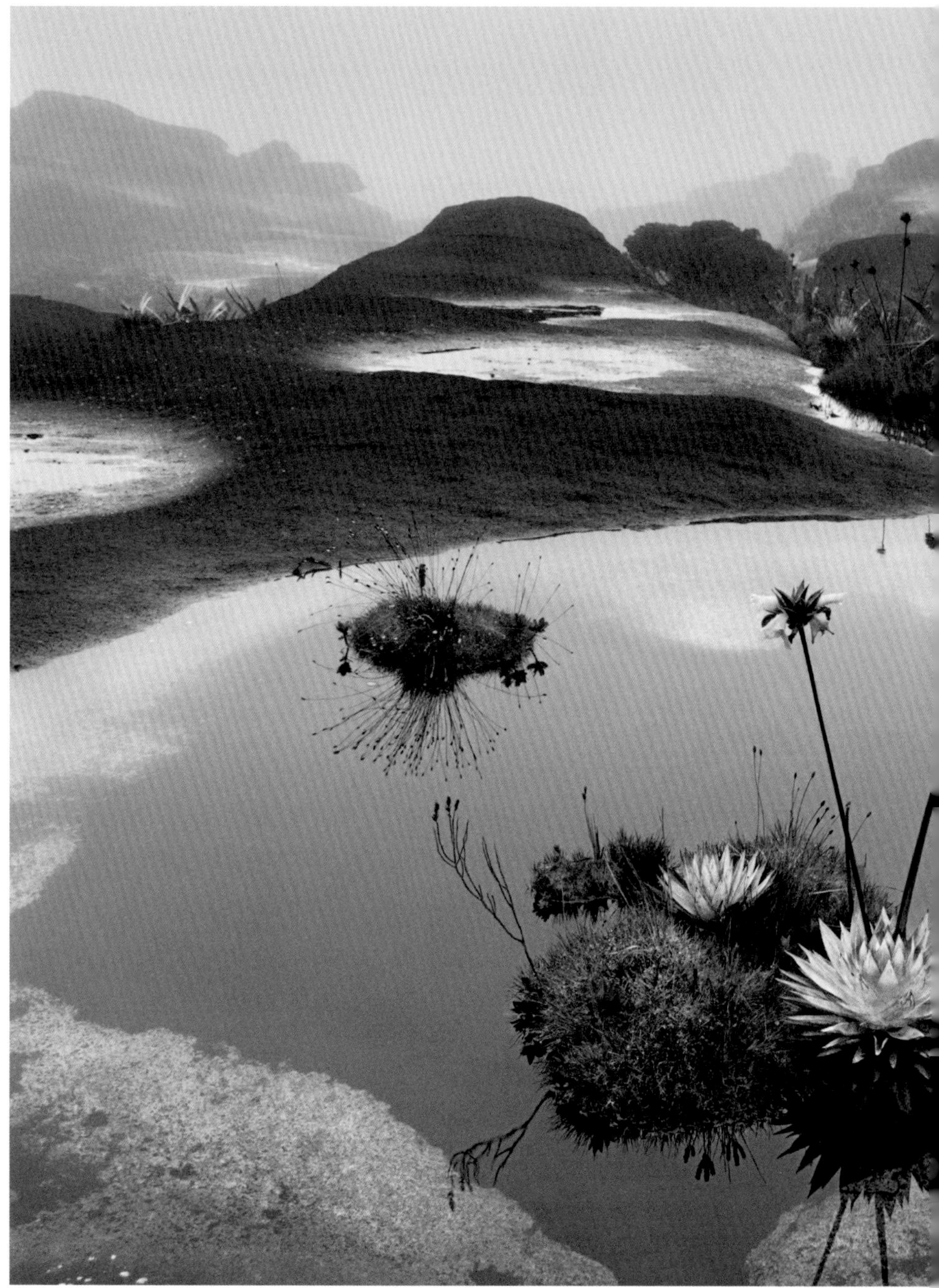

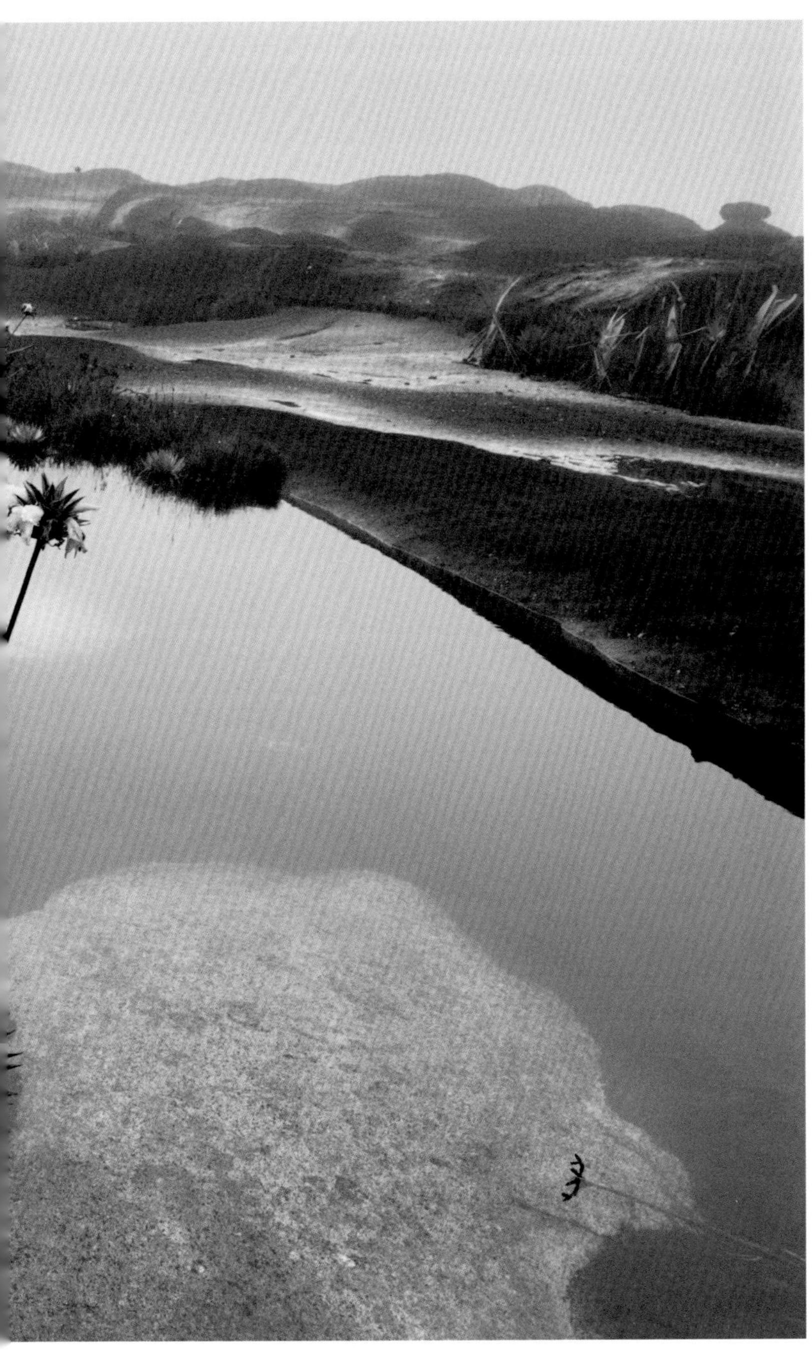

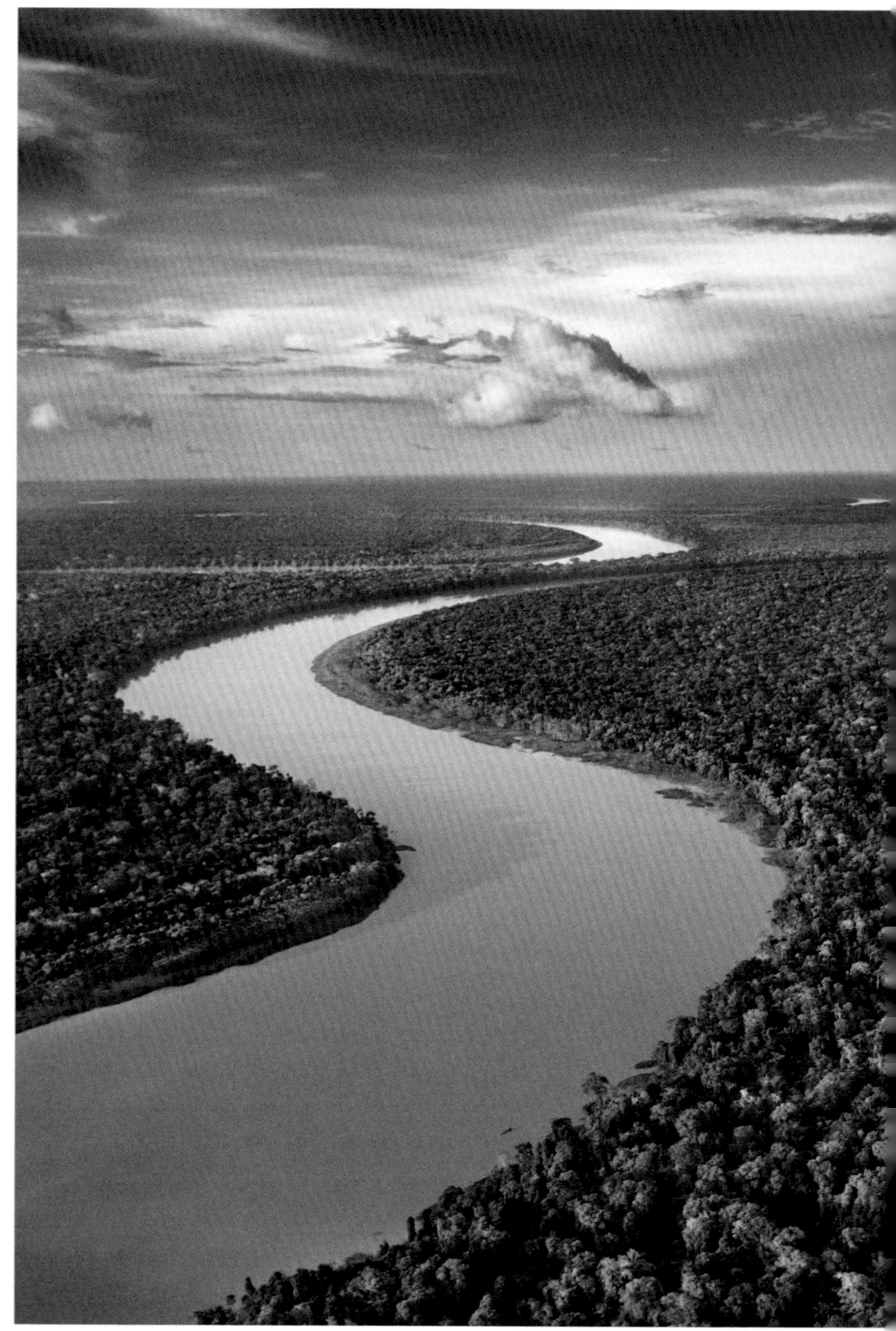

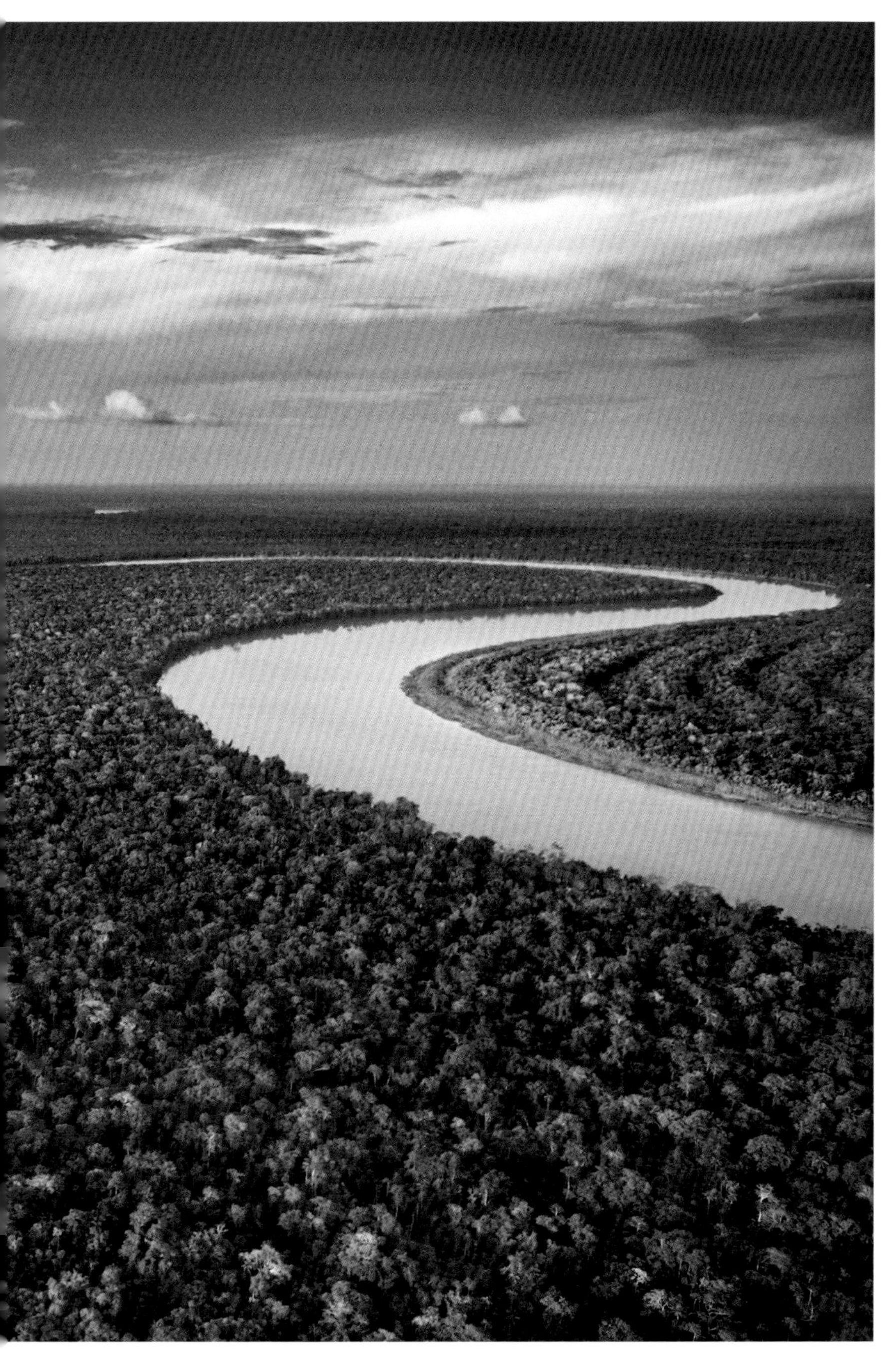

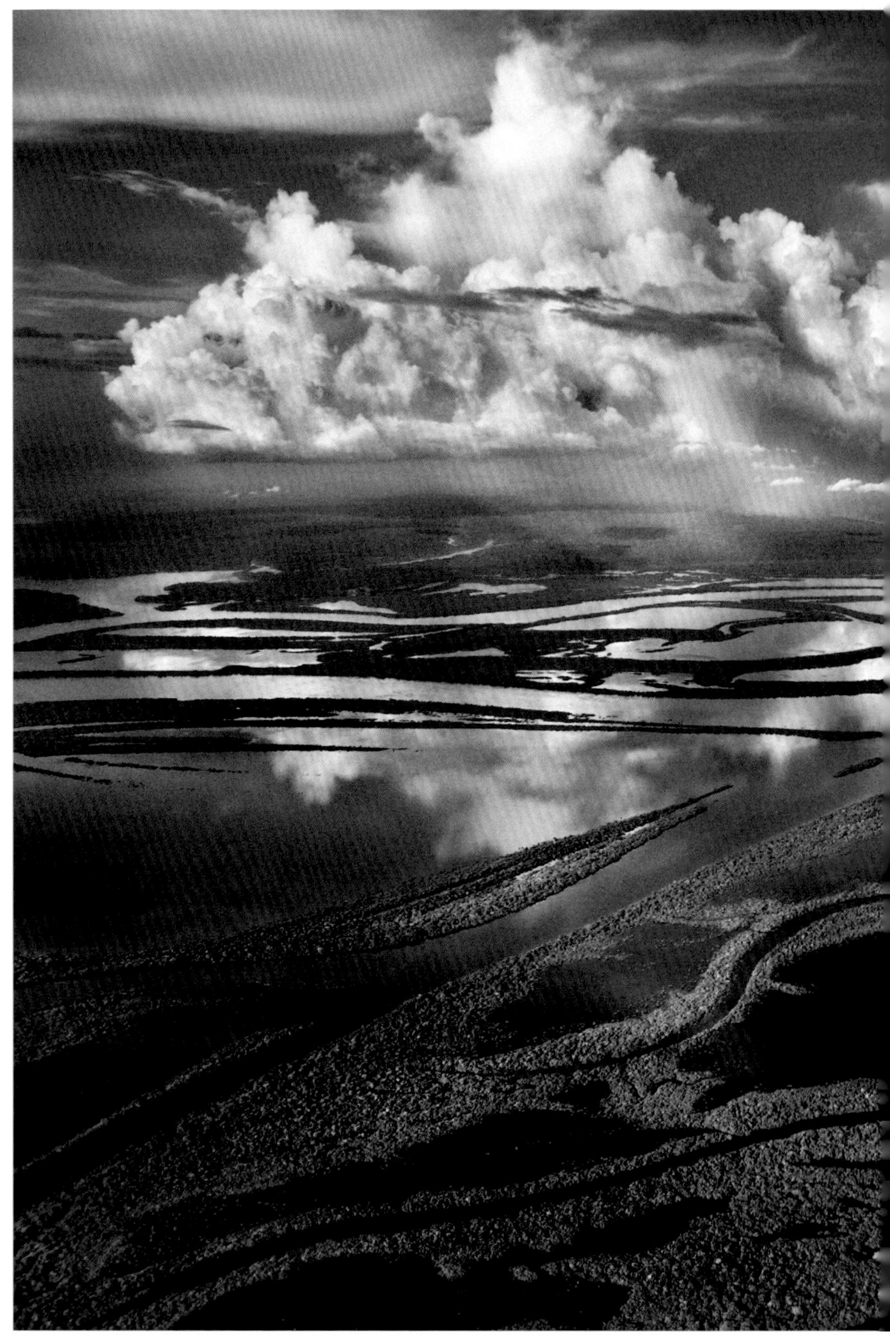

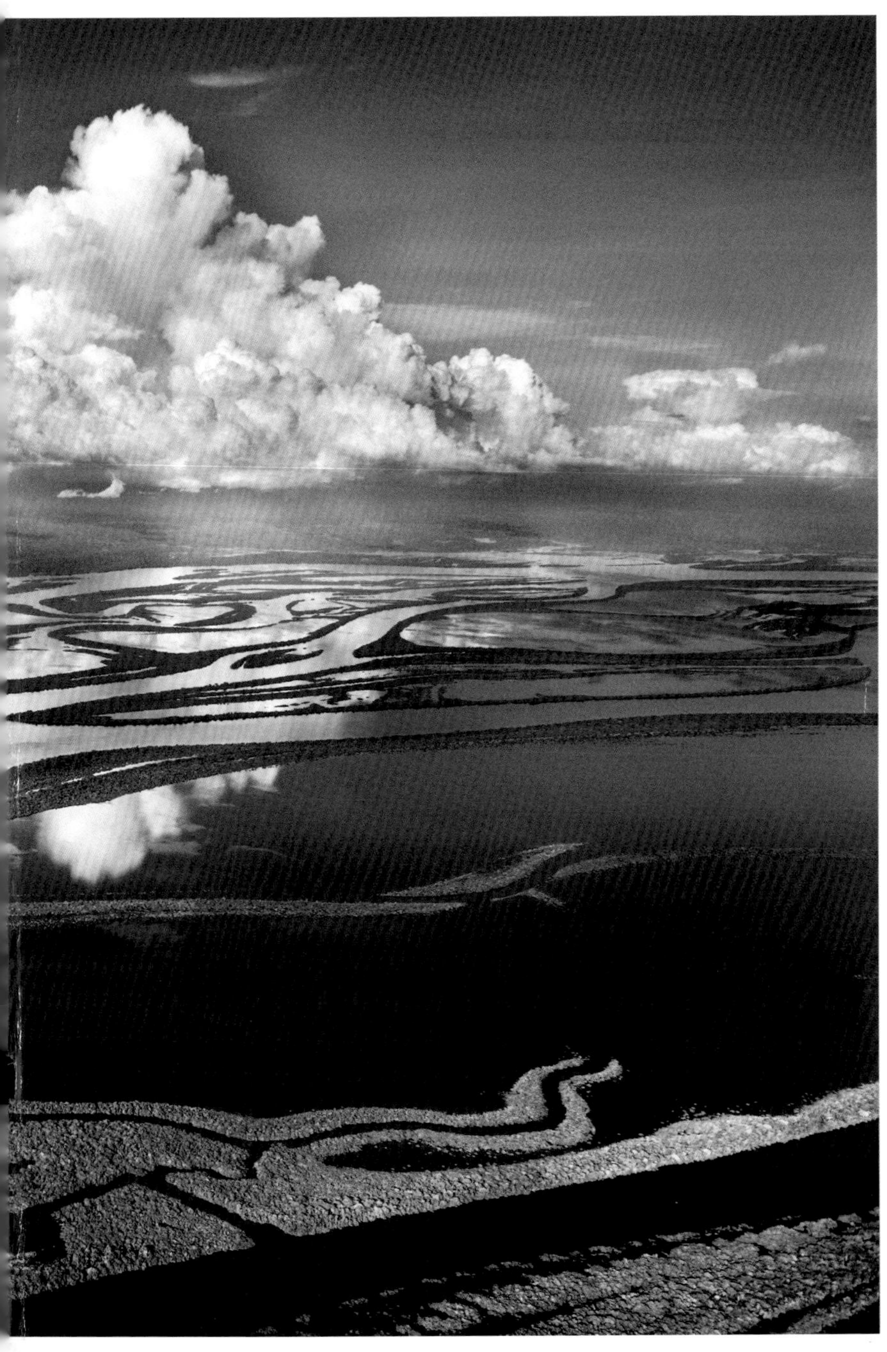

CADA LIBRO DE TASCHEN SIEMBRA UNA SEMILLA
Cada año compensamos nuestras emisiones de carbono con créditos de carbono del Instituto Terra, un programa de reforestación de Minas Gerais (Brasil) fundado por Lélia y Sebastião Salgado. Para saber más sobre esta colaboración para la protección del medio ambiente, consulte *www.taschen.com/institutoterra*.
Inspiración: infinita. Huella de carbono: (casi) cero.

¿Quiere ver más? Visite *taschen.com* para consultar nuestro actual catálogo, hojear el último número de nuestra revista o suscribirse a nuestra newsletter.

Hohenzollernring 53, D–50672 Köln
www.taschen.com

Edición, concepción y diseño: Lélia Wanick Salgado

Equipo de trabajo en Amazonas images
Françoise Piffard
Márcia Navarro Mariano
Olivier Jamin, *impresor digital*
Valérie Hue, *impresor digital*
Jacques Barthélemy, *asistente de campo*

En colaboración con
Gérard Lamarche, Bernard Dumas, *diseñadores gráficos*
Adrien Bouillon, *impresor de contactos, copias de trabajo*
Philippe Bachelier, *asesor*
Dominique Granier, *impresor analógico*

Traducción del inglés: Isabel Saval Pou para LocTeam, Barcelona

Cubierta: Refugio Nacional de Vida Silvestre del Ártico, Alaska, EE. UU., 2009
Cubierta posterior: Iguana marina, Galápagos, Ecuador, 2004
Dorso de la cubierta posterior: Sebastião Salgado con unas niñas indígenas, comprobando las picaduras de los mosquitos. Tierra indígena zo'é.
Estado de Pará, Brasil, 2009. Foto: Lélia Wanick Salgado

Printed in Italy
ISBN 978–3–8365–9458–5

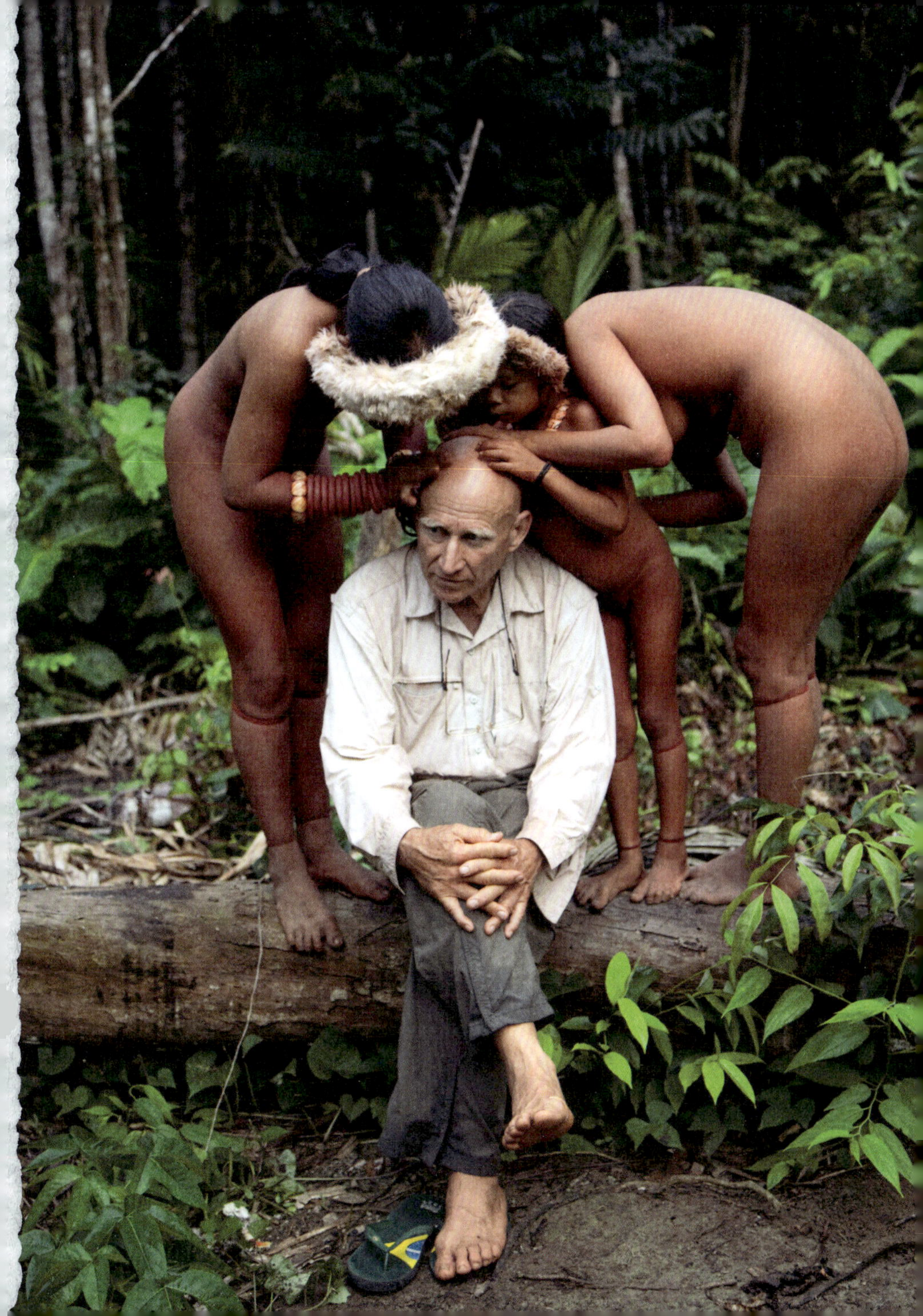